INVENTAIRE ET DESCRIPTION

ES MINIATURES

DES

MANUSCRITS ORIENTAUX

CONSERVÉS A LA

BIBLIOTHÈQUE NATIONALE

PAR

E. BLOCHET

PARIS

LIBRAIRIE ÉMILE BOUILLON, ÉDITEUR

67, RUE DE RICHELIEU, AU PREMIER

—

1900

Extrait de la Revue des Bibliothèques,

Janvier 1898. — Septembre 1901.

INVENTAIRE ET DESCRIPTION

DES MINIATURES

DES MANUSCRITS ORIENTAUX

CONSERVÉS A LA

BIBLIOTHÈQUE NATIONALE

Extrait de la REVUE DES BIBLIOTHÈQUES,

Janvier 1898. — Septembre 1900.

INVENTAIRE ET DESCRIPTION

DES MINIATURES

DES

MANUSCRITS ORIENTAUX

CONSERVÉS A LA

BIBLIOTHÈQUE NATIONALE

PAR

E. BLOCHET

PARIS

LIBRAIRIE ÉMILE BOUILLON, ÉDITEUR

67, RUE DE RICHELIEU, AU PREMIER

—

1900

INVENTAIRE ET DESCRIPTION

DES MINIATURES

DES MANUSCRITS ORIENTAUX

CONSERVÉS A LA

BIBLIOTHÈQUE NATIONALE

———

On trouvera dans ce Catalogue la description des Miniatures des manuscrits orientaux de la Bibliothèque Nationale.

Nous avons respecté le classement suivant lequel ces manuscrits sont rangés dans les différents fonds, quoiqu'il offre nombre d'inconvénients. La division en manuscrits arabes, persans et turcs est la seule que puisse admettre une bibliothèque; mais elle est fausse au point de vue artistique. On ne peut, en effet, considérer comme œuvre persane un livre persan écrit à Constantinople, pas plus qu'un Coran écrit et enluminé à Shiraz n'est une œuvre arabe. Les manuscrits turcs exécutés dans l'est de la Perse, à Hérat ou à Samarkande pour les princes timourides, n'ont rien de commun avec les livres turcs osmanlys, quoiqu'ils soient toujours rangés avec eux. De plus, le classement par langues ne tient compte ni de la date, ni de la région dans laquelle a été exécuté le livre.

1

Néanmoins, malgré tous ces défauts, nous avons conservé le classement actuel; car toute autre division n'eût fait qu'introduire de nouvelles confusions. Nous nous réservons, pour y remédier dans la mesure du possible, de donner à la fin de ce Catalogue, sans préjudice d'une Table générale, un double tableau chronologique et géographique renvoyant aux numéros que portent aujourd'hui les manuscrits.

Ancien Fonds Turc 127. — Relation de voyage écrite en 1014 de l'hégire; les miniatures sont d'une exécution assez défectueuse.

Fol. 7 v°. Derviches dansant, musiciens.

— 8. Les tombeaux des Seldjoukides de Roum a Koniah. Gens en prière.

— 11 v°. Pont sur une rivière; édifice dans le fond; différents personnages et soldats.

— 15 v°. Soldats en marche, fantassins armés de mousquets, cavaliers et drapeaux.

— 17 v°. Différents personnages habillés à la turque au pied d'un arbre, près d'une source.

— 19 v°. Différents personnages turcs, dont deux assis sous une tente.

—. 29 v°. Cavaliers portant des têtes d'homme et les offrant à un personnage assis sur une sorte de trône.

Ancien Fonds Turc 140. — Livre sans titre, où se trouve donnée la biographie de quelques personnages ottomans. — xviii° siècle.

L'exécution des miniatures est médiocre.

Fol. 52. Le sultan Bayezid Ilderim à cheval.

— 70. Sultan Bayezid II sur son trône.

— 80. L'empereur d'Allemagne (nemtche tchasari) Rashkhvah : il est à cheval et porte la couronne impériale.

— 9 v°. Sultan Sélim II sur son trône, avec deux gardes armés de sabres.

— 11 v°. Un éléphant.

— 122. Combat de Rustem avec un div.

— 120. Nour-ad-Dahr, poète.

— 132. Bektaskf.

— 14 v° et 15. Deux portraits de femme.

Fol. 17 v°. Sultan Mourad.
— 18 v°. Bouquets de fleurs.
— 19. Faucon.
— 79 v°. Femme faisant la cuisine.
— 20. Homme tenant une femme embrassée.
— 20 v° Sultan Othmàn Khân II sur son trône, avec cinq gardes.
— 29. Portrait de femme.
— 29 v°. Khadjeh Mohammed Pacha, grand-père d'Ibrahim Khân
   Zadeh.
— 30. Homme tenant un cheval.

Ancien Fonds Turc 182. — Sorte d'almanach, incomplet du premier feuillet, au commencement duquel se trouve une histoire du monde depuis Adam. xviiie siècle.

L'exécution des figures est médiocre.

Fol. 13 v°. La planète Saturne sous forme d'un homme à six bras ;
   la Lune.
— 14. Jupiter et la Lune.
— 14 v°. Mars, homme tenant une tête coupée et un sabre ; la
   Lune.
— 15. Le Soleil, tête de femme radiée ; la Lune.
— 15 v°. Vénus, femme assise tenant une harpe ; la Lune.
— 16. Mercure, sous les traits d'un copiste ; la Lune.

MANUSCRITS DU SUPPLÉMENT TURC

Supplément Turc 126. — La « Crème de l'Histoire », présentant le tableau de l'histoire universelle depuis Adam, et donnant les portraits de tous les personnages, chacun d'eux est accompagné d'une notice. Ce manuscrit date du xviiie siècle.

Les portraits ne sont pas coloriés, mais simplement ombrés.

Fol. 3 v°. Ange apportant les tables de la loi ; Caïn tuant Abel ;
   Gayomart.
— 4. Idris copiant un livre ; ange ; Djemshid et sa sœur ; Noé
   dans l'arche.
— 4 v°. Ham (Cham) ; Yafet (Jafet) ; Sàm (Sem) ; Féridoun avec
   la couronne ; le prophète Thamoud ; Hoûd l'arabe.

Fol. 5. Les prophètes Khidr, Lot, Sâlih et le roi Peshenk.

— 5 v°. Les prophètes Khalil et Ibrâhîm, Yakoûb et Ishâk ;
Afrasyâb, roi du Touran.

— 6. Le prophète Iousouf ; le pehlevan Rustem avec sa massue ;
Bokht-en-Nasr, lieutenant de Lohrasp ; deux autres personnages au-dessus desquels est écrit : Beni-Bashir.

— 6 v°. Le prophète Mousa et son frère Haroûn ; Kaï-Khosrav ;
Salmân ; le prophète Daniel (Danyâl) ; et deux autres personnages.

— 7. Les prophètes Daoud (David) ; Soleiman (Salomon) ; Iskender ; Zakariâ (Zacharie) ; Yahya (St Jean) ; 'Isa (Jésus-
Christ) sur les genoux de la Vierge.

— 7 v°. 'Abd-al-Mutallib ; Mohammed avec la figure voilée ;
Othmân ; Abou-Bekr ; 'Omar ; 'Alî.

— 8. Hasan, fils d' 'Alî ; Hosaïn, fils d' 'Alî ; l'imam Schafeï ;
Aboû-Hanîfa ; Aboû Mouslim.

— 8 v°. Abou-Djaafar-Mansoûr — Adad-ad-Daûla. — l'imam
Hosaïn ; le Khalife Mamoûn.

— 9. Le Seldjoukide Kaï-Kobâd ; Mahmoûd le Ghaznévide ;
Sultan-Djélâl-ad-Din ; al-Moktadir-Billah.

— 9 v°. Toghrul-Beg ; Malik-Shâh ; le khalife al-Kâim--Billah ;
Sultan 'Ala-ad-Din le Seldjoukide.

— 10. Djingiz-Khan ; le khalife Mostasim-Billah ; Houlâgoû-
Khan.

— 10 v° Abâkâ-Khân ; Arghoûn-Khân ; Baïdoû-Khân.

— 11. Sultan Ghâzân ; Mohammad-Khodabendé ; sultan Aboû
Sa'id.

— 12. Othman-Ghâzî.

— 12 v°. Orkhân Ghâzî ; sultan Mourad-Khân ; Bayézid Ilderim
Khân.

— 13. Sultan Mohammed-Khân ; sultan Mourâd-Khân ; sultan
Mohammed-Khân.

— 13 v°. Sultan Bayezid-Khân ; Sélim Khan I ; — Soléiman II.

— 14. Sultan Sélim-Khân ; Mourâd-Khân ; Mohammed-Khân ;
sultan Ahmed-Khân.

— 14 v°. Sultan Mustafa-Khân ; Othmân-Khan ; Mourâd-Khân
IV.

— 15. Sultan Ibrâhîm-Khân ; Mohammad-Khân ; Soleïman-Khân.

— 15 v° Sultan Ahmed II ; Mustafa-Khân ; Ahmed-Khân III.

Supplément Turc 145. — Portraits des princes Ottomans. — Ce volume semble du xviiᵉ siècle.

L'exécution de ces portraits est passable.

Portraits de :

Fol. 2 vº. Othmân-Khân Ghâzi, fils de Togrul, tenant un sabre.
— 3 vº. Orkhân, fils d'Othman-Khân.
— 4 vº. Ilderim Bàyezid-Khân, fils de Mourad.
— 5 vº. Mohammed-Khân, fils de Bayezid.
— 6 vº. Mourad-Khân, fils de Mohammed-Khân.
— 7 vº. Soleiman-Khân, fils de Sélim.
— 7 *bis* vº. Sélim-Khân, fils de Bayezid.
— 8 vº. Selim-Khân, fils de Soleiman.
— 9 vº. Mouràd-Khan, fils de Oûr-Khân.
— 10 vº. Bayezid-Khân I, fils de Mohammed-Khân.
— 11 vº. Mohammed-Khân II, le vainqueur de Constantinople.
— 12 vº. Mourâd-Khân, fils de Sélim.
— 13 vº. Mohammed-Khân, fils de Mourâd.
— 14 vº. Ahmed-Khân, fils de Mohammed Khân.
— 15 vº. Mustafa Khân, fils de Mohammed.
— 16 vº. Othmân Khân, fils d'Ahmed.
— 17 vº. Mourad-Khân, fils d'Ahmed.
— 18 vº. Ibrahim-Khân, fils d'Ahmed.
— 19 vº. Mohammed-Khân.

Supplément Turc 190. — Manuscrit oüïgour contenant le « Livre de l'Ascension de Mahomet au Ciel » (*Mi'radj Nāmeh*) et le « Mémorial des saints » (*Tezkéré-el-Evlia*). Ce volume a été exécuté à Hérat, au xvᵉ siècle, sans doute pour le sultan Shah-Rokh.

Les miniatures sont d'une très belle exécution, mais ont assez souffert.

Le premier seul des deux ouvrages est orné de peintures.

Fol. 1 vº. Encadrement en or et couleurs.
— 3 vº. Mahomet couché reçoit la visite de l'ange Gabriel.
— 5. Mahomet monté sur la jument Borak; il est précédé par Gabriel.
— 5 vº. Mahomet sur la Borak arrive au premier ciel; Gabriel lui montre le prophète Adam.

Fol. 7. Mahomet dans Jérusalem, entouré des six autres prophètes.

— 7 v°. Mahomet sur la Borak, précédé de l'ange Gabriel, arrive sur les bords de la Mer Noire, appelée le Kauser.

— 9. Les mêmes entourés des anges.

— 9 v°. Les mêmes entrent dans le Paradis et voient les autres prophètes.

— 11. Les mêmes arrivent devant le coq blanc, dont la tête est sous le trône de Dieu et les pattes sur la terre.

— 11 v°. Les mêmes arrivent devant l'ange moitié feu, moitié neige.

— 13. Les mêmes arrivent devant les deux prophètes Davoud (David) et Soleiman (Salomon).

— 13 v°. Les mêmes arrivent devant l'ange aux soixante-dix têtes.

— 15. Les mêmes arrivent au deuxième ciel et rencontrent différents anges.

— 15 v°. Les mêmes arrivent devant l'ange qui règle les parts des créatures.

— 17. a). Les mêmes arrivent devant l'ange aux soixante-dix têtes et aux soixante-dix langues; b) puis devant le prophète Yahya (St Jean) et Zakaria.

— 17 v°. Mahomet, toujours conduit par Gabriel, arrive sur les bords de la Mer Blanche.

— 19. Les mêmes au troisième ciel; différents anges.

— 19 v°. Les mêmes arrivent devant les prophètes Yakoub (Jacob) et Iousouf (Joseph).

— 22. Les mêmes au sixième ciel.

— .22 v°-23. Les mêmes arrivent devant Mousa (Moïse).

— 24 v°. Les mêmes devant Noûh (Noé) et Idris.

— 26. Les mêmes au cinquième ciel.

— 26 v°. a) Les mêmes et Ismaïl, Ishak, Haroûn (Aaron) et Loth; b) les mêmes arrivant à la Mer de feu.

— 28. Les mêmes arrivant au septième ciel.

— 28 v°. Les mêmes devant Ibrahîm qui se trouve sur une chaire d'émeraude.

— 30. Mahomet entre dans un édifice avec ses sectateurs.

— 30 v°. Mahomet monté sur la Borak et, précédé par Gabriel, arrive sur les bords de la Mer Noire, où se trouvent de

nombreux anges dont personne, sauf Dieu, ne connaît la
nature.

Fol. 32. Les mêmes devant deux anges gigantesques dont l'un a
soixante-dix têtes.

— 32 v°. Les mêmes arrivent devant l'ange aux dix mille ailes
et l'ange aux quatre têtes, d'homme, de lion, de phénix
(houmai) et de bœuf.

— 34. Les mêmes arrivent à l'arbre à branches d'émeraudes, de
perles et du pied duquel sortent le Nil, l'Euphrate, le
Selsebil et le *Kauser*.

— 34 v°. Trois anges agenouillés présentent à Mahomet, monté
sur la Borak, une coupe de lait, de vin et de miel.

— 36. L'ange Gabriel reprend sa forme naturelle.

— 36 v°. Mahomet se prosterne devant le trône de Dieu.

— 38 v°. Mahomet et le prophète Mousa (Moïse).

— 42. Mahomet voit les soixante-dix mille pavillons de lumière,
de feu, de rubis, etc., dans lequel sont des anges qui
adorent Dieu.

— 42 v°. Mahomet voit les 70 000 tentes où sont des anges qui
adorent Dieu.

— 44. Mahomet, entouré de nuages de lumière, adore Dieu.

— 45 v°. Mahomet et l'ange Gabriel arrivent sur les bords du
Kauser; on voit sur les bords de ce fleuve des dômes de
perles, d'hyacinthe, etc., avec inscriptions coufiques.

— 47 v°. Mahomet et Gabriel entrent dans le Paradis; on y voit
une porte avec inscription coufique, deux anges et la
Borak sellée.

— 49. Mahomet, monté sur la Borak, et Gabriel voient dans le
Paradis les houris les unes sur des trônes, d'autres s'a-
musant dans les jardins.

— 49 v°. Les mêmes voient des houris montées sur des chameaux
le vendredi (jour de la prière).

— 51. Les mêmes et différentes houris.

— 53. Les mêmes arrivent à la porte de l'Enfer, gardée par
l'ange Malik, qui attise un grand feu à la porte.

— 53 v°. Les mêmes voient les réprouvés, auxquels les démons
coupent la langue.

— 55 et 55 v°. Les mêmes; démons tourmentant les réprouvés.

— 57. Les mêmes; démons rouges transperçant des hommes à
coups de lance.

Fol. 57 v°. Les mêmes; hommes attachés à des crocs au-dessus
  d'un feu, gardés par un démon qui souffle le feu.
— 59. Les mêmes; femmes pendues à des crocs, au-dessus d'un
  feu, gardées par un démon noir.
— 59 v°. Les mêmes; femmes pendues par la langue au-dessus
  d'un feu, gardées par un démon vert.
— 61. Les mêmes; démons et réprouvés.
— 61 v°. Les mêmes; femmes pendues par des crocs au-dessus
  d'un feu qu'attise un démon rouge.
— 63, 63 v°, 65, 65 v°, 67. Les mêmes, suppliciés et démons.
— 69 v°. Ornement en or et en couleurs.

Supplément Turc 226. — Traité d'art militaire, traduit de l'ouvrage de Montecuculli, d'après l'édition latine de Vienne intitulée
Commentarii Bellici, 1718, in-folio. Cette traduction paraît être
l'œuvre du renégat hongrois Ibrahim. Le manuscrit est daté
de 1202 (1788). Les figures sont bien exécutées.

Fol. 11 v°. Arsenal, canons, mortiers. fusils, cuirasses, pisto-
  lets, etc.
— 17. Batterie de deux canons et d'un mortier sur une colline.
— 13 v°. ⎫
— 23.   ⎪
— 27.   ⎪
— 31.   ⎬ Différents plans d'assemblage des troupes.
— 36.   ⎪
— 41.   ⎭
— 48. Chevaux de frise.
— 53. Canon de profil, de face, et canon sans affût, écouvillon,
  refouloir, pelle.
— 55. Canons établis sur madriers pour défendre une passe;
  vaisseau.
— 61. Deux canons, l'un sur affût, l'autre sur madriers. Forteresse.
— 65. Élévation et coupe d'un mortier de siège sur affût et
  sans affût, bombes.
— 69. Différents projectiles explosifs, cric, pont-levis.
— 86, 90, 92, 100 v°. Plans de fortifications.
— 106. Plan de défense d'une passe.
— 103. Investissement d'une citadelle. Plan.

Fol. 123. Siège de Nordlingen par les armées allemandes.
— 280. .Diverses figures, parmi lesquelles la coupe d'un canon
dont la longueur de l'âme est de 17 calibres, celle de
deux mortiers, et la trajectoire d'un boulet portant à
600 mètres.
— 281. Diverses figures de fortification.

Supplément Turc 242. — Ce manuscrit se compose de deux
parties. La première est intitulée : « Le Lever du Bonheur et les
Sources de la puissance »; l'auteur en est Sîdî Mohammed-ibn-
emîr-Hasan-al-Saoudî. C'est un traité d'astrologie.

La seconde partie, qui commence au f. 92, porte le titre de
« Divination de Djafer, » c'est-à-dire le moyen de consulter le sort
d'après les préceptes de l'imam Djafer, le véridique. L'ouvrage a
été composé en 990 (1582) sous le règne du sultan Mourâd III. La
présente copie est d'une fort belle exécution, tant pour l'écriture
que pour les figures, dont beaucoup sont très exactes. Elle
remonte au xvii° siècle[1] et a été exécutée pour une princesse
turque nommée Fatima.

Fol. 7 v°. Le « Padishâh du monde, » autrement dit le Sultan, en
tenue de gala dans le *medjlis*.
— 8 v°. Le signe zodiacal du Bélier : homme à cheval sur un
bélier, tenant d'une main un sabre, de l'autre une tête
tranchée, au-dessous trois petites figures dont l'une
est une femme jouant d'une sorte de guitare.
— 10 v°. Le signe du Taureau : femme assise sur un taureau et
jouant de la harpe, au-dessous trois petites figures
dont l'une représente un scribe.
— 12 v°. Le signe des Gémeaux : deux jeunes filles réunies à partir des épaules, tenant chacune un disque d'or à la
main; à côté, un homme debout tenant à la main un
firman sur lequel on voit le *toghra*, au-dessous trois
petites figures.

---

1. Comme le prouve une note de la main de Langlès, datée de Brumaire an VIII de
la République, écrite sur un feuillet de garde, ce manuscrit a été « déposé à la Bibliothèque par le citoyen Monge au nom du Général Bonaparte. »

Fol. 14 v°. Le signe du Cancer : gros crabe tenant dans ses pinces la figure d'un astre ; au-dessous trois petites figures, un homme assis tenant un rouleau de papier, et un joueur de flûte.

— 16 v°. Le signe du Lion : femme à tête radiante à cheval sur un lion, au-dessous trois petites figures.

— 18 v°. Le signe de l'Épi : jeune homme coupant avec une faucille d'or trois tiges de blé, au-dessous trois figures, dont un écrivain et une danseuse avec des castagnettes.

— 20 v°. Le signe de la Balance : femme assise sous le fléau d'une balance, elle tient dans ses mains les cordons des plateaux ; au-dessous trois petites figures.

— 22 v°. Le signe du Scorpion : homme en tenue de combat et casqué, tenant dans la main gauche un scorpion, dans l'autre un sabre ; il a à sa droite un scorpion. Au-dessous trois petites figures, une joueuse de tambour de basque et un joueur de sistre.

— 24 v°. Le signe du Sagittaire : homme à corps de cheval, la queue se terminant par une tête de dragon, il tire de l'arc par derrière lui. Au-dessus un homme assis, au-dessous trois personnages, dont un écrivain.

— 26 v°. Le signe du Capricorne, homme noir tenant à la main une sorte de pic, à cheval sur une chèvre ; au-dessous trois petites figures.

— 28 v°. Le signe du Verseau : homme noir tirant un seau d'un puits ; au-dessous trois petites figures, dont un joueur de flûte et un homme tenant un livre.

— 30 v°. Le signe des Poissons : homme coiffé d'un grand turban, et les bras croisés, assis sur un gros poisson ; au-dessous trois petites figures.

— 32 v°, 33. 56 petites figures représentant les 7 planètes et les différents arts et métiers.

— 33.   } Figures représentant la conjonction des
— 34, 34 v°, 35. }   planètes.

Ces figures sont extrêmement curieuses ; la conjonction du Bélier et du Soleil, par exemple, étant représentée par une femme à tête radiée représentant le soleil, à cheval sur un bélier au galop.

Fol. 35 v°, 36. 28 petites miniatures représentant les mansions de
la Lune.

— 66. Femme vêtue d'une robe rouge et coiffée d'une couronne.

— 69. Tableau des phases de la Lune.

— 74 v°. La Kaaba et disposition des différents pays autour
d'elle.

— 75. Le tombeau du Prophète.

— 75. Iskender (Alexandre le Grand) à cheval accompagné du
prophète Khidr, voyageant dans les pays ténébreux.

— 76. La muraille de Gog et Magog (Djoudj et Madjoudj) cons-
truite par Alexandre le Grand.

— 76. v° La tour d'Alexandre à Alexandrie (le phare d'Alexandrie).

— 77. Représentation de la mosquée des Omeyyades à Damas.

— 77 v°. Maison orientale avec une terrasse sur laquelle sont
quelques personnes.

— 78. Représentation de l'église du Corbeau; on y voit 3 capu-
cins; cette église se trouvait en Portugal, au cap
Saint-Vincent.

— 78 v°. L'église de l'Idole.

— 79. Cette miniature intitulée « réunion d'étourneaux » représente un arbre sur lequel sont perchés ces oiseaux.
Dans le fond deux maisons.

— 79 v°. Le vieillard de la mer sur le dos d'un homme (voir
le voyage de Sindbad dans les Mille et une Nuits).

— 80. Le puits en ruines dont il est parlé dans le Coran; on
voit au fond un démon.

— 80 v°. Représentation du château dont il est parlé dans le
Coran.

— 81. Le vaisseau des magiciens, brigantin de forme tout à fait
européenne.

— 81 v°. La montagne de feu et le phénix (oiseau qui peut vivre
dans les flammes).

— 82. Couvent chrétien au pied d'une montagne (le titre donne
Église de femmes).

— 82 v°. Les bains de Tibériade, un démon cornu semble les
garder.

— 83. Singes sur un arbre.

— 83 v°. Homme monté sur un chameau et tuant un dragon
d'un coup de lance.

Fol. 81. Pigeonnier sur un rocher avec différents oiseaux très bien figurés.

— 81 v°. Vallée des diamants et des pierres précieuses; on y voit au fond des serpents, au-dessus volent des aigles tenant des morceaux de viande jetés d'en haut par des marchands et qui retiennent les pierres qui tapissent le fond de la vallée. (Voir le voyage de Sindbad dans les Mille et une Nuits.)

— 85. Le roi (ou ange) de l'ouragan, génie à 4 têtes, à côté sont deux démons de la bouche desquels sort le vent, talisman pour le conjurer.

— 85 v°. Le roi (ou ange) des nuages Maimoûn.

— 86 v°. Le démon du cauchemar.

— 87. Le roi noir, avec deux démons, l'un qui a une tête et des ailes de perroquet, tient un serpent dans ses mains.

— 87 v°. Le roi d'or, génie à figure de chat avec deux défenses, la tête et la poitrine entourées d'or; il tient un serpent dans sa bouche.

— 88. Le roi (ou ange) blanc, entouré de deux autres démons avec talisman pour le conjurer.

— 88 v°. Le roi rouge, monté sur un lion, tenant d'une main un sabre, de l'autre une tête; il est entouré de trois autres démons.

— 89. Le roi (ou ange) Samhouras, le chrétien, avec deux autres démons et un talisman pour le conjurer.

— 89 v°. Iblis le maudit, avec talisman.

— 90 v°. Le serpent rieur, serpent à tête de femme.

— 125 v°. Tombeau ou chapelle de Shouaïb (Jethro).

— 126.	—	—	Jésus.
— 126 v°.	—	—	Djordjios (St-Georges).
— 127.	—	—	Younis (Jonas).
— 127 v°.	—	—	Nouh (Noé).
— 128.	—	—	Zakaria (Zacharie).
— 128 v°.	—	—	Yahya (St Jean).
— 129.	—	—	Yousouf (Joseph).
— 129 v°.	—	—	Daoud (David).
— 130.	—	—	Mousa (Moïse).
— 130 v°.	—	—	Elias (Élie).
— 131.	—	—	Yakoub (Jacob).

Fol. 131 v°. Le trône de Salomon, entouré de génies et de fées.

— 132. Tombeau ou chapelle d'Ibrahim (Abraham).

— 132 v°.   —   —   Ismail (Ismail).

— 133.   —   —   Ayyoûb (Job).

Supplément Turc 316. — Les œuvres complètes de Mir Ali Shir Nevaï; magnifique exemplaire d'une exécution parfaite, copié et illustré à Herat; il est daté de 931 (1527).

Fol. 2. Rosace octogonale en or et en couleurs contenant le titre des œuvres de Nevaï.

—   2 v°, 5 v°, 8 v°, 19 v°, 22 v°, 155 v°, 194 v°, 237 v°, 299 v°, 338 v°, 392 v°. En têtes, en or et en couleurs, quelques-unes avec titres en coufique.

— 169. Femme richement vêtue à un balcon, avec trois suivantes. Deux scheikhs s'appuyant sur un bâton, l'un tient un chapelet, l'autre le scheikh Sanaan parle à la jeune femme; autres musulmans, jardin avec arbres.

— 268. Mort de Ferhad, on voit dans le fond les sculptures qu'il exécutait et ses instruments; arbres et rochers.

— 350 v°. Chasse de Bahram Gour, deux musiciennes à cheval, jouant, l'une Azadèh, de la harpe, l'autre du tambourin. Serviteur portant des plats. Lion, ours, gazelles, lapins, onagres. Arbres et rochers.

— 356 v°. Bahram Gour et une femme assis sous une coupole noire et vêtus d'habits noirs, brodés d'or, mangeant. Jet d'eau et bassin avec deux canards. Femmes richement vêtues, dont deux jouent de la harpe et du tambourin, l'une tient un livre.

— 415 v°. Bataille entre les troupes d'Iskender (Alexandre) et celles de Dârâ, cavaliers et chevaux caparaçonnés.

— 447 v°. Trois vaisseaux sur la mer, dont l'un à voiles. Matelots et soldats. Dans l'un, un souverain (Alexandre) assis sous un dais transperce un oiseau d'une flèche.

Supplément Turc 317. — Second volume des œuvres complètes d'Ali-Shir Nevaï.

Fol. 2 v°, 7 v°, 75 v°. 138 v°, 202 v°, 269 v°, 277 v°, 283 v°, 302 v°, 330 v°, 355 v°, 371 v°, 379 v°, 387 v°, têtes de chapitre

en or et en couleur, quelques-unes avec titre en coufique.

Supplément Turc 328. — Traduction du Livre des Rois de Firdousi, par Madhi. — xviie siècle de l'ère chrétienne.
L'exécution des miniatures est très médiocre.

Fol. 1. Prisonniers conduits par deux cavaliers portant des
      lances au bout desquelles sont des têtes d'hommes.

—   4. Le sultan de Turquie, Osman, fils d'Ahmed, sur le trône,
      tenant un livre; quatre personnages et deux nains.

— 17 v°. Lutte d'Hosheng et du div Noir qu'il tue. Armée de
      Divs et de Persans. Arbre. La scène se passe au bord
      d'un fleuve.

— 39 v°. Zohak, crucifié et enchaîné dans une caverne du De-
      mavend par ordre du roi Féridoun, à la tête de l'armée
      persane.

— 53 v°. Assassinat d'Irij par ses frères Salm et Toudj dans la
      tente royale. Soldats iraniens.

— 75 v°. Zâl pénètre chez Roudabeh par escalade. Trois autres
      femmes. Maison avec terrasse et jardin.

— 91 v°. Zâl à cheval tue d'un coup de lance un autre cavalier.

— 101 v°. Rustem, armé de la massue à tête de bœuf, tue deux
      cavaliers.

— 117.
— 125 v°. } Cavaliers et fantassins persans.

— 130. Roustem et Afrasyab. Citadelle.
— 148. Roustem tue un cavalier.
— 155. Roustem tue le roi du Mazenderân.
— 166. Kaï-Kaous sur le trône, 6 autres personnages.
— 235. Souverain couché, trois autres personnages.

Supplément Turc 524. — La « Couronne des Chroniques, »
exemplaire de luxe à filet doré, du xviie siècle de l'ère chrétienne.
Miniatures dans lesquelles le fond n'est pas enluminé, mais où
chaque personnage est accompagné de son nom. L'exécution en
est passable.

Fol. 32 v°. Sultan Sélim envoyant une lettre au roi de Perse; le
      grand vizir Piri-Pacha, et plusieurs autres personnages.

Fol. 41. Le Sultan Sélim vêtu d'un manteau rouge, à cheval, accompagné de Khadjeh Oghlou Mohammed Pacha et d'autres personnages à cheval, ainsi que d'un tabardar.

— 43. Camp; le Sultan Sélim sous un dais; nain appelé Khadjeh Bekr, Zohrâb-agâ tient un moustiquaire, un Silahdar porte le sabre du Sultan. Autres personnages : le Seimen bashi, Soleiman Aga, Iskender pacha, le grand vizir Piri Pacha.

— 46 v°. Sultan Sélim tenant une lettre, autour de lui le Silahdar, Khadjeh Oghlou Mohammed Pacha, le Kapoudji bachi Ahmed Aga et deux Persans.

— 62. Bataille entre les troupes du Sultan Sélim et les Persans: On y voit le Sandjak-i-Sherif et différents personnages à cheval, dont les noms sont écrits en très petits caractères.

— 68 v°. Le roi de Perse Shah Ismâil à Tebriz, à cheval. Différents personnages, un marchand de fruits, etc.

— 75. Sultan Sélim et Tadjli Khanoum vêtue d'une robe rouge.

— 77 v°. Sultan Sélim et différents personnages; Khadjeh Bekr et autres.

— 80. Sultan Sélim à cheval, devant Tebriz; il est escorté du Sandjak-i-Sherif, et est précédé de deux tabardars. Différents personnages turcs et persans.

— 93. Bataille entre les Persans et les Turcs, les Persans sont appelés Kizilbash. Voici le nom de quelques turcs, Ali-Bey, Yousouf-Bey, Ahmed-Bey.

— 104. Campement. On y voit la tente du Sultan, le Sandjak-i-Sherif, le sultan Selim assis sur un coussin; plusieurs personnages turcs lui apportent une tête d'homme.

— 115. Campement; tente du Sultan. Sultan Sélim assis, entouré de différents personnages, Khadjeh Bekr, le grand vizir, etc.

— 119. Bataille entre les troupes turques et persanes.

— 124 v°. Persans dans la forteresse de Maredin, plusieurs Turcs dont le molla Idris leur tendant une lettre.

— 134. Bataille entre les Persans et les Turcs.

— 144 v°. Deux vaisseaux à voiles et à rames portant, l'un le Serdar ekrem, Sinan Pachâ, l'autre Mohammed Pacha.

— 157 v°. Campement. Sultan Sélim assis sur un tapis, avec différents personnages : Khadjeh Bekr, le grand vizir Yousouf Pacha, Sinân Pacha, Elmas Bey.

Fol. 159. Bataille entre les troupes du Sultan Sélim et du Sultan Kansou-Ghoûrî, à Merdj Dabik, tous deux sont à cheval. Cavaliers et porte-haches.

— 163 v°. Campement à Merdj-Dabik. La tente du Sultan et le Sandjak-i-Shérif. Sultan Sélim et autres personnages, Khadjeh Bekr, Yousouf Pacha, etc.

— 173. Sultan Sélim et le sheïkh Mohammed Badakhshi.

— 183 v°. Sultan Sélim priant à Jérusalem.

— 194 v°. Campement; la tente du Sultan. Sultan Sélim assis entouré de son Silahdar, d'Elmas bey, du vizir Yousouf Pacha, de Khadjeh Oglou Mohammed Pacha, etc.

— 206. Sultan Sélim assis sur le trône de Yousouf avec un nain ; à côté de lui Sidi Mohammed, Elmas bey, Ferhad Pacha, les grands vizirs et Yousouf Pacha.

— 211 v°. Exécution du dernier sultan mamlouk Touman-Bey devant plusieurs soldats turcs.

— 218 v°. Deux vaisseaux à voiles et à rames, l'un portant le Sultan Sélim, l'autre Khadjeh Oghlou Mohammed Pacha et d'autres personnages.

— 223. Sultan Sélim assis sous un dais et vêtu de rouge, avec quelques personnages turcs, le Silahdar Aga, Khadjeh Oghlou Mohammed Pacha, etc.

— 225 v°. Ahmed Pacha sous un dais, trois autres personnages : Kemal Tchelebi, Hakim ad-Dîn, kadî de Yeni Sheher.

— 229. Sultan Sélim avec différents personnages : le Silahdar Aga Seif Sélimi, Pîri Pacha, Elmas bey, Shadi Beg.

— 231 v°. Sultan Sélim, devant lui, Sultan Soleiman. Le Silahdar-Agâ Seif Sélimi.

— 232. Sultan Sélim en prière.

— 234 v°. Bataille entre cavaliers turcs et persans.

— 237.
— 238. } Bataille entre cavaliers turcs et persans.

Supplément Turc 635. — Livre des Rois, daté de 968 (1561). L'exécution des miniatures est très belle, de même que l'écriture. Les miniatures sont du style de celles des Shah nâmeh persans de Ferdousi.

2

Fol. 1 v°, 2. Pages richement enluminées en or et en couleurs.

— 49. Mort de Darab. Iskender lui tient la tête sur ses genoux ; cavaliers descendus de leurs chevaux, officier portant un étendard vert. Les meurtriers du roi de Perse sont enchaînés.

— 70. Iskender assis sur un trône ; Gilshâh devant lui, personnages vêtus à la turque assis au premier plan, serviteurs portant des vases, des armes et un drapeau, dans le fond un jardin.

— 102. Iskender assis dans un kiosque, tenant un enfant dans ses bras ; musiciens, personnages armés, domestique portant des flacons, des armes, etc. Jardin.

— 106. Iskender à cheval chassant, homme dévoré par un loup et une panthère, autres cavaliers.

— 130. Iskender et le roi de Chine, escorte de cavaliers.

— 169 v°. Keidafeh, reine de Berda, assise sur un trône, devant elle Iskender tenant son propre portrait, musiciens et musiciennes.

— 185 v°. Gayomert, le premier roi du monde et sa famille, vêtus d'habits faits de peaux d'animaux et entouré de bêtes féroces. Rochers.

— 208 v°. Isfendiar tué par Roustem d'une flèche dans l'œil, cavaliers avec trompettes, armes et étendards.

— 228. Mahomet, la tête voilée, monté sur la Borak, conduit par l'ange Gabriel, monte au ciel ; houris volant dans l'air.

— 273 v°. Le Sultan Soleiman Khân assis sur le trône dans une salle de son palais, domestiques et officiers.

— 274 v°. Le Sultan se promenant dans un jardin, des domestiques le suivent en portant des fruits, des flacons et des kaliouns.

Supplément Turc 693. — Traité de chirurgie opératoire par Sheref ed Din ibn el-Hadjdj Elias. Ce manuscrit, qui est daté de l'année 870 de l'hégire (1465 J.-C.), est autographe, comme l'indique une note placée à la fin ; il porte le cachet impérial, ce qui prouve qu'il a appartenu à la bibliothèque du Sérail ; malgré cela l'exécution des figures est très médiocre. On les trouve à presque toutes les pages, et elles représentent toujours un patient opéré par un chirurgien. Je crois à peu près inutile de détailler toutes les opérations qui sont indiquées, d'ailleurs fort mal, dans ces figures.

Supplément Turc 762. — Divan de l'émir Nizam-ed-Din-Ali-Shir-Neváï, terminé en l'an 972 de l'heg. (1564 J-C).

Très bonne exécution.

Fol. 1 v°. Souverain assis sur un trône, devant lui un écrivain, domestiques tenant des plats, hommes tenant des chevaux. Jardin et arbres, vignette encadrée en or et couleurs.

— 2. Personnages tenant des livres, femme dans un pavillon, jardins avec fleurs et arbres. Vignette encadrée.

— 2 v°, 3. Feuilles enluminées.

— 12 v°, 17. ⎫
— 17 v°, 18. ⎭ Feuilles enluminées en or et en couleur.

— 38 v°. Archers cherchant à atteindre un disque en or placé au haut d'un mât. Cavaliers, fantassins, joueurs de timbales.

— 107 v°. Scène de festin ; personnages buvant, domestiques tenant des plats et des flacons. Maison persane.

— 14 v°. Cavaliers jouant au tchougan (Polo), des domestiques leur apportent des mails. Maison persane, joueurs de timbales et de trompettes.

— 181 v°. Souverain assis sur un trône dans un jardin, un domestique lui tend un plat d'or; musiciens, l'un joue du tambourin, l'autre de la flûte; archer, etc. Flacons et plats.

— 207. Festin dans un palais; roi assis sur un tapis; musiciens, domestiques tenant des plats et des flacons.

Persan 51. — « Histoire des Prophètes, des rois anciens et des siècles passés » par Ishak de Nishapour. Exemplaire daté de 939 hég. (1581 J.-C.)

L'exécution de ces miniatures est assez bonne; la plupart sont bien conservées.

Fol. 1. Ornement octogonal en or et couleurs.
— 1 v° et 2. Encadrement en or et en couleurs.
— 2 v°. En tête en or et en couleurs.
— 5. Le prophète Adam vêtu d'habits de soie et couronné, assis sur le trône d'or et de joyaux qui lui avait été envoyé par Allah, avec les anges devant lui.
— 13 v°. Meurtre d'Abel par Caïn; Abel a la tête écrasée par la pierre que lui a jetée Caïn.
— 19. Le prophète Nouh (Noé). Ses fils préparent des planches pour l'arche.
— 32 v°. Ibrahim (Abraham) sur le point d'immoler Ishak (Isaac), l'ange lui apporte une chèvre.
— 40. Gabriel détruit Sodome. On voit une ville s'écrouler.
— 58. Zuleïkha, femme de Putiphar, assise sur un divan et entourée de ses femmes, appelle le prophète Iousouf (Joseph).
— 82. Mousa (Moïse) accomplit un prodige devant Pharaon qui tombe de son trône. Dragon.
— 104 v°. Mousa (Moïse) engloutit Kâroûn avec ses palais et ses richesses dans la terre.
— 108 v°. Jonas avalé par une baleine. Navire avec 5 personnages.
— 118 v°. Ayyoub (Job) nu jusqu'à la ceinture au pied d'un arbre; une femme est devant lui.
— 127. Les deux prophètes Daoud (David) et Soleiman (Salomon).
— 131 v°. Soleiman sur le trône, avec un homme agenouillé à ses pieds et un démon. On y voit encore deux anges.

Fol. 138. Salomon et Belkis (la reine de Saba) tous deux sur un
  trône. Dans le fond deux anges et un démon rouge, au
  premier plan 4 personnages assis. Paon, geai et singe.

— 141 v°. Zakaria renfermé dans un arbre est scié par deux
  hommes ; au pied de l'arbre coule une source, quatre
  autres personnages regardent cette scène.

— 173 v°. Les 7 compagnons de la Caverne endormis au fond de
  la caverne ; on voit de plus trois cavaliers et un piéton.

— 187. Mahomet monté sur un chameau et en tenant un autre
  par la bride ; Khadidja sur le haut de sa maison,
  quatre personnages regardent cette scène.

Persan 97. — Le « Livre des victoires » d'Ahmed el Koufi,
traduits par Mohammed Mostaufi 1206 (1792 J.-C.).

Les miniatures, d'une excellente exécution, ont été intercalées
après coup dans le volume ; elles sont de la fin du XVIIe ou du
commencement du XVIIIe siècle.

Fol. 164 v°. Seigneur indou.

— 252 v°. —

— 301. Portrait d'empereur mogol en grand costume, peut-être
  Aurengzib ; il tient un grand sabre.

Persan 98. — Tome II du même ouvrage, daté de 1030 heg.
(1620 J.-C.).

Deux miniatures indiennes ont été ajoutées au volume après
coup ; leur exécution est bonne, elles sont du XVIIe s.

Fol. 1 v°. Religieux tenant un chapelet et s'appuyant sur une
  canne.

— 355. Prince indou à qui un vieillard donne une leçon. Terrasse,
  livres et coussins.

Persan 127. — Le « Délice des Cœurs » d'Hamdallah el Kazwini.
Traité de Cosmographie. Manuscrit du XIe siècle de l'hégire
(XVIIIe de notre ère).

Exécution passable.

Fol. 20. Signe zodiacal du Bélier.

— 20 v°. Signe du Taureau et des Gémeaux.

Fol. 21. Signe du Cancer et du Lion.
— 21 v°. Signe de la Vierge.
— 22. Signe de la Balance et du Scorpion.
— 22 v°. Signe du Sagittaire.
— 23. Signe du Verseau et des Poissons.
— 24-32 v°. Représentation des diverses constellations par des figures.

Persan 129. — Morakka ou recueil de feuillets écrits par les plus célèbres calligraphes de Perse, Mir Ali, Mahmoud ibn Ishak, etc., parmi lesquels se trouvent des miniatures.

L'exécution des miniatures et des ornements de ce manuscrit est parfaite; elles ne sont pas datées, il y en a du xvi° et du xvii° siècles. La reliure est en laque et représente des bêtes fauves dans une forêt déchirant des antilopes, des cigognes volent au-dessus de cette scène ; on y voit aussi des sangliers et un dragon.

Fol. 1 v°. Miniature encadrée en or et en couleurs représentant un souverain couché sur un divan, avec un sheïkh et différents personnages; une femme regarde par une fenêtre. Le panneau du fond représente une scène de chasse.
— 2. Miniature encadrée en or et en couleurs, représentant un concert donné le soir chez un souverain. Même décoration que la précédente.
— 2 v°. En tête en or et en couleurs.
— 6 v°. Dessin à la plume représentant un bateleur.
— 7 v°. Dessin à la plume représentant un homme blessé soutenu par deux soldats.
— 9 v°. Dessin à la plume représentant un cavalier monté sur un cheval qui n'a plus que les os et couvert de plaies.
— 12. Dessin à la plume représentant des ours, des canards et diverses plantes.
— 13 v°. Dessin à la plume représentant un derviche bossu.
— 14 v°. Homme assis vêtu de rouge et coiffé d'un turban vert tenant un dessin.
— 16. Dessin à la plume représentant un jeune homme armé d'un sabre.

Fol. 17 v°. Dessin à la plume représentant un religieux musulman.

— 19. Homme vêtu d'une tunique bleue et coiffé d'un turban.

— 20 v°. Dessin à la plume représentant un personnage assis.

— 21 v°. Dessin à la plume représentant deux renards et plusieurs plantes.

— 22 v°. Divers personnages assis, l'un d'eux tient un chien.

— 24. Différents oiseaux, perroquet, cigogne, paon, etc...

— 25. Jeune homme tenant un vase.

— 26 v°. Dessin à la plume représentant des lions et des plantes.

— 27 v°. Homme jouant de la flûte près d'un rocher, dessin à la plume.

— 28 v°. Jeune homme et jeune femme persane; les habits de la femme sont très bien exécutés.

— 29. Dessin à la plume représentant un homme assis regardant une feuille de papier.

— 30 v°. Souverain et un page.

— 32. Dessin à la plume représentant un homme demandant l'aumône à une femme richement vêtue.

— 31. Dessin à la plume représentant deux hommes dormant au pied de rochers.

— 34 v°. Jeune femme richement vêtue tenant une coupe.

— 35 v°. Miniature non terminée représentant un homme dans un kiosque, un autre assis à terre, un arbre et deux chèvres.

Toutes les pages de ce manuscrit peuvent servir de modèles d'ornements en or et en couleur; sur les marges se trouvent les dessins de différents animaux.

Persan 151. — Traité d'anatomie avec tableaux anatomiques au trait par Samad Mansour, dédié au petit-fils de Timour, Pir Mohammed. xi° siècle (xvii° de notre ère.) Exécution médiocre.

Fol. 11. Squelette humain, avec le nom des différents os.

— 16 v°. Système nerveux de l'homme.

— 17 v°. Système musculaire de l'homme.

— 21. Système circulatoire et digestif de l'homme.

— 22 v°. Système artériel.

Fol. 31 r° et v°. Deux dessins représentant un homme avec le nom
    des différentes parties du corps.
— 32. Femme enceinte.

Persan 174. — Recueil de formules de talismans et d'ouvrages
de magie du VIII° siècle (XIV° de notre ère). Mauvaise exécution.
Le manuscrit est dans un état déplorable.

Fol. 3. Tortue à deux têtes.
—   8. Deux animaux à corps de serpent avec les membres
    antérieurs entrelacés. — Le signe du Cancer et la Lune.
—   9. Ange tenant un rouleau écrit.
—   9 v°, 10, 10 v°, 11 v°, 13, 13 v°, 15. Êtres fantastiques.
— 17. Djinns, femmes vêtues d'habits blancs au pied d'un arbre.
— 18. Cavalier tenant un sabre, une lance et un arc : cette
    peinture représente la planète Mars.
— 45 v°. Oiseau à deux têtes.
— 46 r° et v°. Deux êtres mythiques.
— 47 v°, 48, 48 v°. Les signes du Zodiaque.
— 67. Minaret dans une enceinte.
— 69. Le roi (ou ange) rouge, debout tenant une lance.
— 72. Le roi Danhash assis sur un trône et tenant une lance.
— 73 v°. Le roi Mitatroûn debout tenant une lance.
— 78. Le roi Maimoûn, le très grand; représenté sous la forme
    d'un génie à deux têtes tenant d'une main un livre,
    de l'autre une lance, au-dessous deux petites figures.
— 83. Le roi Shamhourash à cheval, tenant un glaive, et
    foulant aux pieds de son cheval un dragon.
— 86. Le roi el-Ahnaf à cheval sur un lion, tenant d'une main
    une couronne, et l'autre un dragon.
— 92. Le roi ou ange... (le nom est illisible).
— 100 v°. Figure représentant 3 cavaliers sur des colonnes.
— 103 v°. Palais d'Alexandre le Grand.
— 107. Figure du ciel, au-dessous, la terre avec la montagne de
    Kaf, le nid du Simourgh, etc.
— 108. La planète Vénus représentée sous les traits d'une mu-
    sicienne à quatre bras assise sur un trône.
— 108 v°. La planète Mercure, copiste à quatre bras, assis.
— 109. Saturne, homme à quatre bras tenant entre autres choses
    un glaive et une couronne.

Fol. 109 v°. Jupiter, homme à quatre bras, assis.

— 110. Mars, sous les traits d'un guerrier à quatre bras.

— 110 v°. Le Soleil, homme à quatre bras à tête radiante assis
sur un lion.

— 111, 126 v°. Différentes figures astronomiques grossièrement
dessinées.

Persan 228. — Shâh-Nâméh ou « Livre des Rois » de Firdousi,
daté de 895 (1489).

L'exécution des miniatures est passable, et les vêtements sont
de facture mongole.

Fol. 7 v°. Titre en or et en couleurs.

— 21 v°. Feridoûn sur le trône, devant lui ses trois fils Salm,
Tôj, Iridj, avec leurs épouses, les filles du roi du Yemen.

— 62 v°. Combat de deux cavaliers, l'un iranien, l'autre touranien; drapeaux.

— 94. Syavûsh et Firengis, fille d'Afrasiab. Domestiques et
musiciennes.

— 101 v°. Mort de Roustem.

— 152 v°. Bataille entre Pirân et Gouderz; prisonnier enchaîné,
chevaux et étendards.

— 166. Le roi Kai Khosrev tue Shideh, fils d'Afrâsiâb, chevaux.

— 187 v°. Kai-Khosrev décapite Afrasiab; autre homme condamné
à mort. Arbre; deux hommes regardent cette scène.

— 242 v°. Roustem et Isfendiar causant, musiciens, domestiques.

— 254. Roustem tue Isfendiâr d'une flèche dans l'œil; soldats
avec drapeaux.

— 282. La reine Keidafeh, reine de Berdah, assise sur un trône,
recevant le portrait d'Alexandre le Grand, trois autres
femmes.

— 322. Bahram Gour tuant des lions à coup de massue.

Persan 237. — Les « Titres de noblesse de la Mecque et cérémonies du pèlerinage ». Les miniatures sont passables. xi° siècle
(xvii° s.).

Fol. 20 v°. Plan de la Mosquée de la Mecque, au milieu de laquelle
se voit la Kaaba. Le nom des portes est écrit autour
de l'enceinte. On y voit le Makam d'Ibrahim et les autres
endroits célèbres.

Fol. 21. Portion de cette mosquée.

— 23. La Dar-al-Khaizourân.

— 23 v°. Les Mauled de Mohammed, de Fatima, d'Ali, d'Aboū-
Bakr-Sadîk, et les deux pierres, celle où l'on se repose
et celle où l'on parle.

— 24. Oratoire de Mohammed.

— 25 v°. Les tombeaux des Saints à la Mecque.

— 26 v°. Chapelle élevée sur la place où naquit Omar et chapelles
funéraires.

— 27 v°. La montagne de Nour.

— 28.　　　　— 　　　　de Thoûr.

— 31. La montagne d'Arafah, sur laquelle se dresse le dôme
d'Adam; au pied de la montagne sont dressées des
tentes.

— 33. Plan de la mosquée Mashar al-Harâm à la Mecque.

— 35. Plan du vallon de Mina, avec l'emplacement des trois
endroits où l'on jette les pierres, la mosquée de Khaïf,
et le monument élevé sur l'emplacement de la tente du
Prophète.

— 40. La montagne Mofarrah et la mosquée d'Ali.

— 42. Plan de la Mosquée de Médine avec le mihrab de
Mohammed et le nouveau mihrab, le nom des portes
est écrit sur les côtés de l'enceinte.

— 43 v°. Les endroits que l'on va visiter à Médine, avec leurs
noms.

— 44 v°. Trois mosquées.

— 45 v°. Quatre mosquées.

— 46 v°. La montagne d'Ohod qui domine Médine, avec au pied
les tombeaux des martyrs.

Persan 239. — Œuvres complètes de Sadi. Manuscrit écrit au
x° (xviii° siècle.)

L'écriture est un assez bon talik et les miniatures sont d'une
exécution assez bonne. Les plats de la reliure sont dorés.

Fol. 1 v°. Personnages faisant de la musique et dansant, quatre
femmes les regardent par une fenêtre.

— 2. Personnages au bain et autres.

— 2 v° et 3. Pages de titre enluminées.

— 20. Intérieur de maison persane, on y voit une femme assise

entourée de ses servantes et un homme qui entre dans
la pièce.

Fol. 51 v°. Haroun ar Rashid sur le trône, et quatre autres personnages.

— 70 v°. Un derviche et le prophète Moïse.

— 76 v°. Hommes tirant de l'arc.

— 84 v°. Roi sur le trône faisant venir devant lui Medjnoun et
Leila.

— 92. Discussion devant un kadi, l'un des personnages est
Sadi en personne.

— 105 v°. Homme à cheval sur un léopard, ayant un serpent
au cou et en tenant un dans la main.

— 111 v°. Djemshid sur le trône (le cadre de cette miniature est
identique à celui de 84 v°.)

— 137 v°. Prince à cheval et autres personnages.

— 148. Campements de nomades, tentes.

— 169. Bataille entre deux personnages dont l'un est armé d'un
sabre.

— 190 v°. Scène de chasse, cavaliers, lions et gazelles.

— 258 v°. Six personnages assis dans un champ.

— 275 v°. Scène amoureuse, deux femmes à une fenêtre et un
jeune homme au-dessous, deux autres personnages.

— 292 v°. Joueurs d'instruments de musique, danseurs et femmes
habillées de blanc les regardant.

— 323 v°. Souverain assis sur un tapis entre deux arbres et servi
par six domestiques.

— 334 v°. Roi assis sur un trône, quatre autres personnages dont
deux agenouillés devant lui.

— 341. Personnage assis entre deux arbres avec une femme à
côté de lui, quatre autres personnages.

— 360 v°. Divers personnages, les uns assis, les autres debout,
dans une chambre.

— 386. Homme commettant sur un âne le crime de bestialité.

— 398 et 399. Roi assis sous un dais, entouré de domestiques.
Ces deux miniatures sont entourées de dessins en or et
en couleur.

Persan 240. — Gulistan et Bostān de Sadi. — Exemplaire de
luxe à encadrements, daté de 976 (1568).

Fol. 1 v°. Miniature entourée de dessins en or et couleurs représentant plusieurs personnages buvant.

— 2. Souverain avec une femme sur une estrade, musiciennes et domestiques divers.

— 2 v°. Titre en or et en couleurs.

Persan 242. — Gulistan et Bostan de Saadi. Exemplaire de luxe du x° siècle de l'hég. (xvii° siècle de J.-C.). Les miniatures, d'une exécution assez bonne, ont été altérées.

Fol. 1 v°. Titre en or et couleurs.

— 10 v°. Souverain assis sur un tapis, recevant un écrit d'un homme agenouillé. Flacons.

— 12. Souverain assis sur un trône parlant avec un homme assis devant lui. Au premier plan, bourreau décapitant un homme. Flacons.

— 16. Homme tenant trois chevaux.

— 42 v°. Gens se prosternant à la porte de la Kaaba à la Mecque.

— 67. Les deux princes de Misr (Egypte), l'un riche et l'autre pauvre, deux musiciens.

— 87. Roi assis sur un tapis, un homme est à genoux devant lui, peintures murales.

— 91 v°. Le Sultan Mahmoud Khvarizmshâh; un homme est agenouillé devant lui. Deux musiciens, peintures murales.

— 97. Deux hommes dans une caverne.

— 101 v°. Roi assis sur un tapis. Trois personnages devant lui, peintures murales.

— 103 v°. Quatre personnages causant dans un jardin; fleurs et plantes.

— 111. Chasseur prenant des pigeons au filet.

Persan 243. — Le « Livre de la séparation » de Salmân Savedji. x° siècle (xvii° siècle de notre ère). Les miniatures sont d'une fort belle exécution, mais ont souffert.

Fol. 1 v°. Le Prophète sur un trône, devant lui une houri, un démon, différents animaux, lions, tigres, etc., dragons volants dans l'air, paons, etc. Miniature signée.

— 2. Miniature signée représentant un homme découpant un animal, et d'autres personnages parmi lesquels Lokman près d'un tombeau. On voit dans le fond un campement.

Fol. 2 v°. titre en or et en couleurs.

Les marges de toutes les pages sont remplies par des dessins en or représentant des animaux, soit féroces, soit domestiques, et des arbres. Les deux plats de la reliure qui sont estampés représentent des arbres et différents animaux, une panthère dévorant des gazelles, etc.

Persan 245. — Poésies de Khosrou de Dehli. Exemplaire daté de 967 de l'hég. (1559 de J.-C.).

L'une des faces de la couverture qui est en laque représente un souverain assis dans un jardin, entouré de serviteurs, de joueurs de harpe et de tambourins ; l'autre face représente la rencontre du roi de Perse Khosrav Perviz avec Shirin, dans une forêt. Les costumes des personnages sont très finement peints.

Encadrements en or et en couleur aux fol. 1, et 2 r°, v° et 3 v°. 4 v°, 6 r° et v°, 7 v°, 8 v°, 9 v°, 12 v°, 13 v°, 14 v°, 15 v°, 16 v°, 17 v°, 18 v°, 19 v°, 20 v°, 21 v°, 22 v°, 23 v°, 24 v°, 25 v°, 26 v°, 27 v°, 28 v°, 42 v°.

La plupart des marges sont occupées par des dessins en or ou en bleu représentant des arbres, des monstres, des animaux de tout genre.

Persan 257. — Le Bostan de Saadi, exemplaire de luxe en beau talik du commencement du IXe siècle (XVIe siècle).

Fort belle exécution.

Fol. 1 v°. Deux sheïkhs sur un tapis, deux autres agenouillés, un troisième personnage debout. Au fond, arbre en fleurs se détachant sur fond d'or.

— 2. Miniature faisant suite à la précédente, sheikh debout et trois autres personnages, dont l'un tient un carquois et un arc. Au fond, une porte et un arbre en fleurs.

— 2 v°. Titre en or et couleurs.

La reliure estampée est fort belle.

Persan 259. — Le « Lever des lumières, » de Khosrou Dehlevi, exemplaire de luxe du Xe siècle de l'hég. (XVIe siècle).

Bonne exécution.

Fol. 1 v° et 2. Encadrements en or et couleurs.

—. 9. Deux personnages richement vêtus, vont en implorer un troisième dans une caverne. Différents autres personnages, dont l'un porte un sabre.

— 12. Mahomet, sur la jument Borak, monte au ciel, il est entouré de houris.

— 27 v°. Vieillard assis dans un jardin sur un tapis, personnage se tenant devant lui. Arbres, fleurs, bassin avec deux canards.

Persan 283. — Divan de Hasan Dehlevi, daté de 911 de l'hég. (1505).

Exécution assez bonne.

Fol. 1 v°. Souverain de Perse allant à cheval à la chasse, il a un faucon sur le poing, et on porte un parasol sur sa tête. Cavaliers.

— 2. Scène de chasse, cavaliers, lions, faucons.

— 2 v° et 3. Encadrement en or et couleurs.

Persan 351. — Les « Qualités des Amoureux », exemplaire de luxe daté de 991 (1583).

Bonne exécution.

Fol. 1 v°. Titre en or et en couleurs.

— 11 v°. Hommes dans une montagne, sources et ruisseau coulant dans le gazon.

— 27 v°. Sultan embrassant le pied d'un jeune homme endormi. Intérieur de maison.

— 38 v°. Homme baisant le pied d'un personnage assis sur un tapis, homme agenouillé, intérieur de maison orientale, tapis, fleurs.

Persan 357. — La « Khamseh » ou recueil des cinq poèmes de Hatéfi. Magnifique exemplaire de grand luxe du x° siècle de l'hég. (xvii°).

L'écriture de ce manuscrit est très soignée et les en têtes sont parfaitement exécutées. Le dessin de la reliure est très beau.

Fol. 1 v°. En tête enluminée et ornements divers.

— 23 v°.   Id.   Id.

— 42 v°.   Id.   Id.

— 66 v°.   Id.   Id.

Persan 359. — Le roman des prétendues amours de Yousouf et Zuleikha, bel exemplaire du x° siècle de l'hég. (xvii°). L'exécution est médiocre et les miniatures ont souffert.

Fol. 1 v°. Le prophète Yousouf dans un jardin entre deux arbres, deux autres personnages.

— 2. Deux personnages dans un jardin, avec un jeune homme les précédant.

— 2 v°. Titre en or et couleurs.

Persan 362. « Les amours de Khosrav et Shirin » de Nizami. Exécution assez bonne ; miniatures à type mongol, quelques-unes endommagées. Manuscrit non daté; probablement de la fin du xv° siècle.

Fol. 2. Rosace en or et en couleurs.

— 8 v°. Souverain assis dans un jardin.

— 9 v°. Shirin couchée; trois domestiques dormant; flambeaux.

— 12. Shirin couchée apercevant une image dans un arbre, femmes.

— 14 v°. Khosrav à cheval rencontre Shirin à moitié déshabillée au pied d'un arbre.

— 17. Femmes causant sous des tentes; pavillon d'étoffe.

— 24 v°. Scène de bataille entre des cavaliers armés de sabres, de masses d'armes et de lances.

— 32. Ferhad et deux hommes au bord d'un ruisseau dans la montagne. Berger et chèvres.

— 33. Ferhad dans le désert avec des antilopes et des renards.

— 34 v°. Suicide de Ferhad.

— 49. Shirin se prosternant aux pieds de Khosrav, deux femmes et plusieurs hommes. Jardin.

— 51 v°. Shirin couchée avec Khosrav.

Persan 364. « Les sept portraits », par Hateß. Histoire des amours de Bahram, et de ses sept favorites[1]. Petites miniatures fines et bien exécutées; le manuscrit est daté de l'an 925 de l'hégire (1519 de J. C.)

Fol. 1 v°. Frontispice en or et en couleurs.
— 10. Le roi Bahram à cheval, accompagné d'un eunuque.
— 10 v°. Chasse de Bahram à cheval, daims, chiens, faucon.
— 11. Scène de chasse, lions, cerfs.
— 12 v°. Femme dans la mer.
— 13. Vieillard assis à côté d'une jeune femme, devant lui une femme avec deux enfants.
— 14. Réunion de sheïkhs, le roi Bahram.
— 15. Bahram avec une de ses favorites dans la coupole noire.
— 15 v°. — dans la coupole jaune.
— 16. — dans la coupole verte.
— 16 v°. Deux petites miniatures représentant Bahram avec ses favorites dans la coupole rouge et la coupole bleue.
— 19. Bahram assis sur un tapis, trois personnages devant lui, dans le haut, portrait de femme.
— 21. Bahram et sa favorite vêtus de noir, dans la coupole couleur d'ambre.
— 22. Bahram assis sur un tapis avec un sheïkh devant lui.
— 23. Bahram assis sur l'herbe près d'un personnage nu jusqu'à la ceinture; un cavalier et deux chevaux.
— 24 v°. Bahram assis près de la mer avec un autre personnage.
— 27 v°. Deux nègres devant Bahram.
— 28 v°. Deux nègres étendus par terre morts, deux lions; Bahram regardant.
— 30. Dragon lançant des flammes par la gueule.
— 30 v°. Jeune femme sortant de sa maison, Bahram s'avance au-devant d'elle.
— 32. Bahram avec une favorite dans un jardin traversé par un ruisseau, il lui tend une coupe, musiciennes.
— 34 v°. Bahram avec une favorite dans la coupole couleur d'orange, 3 suivantes.

---

[1]. En marge du 1er feuillet on lit cette note : « Les Amours du Roy Baharam, qui signifie Mars, avec Mimi, ou Gulgun, qui signifie Rose du Jour. »

Fol. 35. Le roi Bahram couché, un vieillard devant lui lui adresse la parole.

— 36 v°. La fille du roi de Perse portée dans un palanquin; homme évanoui devant elle.

— 39. Homme noyé; la fille du roi de Perse agenouillée près du fleuve, avec deux suivantes.

— 40 v°. Le roi de Perse sur le trône, homme agenouillé devant lui, autres personnages.

— 41. Homme passant près du château d'un roi et tombant amoureux de la fille de ce roi.

— 42. Navire, homme noyé et autre homme se sauvant sur une planche.

— 43 v°. Combat d'un homme (Mah-Simia) armé d'un arc, contre deux nègres dont l'un est tué d'un coup de flèche.

— 47. Jeune femme couchée, homme agenouillé à côté d'elle.

— 48. Bahram et sa favorite vêtus de manteaux bleus, dans la coupole verte, musicien, et deux suivantes.

— 49. Souverain assis sur un tapis avec un nègre assis devant lui.

— 57 v°. Bahram et sa favorite. Deux suivantes.

— 60 v°. Roi sur le trône; son père qui a abdiqué en sa faveur aux pieds du trône.

— 61. Bahram couché avec sa favorite.

— 62. Bahram et sa favorite dans la coupole couleur de rose, deux servantes, danseuse.

— 62 v°. Bahram couché, un homme assis devant lui lui parle.

— 71. Bahram et une de ses favorites.

— 71 v°. Bahram assis sur le trône, devant lui deux prisonniers enchaînés, un bourreau et un homme décapité.

— 73. Bahram et sa favorite vêtus d'habits bleus dans la coupole bleue, deux suivantes, tables et flacons.

— 73 v°. Souverain couché; homme devant lui lui parlant.

— 88. Souverain sur un trône, différents personnages devant lui.

— 89 v°. Bahram et sa favorite vêtus de blanc dans la coupole blanche; 2 servantes, tables et flacons.

Persan 376. — « Kalila et Dimna », daté de l'an 678 de l'hégire (1279 J. C.), assez bonne exécution.

Fol. 2 v°. Mohammed monté sur la Borak, deux houris.

— 33. Harpiste, homme l'écoutant.

— 37 v°. Homme tombant dans un trou au fond duquel se trouve un dragon. Deux rats et un chameau.

— 41. Singe sur un madrier qu'un homme scie tout en le menaçant d'un bâton.

— 47. Le renard et le tambour accroché à un arbre.

— 57 v°. Caverne dans laquelle se trouvent des lions et un lièvre.

— 63 v°. Lion et renards.

— 71. Lion, renard, et corbeau dévorant un cheval.

— 73. Tortue enlevée par deux canards.

— 74 v°. Lion dévorant un buffle, renards.

— 78 v°. Kadi à cheval, homme prosterné devant lui, autres personnages.

— 82 v°. Roi nègre sur un trône, avec son destour.

— 89 v°. Lion, panthère, chacals.

— 94 v°. Lions, ours, chacals, etc.

— 100. Roi et sa femme assis; jeune homme aveuglé par un perroquet.

— 103 v°. Pigeons pris au filet, chasseur.

— 109 v°. Rat et corbeau, fleurs.

— 112. Chasseur, sanglier, gazelle et loup.

— 120 v°. Rat rongeant les liens d'une gazelle; corbeau, tortue, homme avec un bâton.

— 133 v°. Dévots avec un mouton.

— 135 v°. Marchand couché avec sa femme, un voleur emporte son argent.

— 136 v°. Dévot couché, démon et voleur.

— 138 v°. Le charpentier couché avec sa femme, une personne est cachée sous le lit.

— 144. Éléphant au bord d'une rivière; lièvre.

— 146. Hyène saisissant un lièvre; une perdrix, arbre et fleurs.

— 149. Crapaud sur le dos d'un serpent d'eau, arbres et fleurs.

— 158 v°. Singe sur le dos d'une tortue, fleurs.

— 163 v°. Lion dévorant un âne, renard.

— 167. Homme tenant une cruche au bout d'un bâton; maison.

— 172. Chat pris au piège, rat, arbre avec hibou.

— 179. Jeune prince aveuglé par un oiseau de proie.

— 193 v° et 199 v°. Lion et renard, arbre et fleurs.

Fol. 205 v°. Roi nègre sur le trône, avec un brahmane et une femme.

- 211 v°. Corbeau et perdrix, fleurs.

224 v°. Le Roi Milâl assis sur un coussin, brahme et femme.

— 227 v°. Roi assis sur des coussins ; femme.

— 231 v°. Roi assis, vizir à genoux devant lui.

— 238 v°. Roi assis à côté de sa femme, brahme, homme pendu à une potence.

— 243. Tigre, singe et homme.

— 249 v°. Roi monté sur un éléphant.

— 250. Roi assis sur le trône, différents personnages assis autour de lui.

Persan 377. — « Kalila et Dimna ». Le manuscrit a été écrit en Turquie et n'est point daté ; il paraît remonter au milieu du XVIe siècle.

L'exécution est assez bonne.

Fol. 1 v°. Prince assis dans un jardin, un domestique lui offre une coupe, un autre fait de la musique ; arbres et oiseaux.

— 2. Deux cavaliers armés. Ces deux miniatures sont entourées d'ornements en or et en couleurs.

— 2 v°. Frontispice en or et en couleurs.

— 16. Prince assis avec deux autres personnes, l'auteur lui présente son livre.

— 24 r°. Chien trouvant un os sur le bord d'un cours d'eau.

— 26 v°. Homme tombant dans une fosse où se trouve un dragon.

— 28 v°. Singe sciant du bois, un homme le menace d'un bâton.

— 32 v°. Le renard et le tambour.

— 33 v°. Le lion, le renard et le buffle.

— 39. Lion et lièvre.

— 48. Lion, chacals et pie devant un chameau.

— 50. Lion dévorant un buffle.

— 60 v°. Deux renards dont l'un est enchaîné.

— 66 r°. Homme aveuglé par un faucon ; femme.

— 68 v°. Oiseaux pris au filet, un rat.

— 71 et 72. Corbeau et rat.

— 80. Archer.

Fol. 87. Perdrix, lièvre et chat.

— 91 v°. Homme caché sous le lit de deux personnes.

— 102 v°. Singe à cheval sur une tortue.

— 107. Homme enlevant une cruche.

— 110 r°. Hibou, rat, chat et porc-épic.

— 115 r°. Roi et oiseau.

— 124 r°, 129 v°, 134. Renard et lion, arbre.

— 134 v°. Roi et femme, arbre.

— 136 v°. Corbeau et perdrix.

— 148 Combat de deux pigeons.

— 153 v°. Roi dans un kiosque, jeune fille et shéïkh.

— 156. Homme au fond d'un puits; un homme lui jette une corde, lion, singe et serpent.

— 159 v°. Homme portant un fardeau de bois.

MANUSCRITS DU SUPPLÉMENT PERSAN

Supplément Persan 151. — Le « *Rauzet us Sefa* » Chronique universelle de Mirkhond 6ᵉ partie datée de 1013 heg. (1604 J. C.) Les miniatures sont d'une belle exécution et ressemblent à celles des beaux Shah-Nameh.

Fol. 1. Ornement en or et en couleurs.

— 31. Timour assis sur un trône d'or, juge un différend entre deux personnages; plusieurs officiers assis, parmi eux l'émir Hosein.

— 79 v°. Bataille entre les troupes de Timour et celles des Turkomans; le prince Omar Sheikh tue un cavalier turcoman. Soldats portant des drapeaux et des trompettes.

— 124. Combat de l'armée de Timour dans l'Inde. Timour tue un cavalier d'un coup de sabre; soldats portant des drapeaux.

— 155. Divers personnages dans un navire sur le Tigre, des archers tirent sur eux.

— 166 v°. Timour assis sur un trône dans un jardin, on lui amène Bajazet, le sultan des Turcs.

— 184 v°. Intérieur d'une mosquée, femmes voilées; Kotb-ad-Din sur les marches du menber; autres personnages, homme portant une cangue au cou.

Fol. 223. L'émir turkoman Kara Yousoufattaqué par douze fautassins de l'armée de Djagataï. Cavalier portant un drapeau.

— 230 v°. L'émir Hosein, les bras attachés à une pièce de bois et monté sur un buffle, est amené à Mirza Iskender.

— 253 v°. Le roi des Kurdjes (Géorgiens) amené prisonnier à l'émir Sheikh Ibrahim; soldats mongols, avec étendards, trompettes.

— 311. Ulug Beg décapité par ordre de son fils Abd Al-Latif.

Supplément Persan 160. — Le « *Rauzet us Sefa* », de Mirkhond. Histoire des prophètes. Manuscrit daté de 829 heg. (1425 J. C.).

Les miniatures de cet ouvrage présentent cette particularité qu'aucune d'elles n'est terminée.

Fol. 50. Nemrod assis sur une des tours de son palais fait jeter Abraham dans le feu à l'aide d'un mangonneau. L'ange Gabriel vient lui porter secours.

— 56. Abraham s'apprête à égorger son fils Isaac, l'ange Gabriel lui apporte un mouton.

— 88. Moïse et les Israélites; un homme tué, ses deux assassins, taureau pour le sacrifice.

— 89. Karoûn englouti sous la terre, devant lui Moïse et plusieurs israélites.

— 93. Le géant Oûdj ayant la tête prise dans un énorme rocher; Moïse, Aaron et d'autres israélites.

— 134. Combat de Bahman contre les Seïstanais. Cette miniature est traitée dans le genre de celles des Shâh Nâmeh. Cavaliers, porte-étendards.

Supplément Persan 205. — « Histoire de la conquête du monde », par Ala ed Din Ata Melik Djouveini; manuscrit daté de l'an 689 de l'hégire (1290 J. C.).

Fol. 1 v°, 2. L'auteur du livre, agenouillé, offre son livre à l'empereur Mongol de Chine, dont le cheval est tenu en laisse par un domestique agenouillé. Les têtes ont été effacées à dessein.

Supplément Persan 206. — L'« Histoire de la conquête du monde » d'Ala-ed Din datée de 841 h. (1437 J. C.). Les miniatures sont très soignées.

Fol. 30 v°. Le sultan Ahmed assis sous un dais dans un jardin, recevant des ambassadeurs. Table avec flacons.
— 67. Bataille entre cavaliers.
— 101. Mankkou Kâàn sur le trône entouré de différents personnages mongols.
— 136. Kouyouk Khân sur le trône entouré de serviteurs; sont assis devant lui, le Kadi des Kadis, Djemal-el-Din et Mahmoud-Khodjendi.
— 140 v°. Kouyouk Khān sur le trône dans un jardin près d'un arbre, un domestique lui présente un plat. Un joueur de guitare.
Fol. 149. Siège d'une citadelle par une armée mongole. Chevaux caparaçonnés.

Supplément Persan 226. — « Histoire du roi de Perse Shah Abbas, intitulée « les Victoires augustes », par Siyāki Nizam.

L'exécution des miniatures est assez bonne, malheureusement un maladroit a surchargé les figures.

Ce manuscrit, d'origine indienne, paraît remonter à la fin du xviie siècle.

Fol. 1 v°. Le roi Shah-Abbas à la chasse.
— 2. Marche du roi Shah-Abbas; cavaliers et musiciens. On lui porte un parasol sur la tête.
— 2 v°. Titre en or et en couleurs.
— 61 et 88. Scènes de batailles.

Supplément Persan 290. — Mémoires de l'empereur Noûr-ed-Din-Djihangir, empereur des Indes. Manuscrit sans titre et non daté, xviiie siècle. L'exécution des miniatures est médiocre.

Fol. 3. Djihangir sur le trône avec différents personnages, hommes et femmes. Dans le fond de la salle on voit des peintures représentant des sujets de chasse; plateau avec fruits et flacons.

Fol. 6. Djihangir sur le trône parlant avec différents personnages. Dans le fond un panneau avec représentation d'une forêt; fruits et flacons.

— 8. Djihangir sur le trône avec différents personnages et deux musiciens.

— 9 v°. Scène analogue, trois musiciens.

— 11 v°. Djihangir sur le trône parlant à un personnage accroupi devant lui.

— 12 v°. Djihangir vêtu d'une robe d'or dans un jardin où il y a un bassin avec des poissons. Différents musiciens.

— 14. Djihangir dans son palais avec huit personnages indous.

Supplément Persan 330. — « Merveilles de la nature et singularités des choses créées » par Kazwini. XVII° siècle. Exécution fort médiocre.

Fol. 23-32 v°. Figures représentant les diverses constellations.

— 59. Carte du monde.

— 60. Plantes et animaux de Chine.

— 60 v°. Hommes ailés, perroquets.

— 61. Oiseaux, hommes.

— 61 v°. Hommes noirs.

— 62-65. Êtres fantastiques à corps d'homme et tête d'animal.

— 64, 69 v°, 72 v°. Êtres humains.

— 65 v°. Hommes ayant la tête dans la poitrine.

— 66. Licorne, poisson à tête humaine; autres poissons.

— 66 v°, 68 r°, 69 v°, 70 r°, 70 v°, 72 v°, 73 r°, 77 r°. Poissons.

— 69 v°. Tigre ailé.

— 72. Construction surmontée d'un corbeau; — être monstrueux à tête de chien.

— 73. Tortue sans tête.

— 74. Le tennin.

— 74 v°. Dragon.

— 75. Poisson à tête de lièvre; homme à queue.

— 75 v°. Bœuf de mer; crocodile représenté avec quatre pattes.

— 76 v°. Tannin, dragon à 7 têtes.

— 77. Serpent de mer, sorte de poisson à quatre pattes.

— 78. Crabe d'eau; animal ayant une tête et le corps divisé en 5 parties, appelé le *sakankoûr*.

— 79. Le poisson nommé *shafin*.

Fol. 80. Cheval.

— 80 v°. Castors et poisson.

— 81. Chien d'eau.

— 111. — 128 v°. Plantes, arbres et fleurs.

— 176. Homme à pieds de cheval, — à tête d'animal.

— 176 v°. Être monstrueux ayant un corps d'oiseau, des pieds de cheval, et une tête d'homme, — démon à figure d'homme.

— 177. Démons à tête d'animaux.

— 178. Démons à corps d'hommes et à tête d'animaux, avec des queues.

— 178 v°. Divers démons.

— 186 v°. Buffle, antilope.

— 189 v°. — 207. Quadrupèdes domestiques et sauvages.

— 201. Homme à tête d'éléphant.

— 208 v°. — 226 v°. Oiseaux.

— 221. Oiseau fantastique.

— 228. — 236. Serpents et autres animaux analogues.

— 229 v°. Dragon.

— 234 v°. Animal monstrueux.

— 235 v°. Sorte de chat.

— 238. Rat des champs.

— 239 v°. Hérisson.

— 242 v°. Lézard.

— 243. Êtres fantastiques ayant un corps d'homme et des têtes d'animaux avec des queues — homme ayant des oreilles d'éléphant.

— 243 v°. Hommes noirs et hommes ailés.

— 244. Hommes ailés. — Êtres fantastiques à corps d'homme, avec des ailes et des têtes d'animaux.

— 244 v°. Homme à six jambes ayant une queue. — Serpent à tête humaine.

— 245. Homme ayant la tête sur la poitrine, — tortue à tête humaine.

— 245 v°. Êtres fantastiques à tête d'homme.

Supplément Persan 332. — « Merveilles de la nature et singularités des choses créées » par un auteur anonyme. Exemplaire de luxe en très beau talik, daté de 790 (1388), qui a été écrit pour la bibliothèque d'Ahmed Khan ibn Owais, souverain ilkhanien de Bagdad.

Exécution passable, beaucoup des miniatures sont fortement endommagées.

Fol. 1 v°. Titre en or et en couleurs.

— 3. Le prophète Ibrahim avec des paons, des coqs, des corbeaux, etc.

— 4. Iskender couché, devant lui se tient un homme ayant de quoi écrire.

— 5. Le prophète Soleiman et Belkis (la reine de Saba) sur un trône; autre personnage.

— 11. Homme couché au pied d'un arbre, à côté de lui une hache et un serpent.

— 12. L'ange Asrāfil.

— 12 v°. Ange sous un arbre.

Fol. 11. Ange ayant la partie antérieure du corps comme une femme, la partie inférieure se termine en poisson; il a des ailes.

— 14 v°. — ayant la partie antérieure du corps composée de deux têtes de cheval; le reste du corps est celui d'un serpent; il a des ailes.

— 15. — à corps d'éléphant, avec une tête de femme et des ailes.

— 15 v°. Ange à tête de femme et à corps d'oiseau.

— 16. L'ange Mikhail avec sa balance.

— 16 v°. L'ange Azrail; un musulman mort.

— 19. Le soleil tenu par deux anges.

— 20 v°. Arbre merveilleux, au pied duquel se trouve un cavalier.

— 21. Houris tenant la lune.

— 21 v°. Le Soleil, sous forme d'une femme ailée tenant un disque d'or autour de sa tête, et les rênes de deux chevaux.

— 22. La planète Jupiter, sous forme d'une femme ailée assise sur un trône supporté par un cheval et un taureau.

— 22 v°. La planète Mars, sous forme d'une femme assise sur un trône supporté par quatre animaux et tenant une tête coupée à la main.

— 23. La planète Vénus sous forme d'une musicienne.

Fol. 23 v°. La planète Mercure, sous forme d'un homme assis sur un trône et tenant un livre.

— 24-30 v°. Signes du Zodiaque.

— 30 v°-31. Homme adorant le feu.

— 33. Prince sur son trône, un homme l'adorant.

— 33 v°. Homme entretenant un feu sacré.

— 36. L'atmosphère et le monde.

— 38. La *Badkhâna* avec ses deux gardiens.

— 39. Roi assis sur une sorte de pilier qui sort de la mer.

— 45. Carte de la mer de Khazar.

— 46. Carte de la mer de Roum.

— 46 v°. Khosrev Noushirvan arrivant sur les bords de la mer de Zarèh y voit des bœufs aquatiques.

— 47. Pont sur la mer de Sîhân.

— 49 v°. Carte de la mer de Fârs.

— 50. La « bouche du lion », lion vomissant de l'eau dans la mer, bateau avec deux hommes.

— 51 v°. Singes des bords de la mer de Constantinople apportant une planche sur laquelle sont écrits ces mots : *Bismillah el-azem-el-a'zem*, devant un prince assis sur un trône. Démons.

— 58. Carte générale du monde.

— 60. Alexandre au pied de la montagne verte; l'ange qui la garde lui parle.

— 67. Homme monté sur un vautour; figure magique à graver sur la pierre *baloûr*.

— 68. Homme armé d'une lance et d'un bouclier; figure magique à graver sur une pierre.

— 68 v°. Homme à cheval sur deux bœufs; figure magique à graver sur la pierre Djaza'.

— 69 v°. Scorpion.

— 70 v°. Ange ailé tenant un flacon.

— 72 v°. Femme tenant un enfant.

— 73. Scorpion.

— 75. Homme tenant d'une main un dragon et de l'autre un crible.

— 75 v°. Homme à cheval sur un lion dont la queue se termine par une tête de loup. Ce sont des figures destinées à être gravées sur des pierres précieuses pour leur donner des vertus magiques.

Fol. 80 v°. La mosquée de Moïse, avec son minaret surmonté d'un cheval noir.

— 81 v°. L'intérieur de la mosquée de David à Jérusalem; souverain à genoux.

— 82. Idem, autres personnages.

— 84. Carte de l'Azerbaidjan.

— 90 v°. Femme couronnée portant sept nattes, trouvée dans un tombeau à Tadmor (Palmyre).

— 91 v°. Carte du pays de Djaghaniân.

— 92. Les deux oiseaux de la ville de Djablasa et Iskender.

— 93. Femme traînée par deux chevaux.

— 94 v°. Homme et femme à cheval; enceinte d'une ville forte.

— 95 v°. L'homme dont la moitié inférieure est un crabe d'or, dans la mosquée de Homs.

— 96 v°. Carte du Khorasan.

— 99 v°. David et Saül (Tâloût).

— 101. Le minaret d'une mosquée à Zat-et-Allaf; ange s'envolant.

— 102 v°. Homme pendu.

— 104. Carte du Séistan.

— 105. Le roi de la Chine faisant brûler ses idoles sur l'ordre de Kotaiba.

— 105 v°. L'idole assise sur un trône d'or que l'on voit dans la ville de Saroushia.

— 106. Carte de la Syrie.

— 107 v°. L'idole de Menat.

— 110. Carte du Tabaristân.

— 111 v°. Carte de l'Irak.

— 114. Carte du Fârs.

— 117. Carte du Kirmân.

— 119. Carte du Magreb.

— 120. Carte de l'Égypte.

— 121. Carte de la Transoxiane.

— 122 v°. Idole dans le Moultan; un homme se brûle devant elle.

— 123. Autre idole.

— 123 v°. Carte de l'Inde.

— 124. Idole dans l'Inde, un homme l'adore.

— 127. La mer de Khazar.

Fol. 127 v°. Cavalier tuant un homme monté sur un éléphant.

— 129 v°. Carte du Yémen.

— 130 v°. Deux bœufs sous un édifice.

— 132. Iskender auprès du corps de Darius tué; ses deux meurtriers sont pendus à une potence.

— 132 v°. Femme puisant de l'eau du haut d'une forteresse
dans un fossé.

— 135 v°. Forteresse; tête d'homme accrochée à la muraille.

— 136 v°. Le prophète Salomon assis sur le trône, un démon lui
apporte Belkis (la reine de Saba) sur son trône.

— 137. Un archer tue un homme du haut de la citadelle de
Djariah.

— 137 v°. Deux femmes assises sous une voûte.

— 138 v°. Homme précipité du haut d'une forteresse.

— 140 v°. Coupole gardée par deux anges (La coupole d'or à
Jérusalem).

— 145. La forteresse de Harmân avec les corbeaux de pierre.

— 146 v°. Jardin environné de murs; au pied se trouvent deux
hommes.

— 147. Le jardin de Djanltu.

— 147 v°. Les hommes de métal du Diâr-Muzallama.

— 148. Soleiman sur le trône; différents personnages devant lui.

— 151 v°, 152, 153. Représentations d'arbres.

— 156 v°. L'arbre à poivre; préparation du poivre.

— 158 v°. L'arbre loubya; récolte de ses graines à l'aide d'un
singe.

— 160 v°. L'arbre *vakvak* dont les feuilles sont des têtes de
femmes et d'animaux.

— 162. Mohammed sur le trône; deux autres personnages.

— 162 v°. Arabes montés sur des chameaux.

— 163 v°. Mohammed assis près d'un drapeau; deux hommes et
une femme.

— 165. Le prophète Salomon, la figure voilée, met une idole en
pièces.

— 165 v°. L'ange de la mort venant s'emparer de l'âme d'un
homme.

— 166. Idole indienne; homme l'interrogeant.

— 166 v°. Figures d'idoles.

— 167. Statue de jeune fille au haut d'un minaret à Tadmor.

Fol. 167 v°. Représentation de Shabdiz; cavalier armé d'une mas-
    sue.

— 168 v°. Mouton en pierre dans une montagne.

— 169. Deux lions de pierre, dans l'Inde, versant l'eau par la
    gueule.

— 169 v°. Tombeau du prophète Adam à Serendib (Ceylan); il a
    le corps dans la mer à partir de la ceinture.

— 170. Tombeau d'Ibrahim.

— 172. Tombeau de Danyal (Daniel).

— 173 v°. Tombeau de Siméon et de Baloûs.

— 176 v°. Tombeau dans le Hadramaut; homme mort.

— 177. Tombeau où se trouve un homme en or tenant une plan-
    che à la main; personnages à la porte.

— 177 v°. Autre tombeau, plusieurs personnes à la porte.

— 178 r°. Mihrâj découvrant le tombeau du roi Tahmuras; for-
    teresse.

— 179. Cadavre d'un homme à tête de sanglier découvert par
    Alexandre près d'une maison de rubis; c'est là qu'il
    apprit que sa mort était proche.

— 192 v°. Orkis sur le trône; devant elle un éléphant.

— 193. Gens dévorant un homme malade dans une île de la
    mer des Indes.

— 193 v°. Homme de stature gigantesque fixé dans un arbre;
    des gens le regardent.

— 194. Homme se prosternant devant une table sur laquelle se
    trouve un livre.

— 194 v°. Gens se baignant dans la mer.

— 194 v°. Gens de la tribu de Habat adorant une image d'enfant.

— 195 v°. Les Djishoûris, hommes qui vivent dans les arbres
    comme des singes.

— 196. Deux femmes.

— 196 v°. Deux hommes de la tribu de Zendj tenant des bâtons.

— 197. Hommes dont le corps est tacheté de noir.

— 197. Gens portant des fardeaux.

— 197 v°. Prisonnier emmené par un homme; deux femmes.

— 198. v°. Hommes portant une grenade monstrueuse; deux
    autres sont assis dans un jardin.

— 199. Le géant Aoud s'apprêtant à lancer une montagne sur
    l'armée de Moïse; la montagne se perce, et sa tête se
    prend dedans comme dans un carcan.

Fol. 200. Hommes de la tribu de Harkandi.

— 200 v°. Êtres fantastiques ayant un corps d'homme et une queue de serpent, étouffant un homme.

— 201. Cavalier combattant contre des femmes armées.

— 201. Gens de la tribu de Karmara.

— 201 v°. Gens de la tribu de Latadj; vaisseau de marchands.

— 202. Gens des tribus de Nasak et Mansak.

— 202 v°. La reine du peuple des Noubi dans le Magreb; homme dans la mer.

— 203. Hommes à oreilles d'éléphant.

— 201. Homme de la tribu des Ablaq donnant à manger à deux animaux.

— 201 v°. Hommes à tête de chien de la tribu de Sagsâr.

— 205. Homme couché, deux vautours à côté de lui.

— 205 v. Shamsoûn, l'homme aux longs cheveux (Samson).

— 206. Homme ayant des seins comme une femme.

— 207. Têtes de femmes plantées au bout de lances; forteresse.

— 207 v°. Alexandre dans un bateau interroge un homme à oreilles énormes.

— 208. Alexandre fait venir devant lui un enfant à tête de lion.

— 209. Les anges effrayés par Iblis.

— 201. Cavalier arrivant près d'un jet d'eau.

— 212. Homme de la tribu de Kahau s'enfonçant un sabre dans le ventre.

— 212 v°. Homme évanoui porté dans un temple d'idoles.

— 213. Homme coupant la tête à un chameau dans l'intérieur d'un cercle.

— 216 v°. Homme étouffé par un autre.

— 217. Le cercueil d'Alexandre porté par 3 hommes; sa main sort du cercueil.

— 218. Homme à tête d'animal, autre homme; chaudière avec un homme plongé dedans.

— 218 v°. Représentations de ghoules.

— 219 v°. Arbre enchanté adoré par les Arabes avant la venue de Mahomet; il est abattu sur son ordre par Khalid; une femme apparaît à ce dernier.

— 219 v°. Femme portant un mouton.

Fol. 220. Femme de la tribu des Djalhiud dansant sur le bord de la mer.

— 220 v°. Être monstrueux à tête de cheval et à corps d'homme; arbre, homme dans les rochers.

— 221. Homme frappant un autre homme à coup de pic; deux autres personnages, rochers.

— 221 v°, 228 v°. Représentations d'oiseaux.

— 229. Serpent.

— 229 v°. Éléphant écrasant un homme.

— 230. Éléphant s'agenouillant devant un homme.

— 231. Chameau agenouillé, lion et taureau.

— 231 v°. Cerf.

— 232. Chevaux marins.

— 232 v°. Être monstrueux, ayant la partie antérieure du corps semblable à celle d'un homme, et la partie postérieure comme celle d'un cheval.

— 232 v°. Cheval à queue de dragon; femmes dans la mer.

— 233. Mulet.

— 233 v°. Isa (Jésus-Christ) avec son âne.

— 234. Girafe.

— 235. Lion.

— 235 v°. Loups.

— 236. Panthère, tigre et léopard.

— 237. Chiens.

— 237 v°. Homme suspendu aux branches d'un arbre; autres personnages.

— 238. Ane, sanglier et singes.

— 238 v°. Singe; homme chassant l'éléphant.

— 239. Cheval, sanglier.

— 239 v°. Lézard.

— 240. Serpent et porc-épic.

— 240 v°. Rats; deux hommes assis.

— 241. Le poisson qui avala le prophète Jonas.

— 241 v°. Le prophète Jonas et d'autres personnages.

— 242 v°. Poisson à tête de femme; deux hommes harponnant un gros poisson.

— 243 v°. Lion, dragon, serpent à tête d'homme.

— 244, 244 v°. Dragons.

— 247 v°. Homme assis sur un trône, il est entouré de gens qui le frappent.

Fol. 248 r°. Mahomet à cheval pourfendant un cavalier.

— 249. Vache debout sur le dos d'un poisson replié sur lui-même; c'est la représentation du monde.

Supplément Persan 333. — La « Vie des Hommes »; version persane du dictionnaire zoologique de Damîri, par Mohammed ibn Moubarek Ḥakim Kazwîni. Exemplaire de luxe en beau talik daté de 933 (1527).

Bonne exécution.

Fol. 6. Lion à tête d'homme.

— 7. Lion flairant un homme enchaîné.

— 9. L'arche de Noé représentée sous forme d'un vaisseau du xvi° siècle très exactement figuré. Noé est à l'arrière et la colombe s'envole à l'avant.

— 12. Miniature endommagée, représentant un chameau et un homme.

— 16. La Kaaba, un éléphant blanc, plusieurs personnages.

— 17 v°. Salomon, une mosquée et trois démons.

— 19 v°. Deux lièvres.

— 23. Lièvre de mer.

— 24 v°. Deux taureaux.

— 25. Le poisson nommé *sakankour*.

— 28. Jésus; deux hommes; un serpent.

— 29 v°. Loup nommé *Aflas;* oie d'eau.

— 30. Serpent cornu nommé *Af'î*.

— 34. Animal nommé *Atûn*, quadrupède ayant une carapace de tortue sur le dos.

— 34 v°. Petit chameau nommé *akâl;* taureau; le rongeur nommé *amloûk*.

— 38 v°. Animal nommé *ankad*, serpent nommé *anklis*.

— 39. L'oiseau nommé *ouloun*.

— 39 v°. Oiseau appelé *al-ḥakhm;* oiseau nommé *anouk*.

— 41. Homme en décapitant un autre.

— 41 v°. Rat des champs.

— 42 r°. Le poisson à tête d'or nommé *alkhvâṣ*. Dragon.

— 43. Le bœuf de montagne nommé *ayyll*.

— 44 v°. Chacal. — 45. Faucon. — 48. Epervier. — 49. L'oiseau nommé *bakî'ah*.

Fol. 49 v°. Le poisson nommé *bâla*. — 51 v°. Perruche. — 53. Chameau. — 55. Agneau.

— 56. La Borak de Mohammed avec deux Houris. — 58. Cheval. — 60. Bœuf de montagne. — 62 v°. Canards. — 73 v°. Chameau portant un démon sur le dos. — 75. L'oiseau de proie nommé *baghâth*. — 77 v°. Cheval de guerre sellé et harnaché. — 80 v°. Cerf. — Bœuf. — 89. Bœuf. — 90 v°. Le bœuf d'eau.

— 91. L'animal nommé la « vache des Israélites ». — 94 v°. L'oiseau de proie appelé *balħ*. — 95. Poissons à tête de femme. — 99 v°. Chat-huant. — 103. L'oiseau *lam*. — 109. Oiseau nommé *touram*. — 110 v°. Cerf.

— 118 v°. Taureau. — 123 v°. Ane appelé *Djabha*. — 121. Ane. — 124 v°. Gazelle, antilope. — 133 v°. Insecte à tête de quadrupède, nommé sauterelle de mer. — 134. Scorpion, rat. — 135. Mouche. — 136 v. Turbot. — Petit chien. — 139 v°. Scarabée. — 145. Animal fabuleux nommé chameau de mer; poisson à cou de chameau. — 145 v°. Sauterelle. — Oiseau. — Chameau. — Djinn. — 159. Animal fabuleux à corps de renard et à tête de femme. — 160 v°. Ours. — 165. Pie, vipère. — 165 v°. Insecte. — 166. Grue. — 168. Bélier, cheval et perdrix. — 170. Oiseau de proie nommé *hadât* et *kħloûdj*. — 173. Animal fabuleux ayant un corps de quadrupède, une tête d'oiseau et une queue de scorpion. — 176 v°. Licorne. — 177. Insectes. — 177 v°. Taureau, oiseau et chameau. — 192. Oiseau. — 210. Poisson. — 231. Oiseau fabuleux. — 245 v°. Rongeur. 258 v°. Oiseau. — 275 v°. Homme à cheval ayant un démon derrière lui. — 413. Sorte de chien. — Chat. — 447. Paon. — 468. Chameau ailé. — 470. Coq, antilope. — 470 v°. Oiseau, serpent et veau. — 473 v°. Ane. — 474. Serpent, chameau, petit loup. — 475. Oiseaux. — 480. Animal légendaire, quadrupède à queue de serpent ayant une carapace sur le dos. — 481. Une *'Afrît*. — 482 v°. Corbeau. — 486 v°. Scorpion. — 503 v°. Oiseau. — 507 v°. Oiseau. — 508 v°. Araignée. — 515 r°. et v°. Oiseau. — 534. Ghoule. — 537. Pigeon. — 546 v°. Cheval. — 555. Cheval de mer. — 560 v°. Éléphant. — 565.

4

— 566 v°., 567, 581 v°., 594, 597, 598. Oiseaux. — 592.
Licorne. — 610. Poisson-scie. — 619 v°. Licorne,
antilope. — 620 v°. Petit rongeur. — 622 v°. Serpent
portant une sorte de couronne sur la tête, poisson. —
623 v°. Poisson portant une scie sur le dos. — 624 v°.
Poisson à tête d'homme. — 641 v°. Oiseau. — 641 v°.
Être nommé *nasnâs*, à tête d'homme. — 642. Léopard.

Supplément Persan 334. — Les « Merveilles de la nature » de
Kazwini. Ce manuscrit paraît du ix⁰ siècle de l'hégire (xvi⁰ J. C.).

Fol. 8. Représentation de la montagne Mihirdjhan.
— 42, 43, 44, 46, 47, 49, 52, 53, 55, 56, 57, 59, 61 à 84. Représentation de plantes.

Supplément Persan 342 b. — Les « Remèdes de Dārā Shikōuh »
par Noûr ed-Dīn Abd Allah Hakim Shirazi, traité de médecine
dédié au prince Dārā Shikōuh, fils du grand Mougol Shah-Djihān.
Exemplaire daté de 1191 de l'hég. (1777 J. C.).

Les représentations d'animaux et de plantes, assez soigneuse-
ment exécutées, sont dans les marges.

Fol. 32 et v°, 33 et v°, 34 v°, 35 v°, 36, 37, 38, 39, 40 v°, 41 et v°,
50 v°, 52 v°, 56 v°, 58, 59, 60, 61 v°, 62 v°, 64, 65, 67 v°,
68, 77 v°, 78, 79, 80, 81, 82, 83 v°. 84, 87 v°, 89, 91.
Représentations de quadrupèdes. — 42 v°, 43 v°, 44,
45, 46, 47, 48, 53 v°, 55 v°, 56, 66, 69, 70 à 76, 77 v°,
81 v°, 82-85. Représentations d'oiseaux. — 42 v°, 48,
49, 50, 51 v°, 52, 53, 82 v°, 83, 85, 86 v°, 93 v°. Représentations de poissons, d'amphibies et de chéloniens.
— 63 v°, 64 v° 66 v°, 77, 83 v°, 84, 87 v°, 88 v°, 91 v°. Représentations d'insectes.
— 53, 76, 87. Représentations de mollusques.
— 83 v°. Être fantastique ayant une tête et des ailes d'oiseaux
sur un corps humain.
— 92 v°. Images de plantes.
— 94. Hommes et femmes.

Supplément Persan 360. — Le « Délice des cœurs, » de Hamd
Allah ibn Hamd Allah el Moustaufi el Kazwini. Exemplaire de
luxe, daté de 1072. (1662.)

Fol. 11. Le signe zodiacal du Bélier. — 11 v°, du Taureau et des Gémeaux. — 12, du Cancer et du Lion. — 12 v°, de la Vierge et de la Balance. — 13, des Poissons. — Du folio 13 v°, au fol. 39 v° se trouvent les figures des constellations.

— 300 v°. Homme, femme et enfant de l'île de Bartâïl ; rhinocéros ; tentes et différents personnages ; arbres. Cette miniature est fort bien exécutée.

Supplément Persan 388. — Recueil de modèles d'écriture signés parmi lesquels se trouvent quelques miniatures.

L'exécution de ces dessins est passable. Les textes et les enluminures se trouvent sur des fonds décorés en or. Ces miniatures paraissent en partie du xvii° siècle.

Fol. 1. Faucon.
— 2. Quatre coqs.
— 3 v°. Jeune femme portant une bouteille en or.
— 5. Femme marchant en s'appuyant sur une longue canne.
— 6 v°. Homme et femme couchés ensemble ; style indou.
— 7 v°. Jeune femme jouant de la guitare.
— 8. Jeune homme tenant une coupe et une bouteille en or.
— 9 v°. Tigre formé avec des lettres collées sur un carton.
— 11. Homme tirant un sabre du fourreau.
— 14 v°. Femme assise.
— 15 Jeune homme armé d'un poignard s'appuyant sur une longue canne.
— 17 v°. Tigres, lions, gazelles, lion dévorant un taureau ; cavalier armé d'un arc.
— 18-19 v°. Oiseau.
— 20 v° Deux femmes mangeant.
21. Cinq éléphants.

Supplément Persan 392. — « Morakka » ou recueil de modèles d'écriture des plus célèbres calligraphes. Les miniatures paraissent du xvii° siècle.

L'exécution en est assez bonne.

Fol. 1 v°. Deux religieux tenant des livres et un un sabre.
— 2 v°. Trois danseuses et musiciennes.

Supplément Persan 489. — Le « Livre des Rois » de Firdousi : avec la préface de Baisonkor. Exemplaire de luxe provenant de la bibliothèque royale de Perse, daté de 953 (1546).

Fol.   2 v°, 3. Composition tenant une double page représentant un roi assis et mangeant dans un jardin; ses serviteurs l'entourent. C'est sans doute le souverain pour qui fut exécuté cet exemplaire.

—   3 v° 4. Pages ornées d'enluminures en or et couleur.

—   14 v°. Titre orné.

—   16 v°. Gayomert entouré des premiers êtres; on y voit un lion, un renard, un tigre, un ours et des gazelles.

—   26. Féridoun dans un jardin entouré de ses serviteurs.

—   43. Roudabeh dans l'appartement des femmes tend une coupe à Zâl. On lit sur la porte du palais en caractères très fins : « Que ce palais soit toujours ouvert au bonheur. »

—   54. Roustem assomme l'éléphant blanc d'un coup de la massue à tête de bœuf.

—   59. Le roi Nauder sur le trône.

—   66. Roustem enlève d'une main Afrasiab de sa selle.

—   70 v°. Un lion attaque Rakhsh, le cheval de Roustem, durant son sommeil; le cheval le tue.

—   72. Roustem tue un dragon gigantesque.

—   72 v°. Roustem tue une magicienne.

—   73. Roustem fait prisonnier Aulad avec son lasso.

—   74. Roustem combat les démons et tue le div Arzeng.

—   74 v°. Roustem entre dans la caverne où sont enchaînés Kai-Kaous et ses pehlevans.

—   75. Roustem tue le div blanc; Aulad est enchaîné à un arbre.

—   85. Roustem tue Aïkaous.

—   89 v°. Roustem jette Tous à terre; les deux héros sont montés à cheval.

—   94. Entretien de Roustem et de Kai-Kaous.

—   96. Sohrab est mis à mort par Roustem.

—   104. Syavoush accusé d'inceste par sa belle-mère Soudabeh passe dans le feu pour se justifier.

—   132. Gîv, Gouderz et Banoûgoushasp.

—   140 v°. Kai-Khosrav offre un festin à Roustem et à ses grands.

—   154 v°. Bataille entre les Iraniens et les Turcs; l'étendard de Kaveh et un autre étendard portent des inscriptions arabes.

Fol. 162 v°. Combat dans la montagne entre Rahham et un magi-
cien turc nommé Bazour qui répandait ses maléfices
sur les Iraniens.

— 171. Combat entre deux guerriers.

— 175. Roustem fait prisonnier Kâmoùs et l'amène au camp des
Iraniens.

— 181. Roustem enlève Shankoul de sa selle en le frappant d'un
coup de lance.

— 183. Le Khakan de la Chine monté sur un éléphant blanc est
fait prisonnier par Roustem.

— 190. Combat singulier de Roustem avec Pouladvend.

— 192. Le démon Akvan jette Roustem endormi dans la mer.

— 202. Kai-Khosrav assis sur le trône dans un jardin.

— 206 v°. Scène de combat.

— 216 v°. Hoùmàn est tué par Bijen.

— 227 v°. Combat de Giv et de Gueroui Zeréh.

— 241 v°. Kai-Khosrav tue Shideh, fils d'Afrasyab, roi du Touran.
Cette miniature n'est pas terminée.

— 259. Afrasiab est décapité par le roi Kaï-Khosrav.

— 263 v°. Entretien de Kaï-Khosrav et de Zâl.

— 272. Goushtasp arrive dans le pays de Roum et tue le loup de
Fasikoun.

— 273 v°. Gushtasp tue un dragon.

— 290 v°. Mort du roi Lohrasp.

— 297 v°. Isfendiar tue l'oiseau légendaire nommé Simourgh;
on voit la cabane roulante dans laquelle Isfendiar s'était
enfermé.

— 302. Isfendiar enlève Kehrem de sa selle.

— 308 v°. Rencontre d'Isfendiar et de Roustem sur les bords du
Helmend; les deux princes ne sont pas vêtus comme
d'habitude.

— 318 v°. Combat de Roustem et d'Isfendiar qui est atteint d'une
flèche dans l'œil.

— 323 v°. Mort de Roustem qui tombe dans une fosse où son
cheval Rakhsh reste empalé.

— 337 v°. Iskender (Alexandre le Grand) assis sur un trône dicte
à un scribe une lettre pour Dilârâf, mère de Roushenek.

— 343 v°. Lutte entre Iskender et le roi indou Foûr (Porus) qui
est tué.

Fol. 352. Iskender voit l'ange Asrafil.

— 363. Femmes filant dans un jardin.

— 380 v°. Le Kaisar de Roum est amené prisonnier devant Shapour à cheval.

— 385 v°. Bahram Goûr chassant, il est monté sur un chameau ;
dans le fond on voit Azadêh à cheval jouant du luth.

— 393 v°. Bahram Goûr tue des lions.

— 404 v°. Bahram Goûr tue un dragon.

— 407. Bataille entre les Iraniens et les troupes du Khaqan.

— 412. Lutte de deux hommes en présence de Bahram Goûr.

— 414 v°. Bahram Goûr assis sur le trône écoute la lecture d'une
lettre ; soldats.

— 421 v°. Bataille entre Sharfarâï et Khoshnavaz ; ce dernier
s'enfuit.

— 436 v°. Noush-Zâd est tué.

— 459 v°. Cavaliers en tenue de combat.

— 477 v°. Entretien d'Hormouzd assis sur le trône et de Mihran
Sitad ; serviteurs portant des sabres.

— 482. Saveh Shah est tué par Bahrâm Tchoubineh.

— 487 v°. Bahram Tchoubineh arrive devant un tombeau en
ruines.

— 498 v°. Combat entre Bahram Tchoubineh et Khosrav Perviz.

— 507. Khosrav Perviz escalade un rocher pour échapper à
Bahram Tchoubineh.

— 517. Bahram Tchoubineh tue le lion monstrueux Keppi.

— 530. Le musicien Barbud caché dans un cyprès joue de la
guitare ; Khosrav Perviz l'écoute ; scène de nuit.

— 539 v°. Khosrav Perviz est assassiné par Mihir-Hormuzd.

— 558. Djemshîd assis sur le trône dans un jardin ; on y voit
entre autres personnages des joueurs d'instruments de
musique, deux anges et un démon.

— 566 v°. Zohak est amené devant Féridoun ; le roi est assis sur
le trône entouré de gens de sa cour.

      Ces deux dernières miniatures sont d'une exécution
très supérieure à celle des précédentes ; elles font
d'ailleurs partie d'un second ouvrage qui a été relié
avec le premier.

Supplément Persan 490. — Le « Livre des Rois » de Ferdousi
sans préface. Très bel exemplaire de luxe daté de 1012 (1598).

Fol. 1 v°. Le Prophète assis sur un trône, la tête entourée de la flamme prophétique, divers animaux et génies ; un homme écrit devant lui.

— 2. Salomon assis sur le trône est servi par des houris. Dans le fond on voit trois démons.

— 2 v°, 3. Pages richement enluminées.

— 5 v°. Gayomert et divers personnages.

— 13. Féridoun frappe Zohàk de la massue à tête de bœuf devant les deux filles de Djemshid.

— 18. Irij est tué d'un coup de chaise par Tour aidé de son frère Salm.

— 37. Zal et Roudabeh assis sur un tapis dans une chambre dont les murs sont décorés.

— 44 v°. Nauder est tué par Afrasyàb.

— 48 v°. Bataille entre Roustem et Afrasiab ; les Iraniens portent l'étendard de Kaveh.

— 55. Roustem tue le démon blanc.

— 62. Kai-Kaous tente d'escalader le ciel sur un trône enlevé par des aigles.

— 64 v°. Bataille entre Roustem et Alkaous.

— 73 v°. Sohrab est tué par Roustem.

— 80 v°. Syavoush accusé d'inceste par Soudabeh traverse le feu pour prouver son innocence.

— 90. Syavoush et Firengis, fille d'Afrasiab.

— 98 v°. Syavoush est égorgé par ordre d'Afrasiab.

— 105 v°. Roustem tue Pilsem.

— 111. Giv, Kai-Khosrav et Firengis traversent le Djihoùn.

— 123. Combat de Bijen fils de Giv contre Faroud ; divers cavaliers montant des chevaux caparaçonnés.

—. 132 v°. Combat de Bijen et de Giv contre Faroud.

— 142. Roustem tue Ashkebous à coups de flèche.

— 150. Le Khaqan de la Chine est enchaîné par Roustem.

— 157 v°. Le démon Akvàn jette Roustem endormi dans l'océan.

— 170. Roustem tire Bijen de la fosse où l'avait fait jeter Afrasiab.

— 179. Houman est tué par Bijen.

— 189 v°. Piràn est tué par Gouderz.

— 200 v°. Shideh est tué par le roi Kai-Khosrav.

Fol. 215 v°. Afrasyab est mis à mort par Kaï-Khosrav.

— 225 v°. Kitaboùn, fille du Kaisar de Roum, choisit Gushtasp pour époux.

— 243 v. Isfendiar lutte contre l'armée des Touraniens.

— 246. Isfendiar tue un dragon.

— 260. Lutte d'Isfendiar et de Roustem.

— 268. Roustem tue Sheghad et meurt. Son cheval Rakhs reste empalé dans la fosse où il était tombé.

— 279. Dara (Darius) assassiné par ses destours communique à Iskender (Alexandre) ses dernières volontés. Les meurtriers sont enchaînés au premier plan.

— 290 v°. Iskender en ambassade auprès de la reine Keidafeh.

— 299 v°. Ardeshir Babekân fait mettre à mort Ardavân.

— 315. Bataille entre Shapoùr et les Roumis.

— 320. Bahram Goùr chassant l'onagre; Azâdeh à cheval joue de la harpe.

— 324 v°. Bahram Gour tue deux lions; plusieurs personnages le regardent.

— 338. Combat de Bahram avec le Khaqan de la Chine.

— 353 v°. L'imposteur Mazdak est pendu par ordre d'Anoushîrvân et criblé de flèches.

— 359 v°. Combat de l'armée d'Anoushîrvân avec les Roumis.

— 363 v°. Buzurdjmihir et Anoushîrvân passent l'inspection des femmes du harem et découvrent qu'il y a un jeune homme caché parmi elles.

— 374. Anoùshîrvân reçoit la fille du Khâqan de la Chine

— 378 v. Anoushîrvân reçoit un échiquier du roi de l'Inde. Deux indous à la figure bronzée le lui présentent.

— 392 v°. Présent envoyé par le Kaisar de Roum à Anoushir vân.

— 407. Bahrâm Tchoubineh vient devant Hormuzd.

— 411. Bahrâm tue Saveh Shah.

— 418. Lutte entre l'armée de Khosrav Perviz et celle de Bahram.

— 428. Lutte entre Khosrav Perviz et Bahram Tchoubineh.

— 442. Khosrav Perviz rencontre Shirîn.

— 456 v°. Shirîn se tue auprès du cercueil de Khosrav Perviz.

— 466 v°. Le roi Yezdegerd est assassiné par un meunier.

— 469 v°-470. Miniatures tenant toute la page, la première représente un bain, l'autre des derviches tournant autour d'un arbre.

Supplément Persan 491. — Le « Livre des Rois », exemplaire de luxe daté de 1024 (1615).

Fol. 9 v°. Zohàk assis sur le trône; devant lui se trouvent plusieurs personnages assis et debout dans une salle.

— 15 v°. Assassinat d'Irij par ses deux frères Salm et Touj; tente et pavillon, soldats, arbres.

— 22 v°. Zal s'introduit auprès de Roudabeh en escaladant sa maison. Roudabeh avec deux suivantes est sur la terrasse; jardin avec arbres.

— 36. Lutte entre l'armée des Iraniens et l'armée des Turcs, Roustem tue Alkous d'un coup de sabre; cavaliers armés, portant des étendards et montés sur des chevaux caparaçonnés.

— 38 v°. Sohrab est blessé à mort par Roustem; cavaliers, arbres.

— 43. Syavoush accusé d'inceste par sa belle-mère Soudabeh passe à cheval dans le feu. Des gens regardent. Kai-Kaoùs est à cheval, Soudabeh à la fenêtre de sa maison.

— 54. Afrasyâb assis sur le trône, sous un dais, fait égorger Syavoush devant lui; soldats et autres personnages.

— 61. Afrasyâb assis sur le trône sous un dais, fait égorger, Syavoush par Gueroùi; des soldats et d'autres personnages regardent.

— 68. Kai Khosrav, sa mère Firengis et Giv traversent à cheval le Djihoùn. Afràsiàb et son armée arrivent sur le bord du fleuve; cavaliers, fantassins, étendards.

— 75 v°. Firoud, le bras tranché, est étendu sur un trône, dans une grande salle; sa mère Djerireh et ses esclaves s'arrachent les cheveux.

— 88. Roustem à pied tue Ashkeboùs d'une flèche dans la poitrine après lui avoir tué son cheval. Soldats, trompettes, porte-étendards, arbres.

— 93 v°. Roustem monté sur Rakhsh lance son lasso au cou du Khaqan de la Chine monté sur un éléphant et le jette à terre. Cavaliers, étendards, trompettes.

98 v°. Le div Akvan enlève Roustem endormi et le jette dans la mer; femmes nageant; poissons; arbres au bord de la mer.

Fol. 106 v°. Roustem tire Bijen du puits où il est enfermé ; guerriers et jeune femme regardant ; arbres.

— 118. Combat de Feribourz, fils de Kai-Kaous contre Kelbâd, tous les deux sont à cheval et armés d'arcs ; des soldats les regardent.

— 118 v°. Syāmak étendu à terre est tué par Gourazeh à cheval et armé d'une lance ; des soldats armés regardent cette scène.

— 119. Combat de Bijen et de Roûîn. Tous les deux sont à cheval. Bijen fracasse la tête de Rouin d'un coup de massue. Soldats armés ; étendards, drapeaux.

— 119 v°. Zengueh, fils de Shaveran et Aukhast à cheval combattent à coup de massue ; des soldats les regardent.

— 120. Barteh fend d'un coup de sabre la tête de Kehrem. Tous deux sont à cheval ; des soldats les regardent.

— 120 v°. Pirān se sauve devant Gouderz et se réfugie dans les rochers ; des soldats les regardent ; drapeaux.

— 125 v°. Kai-Khosrav tue Shideh, fils d'Afrasiab, d'un coup de poignard ; l'interprète de Shideh est à côté de lui ; des soldats regardent cette scène ; trompettes, étendards.

— 133. Kai-Khosrav tranche la tête à Afrasyâb sous un dais. Roustem se tient à côté de lui ; autres personnages ; armes, chevaux.

— 147 v° Isfendiar tue Bidirefsh d'un coup de lance ; cavaliers iraniens et turcs.

— 151. Lutte entre Lohrāsp et l'armée des Turcs commandée par Ardjāsp ; Lohrasp est tué ; cavaliers, soldats, forteresse de Balkh.

— 157. Lutte entre Ardjàsp et Isfendiar ; Ardjàsp est tué ; cavaliers armés d'arcs, de sabres ; palais.

— 166. Combat entre Roustem et Isfendiâr, tous deux sont à cheval. Roustem frappe Isfendiâr d'une flèche dans l'œil ; cavaliers, étendards, trompettes.

— 1 9. Roustem tue Sheghad d'une flèche dans la poitrine. Son cheval Rakhsh est empalé au fond du puits sur des lances.

— 173 v°. Iskender en pélerinage à la Kaaba. Autres personnages.

— 182 v°. Ardeshir à cheval avec une escorte fait pendre Heftvâd et Shahouï, son fils aîné, à un gibet. On voit dans le fond les murailles de la ville de Koudjaran ; soldats.

Fol. 195 v°. Bahram Goûr place sa couronne sur le trône entre deux lions qu'il tue pour aller la chercher. Jardin avec arbres.

— 218 v°. Râm Berzin tue Noûshzâd; cavaliers armés d'arcs et de sabres. Soldats avec étendards et trompettes.

— 231 v°. Bataille entre les armées de Gau et de Talhand; ce dernier meurt sur le dos de son cheval (ceci est contraire au texte où il est dit qu'il était monté sur un éléphant); cavaliers avec drapeaux et trompettes.

— 260 v°. Bahram Tchoubineh tue le lion Keppi d'un coup de flèche; cet animal lance des flammes par la gueule. Arbres et rochers; des soldats regardent cette scène.

— 269 v°. Khosrav Perviz se tient avec une favorite sous un dais dans un jardin; devant lui sont plusieurs musiciennes. Le musicien Barbed monté dans les branches d'un arbre joue du luth.

— 273 v°. Khosrav Parviz et Shirin couchés ensemble; Shiroûïeh assassine Khosrav.

— 278 v°. Yezdegerd réfugié dans le moulin du meunier Khosrav.

Supplément Persan 492. — « Livre des Rois » de Ferdousi sans préface.

Les miniatures qui se trouvent à la fin de ce volume ont été ajoutées après coup, et elles ne font pas partie de l'ouvrage primitif; l'exécution en est d'ailleurs médiocre et elles sont d'origine indienne. Comme elles ne sont pas accompagnées du texte leur identification est quelquefois douteuse; elles paraissent du XVIIIᵉ siècle.

Fol. 517 v°. Gouderz blessé, dans les rochers, perce Pirân d'un javelot qui lui traverse le corps; chevaux.

— 518 v°. Kai-Kaous se fait enlever par quatre aigles sur un trône pour escalader le ciel.

— 519 v°. Roustem à pied tue Ashkeboûs d'une flèche dans la poitrine après avoir blessé son cheval. Plaine avec des arbres et des fleurs; soldats avec des étendards.

— 520 v°. Gayomart assis sur une peau de tigre; autres personnages, animaux féroces et domestiques. Arbres et fleurs.

— 521 v°. Syavoush et Firengis assis sur le même trône sous un arbre dans un jardin; musiciennes, domestiques.

Fol. 522 v°. Lutte entre deux cavaliers descendus de cheval dont l'un est étendu à terre. Soldats avec étendards; chevaux, arbres et fleurs.

— 523 v°. Roi sur le trône dans un jardin avec des domestiques et des soldats; arbre.

— 524 v°. Un jardin planté d'arbres, avec quatre personnages, dont deux sont debout et deux accroupis.

— 525 v°. Roustem retire Bijen du puits où il est enfermé et enchaîné; plusieurs hommes et une femme le regardent.

— 526 v°. Le roi de Perse assis sur le trône dans un jardin. Devant lui se trouvent quelques personnages agenouillés.

— 527 v°. Lutte de Roustem à cheval et du démon noir, au pied d'une montagne; un soldat regarde cette lutte.

— 528 v°. Kai-Khosrav décapite lui-même Afrasyâb; trône à côté d'un arbre, plusieurs personnes regardent l'exécution.

— 529 v°. Combat de Roustem et de Kamoûs; soldats, trompettes, arbres.

— 530 v°. Roustem jette son lasso autour du cou du Khaqân de la Chine, monté sur un éléphant et l'entraîne; soldats, cavaliers, trompettes, étendards, arbres.

— 531 v°. Combat de trois cavaliers montés sur des chevaux caparaçonnés. Soldats avec étendard; arbres et fleurs.

— 532 v°. Roustem est jeté dans la mer par le div Akvân; poissons, arbres, nuages.

— 533 v°. Combat de Roustem et de Sohrâb; Roustem plonge son poignard dans la poitrine de Sohrâb; cavaliers avec drapeaux, arbre.

— 534 v°. Combat de Roustem avec un cavalier de l'armée des Turcs; chevaux caparaçonnés, etc.

— 535 v°. Les trois filles du roi du Yémen, Sarv, montées sur le dos d'un éléphant. Hommes avec trompettes; palais, jardin avec fleurs et arbres.

Supplément Persan 493. — « Livre des Rois » daté de l'an de l'hégire 844 (1441). L'exécution des miniatures est assez bonne, mais beaucoup d'entre elles sont fort endommagées; les costumes sont mongols.

Fol. 1 v°, 2. Encadrements en or et en couleurs.

— 9 v°. Zohak sur le trône; jeune femme; autres personnages,

— 26. Minoutchehr tue Selm : ils sont tous les deux à cheval; des fantassins les regardent.

— 51 v°. Nauder est assis sur le trône sous un arbre, il est entouré des grands personnages de sa cour; flacons et plats.

— 73 v°. Kai Kaoûs assis sur le trône dans une salle de son palais; il est entouré des grands de l'empire.

— 89. Roustem vient de tuer Sohrab; chevaux, soldats.

— 98. Syavoush accusé d'inceste par sa belle-mère Soudabeh passe dans le feu pour prouver son innocence ; maison persane.

— 118 v°. Syavoush est égorgé par ordre d'Afrasiab; un homme reçoit son sang dans un bassin; chevaux, arbres.

— 156. Lutte entre Toùs et Houmàn; cavaliers armés de lances, d'arcs, de sabres, portant des drapeaux.

— 200 v°. Combat de Roustem et de l'armée iranienne contre les Turcs d'Afrasiab; cavaliers armés d'arcs, de lances, de massues.

— 210 v°. Bijen égorge Houman ; chevaux tenus en main ; étendard, soldats.

— 221 v°. Feribourz fend Kelbad d'un coup de hache; tous les deux sont à cheval.

— 222. Giv, fils de Gouderz, lie les mains de Gerouï-Zeréh; deux chevaux, soldats.

— 222. Syamek est tué par Gourazeh; chevaux.

— 222 v°. Zengouleh est percé d'une flèche par Fourouhil ; tous les deux sont à cheval.

— 223. Rahhàm traverse Barman d'un coup de lance; tous les deux sont à cheval. — Bijen, fils de Giv, écrase la tête de Roûïn d'un coup de massue; tous les deux sont à cheval.

— 223 v°. Hadjîr, fils de Gouderz, fend la tête de Sipahram d'un coup de sabre ; soldats et drapeaux.

— 224. Zangeh, fils de Shavaràn, jette Aukhast à terre et le perce d'un coup de lance; tous les deux sont à cheval.

— 224 v°. Gourgîn tue Andarimàn d'un coup de flèche; tous les deux sont à cheval.

Fol. 224 v°. Kehrem est tué par Barteh d'un coup de sabre sur la tête.

— 225 v°. Pirân se sauve dans la montagne devant Gouderz, celui-ci le poursuit et le tue. Rochers, soldats.

— 239 v°. Kai-Khosrav tue Shîdeh, fils d'Afrasiab, en le jetant à terre; cheval tenu en laisse.

— 246 v°. L'armée de Kai-Khosrav assiège une citadelle.

— 258. Afrasiab est décapité par ordre de Kai-Khosrav; le roi de Perse est assis sur le trône.

— 272 v°. Gushtasp à cheval tue un dragon.

— 287 v°. Isfendiar enfermé dans une cage roulante tue le Simourgh.

— 288. Isfendiar met à mort une vieille sorcière qu'il tient par une chaîne; cheval.

— 289. Isfendiar dans une cage roulante tue un Simourg.

— 289 v°. Isfendiar monté sur son cheval tue deux lions.

— 290. Isfendiar monté à cheval tue deux loups.

— 317. Combat de Roustem et d'Isfendiar, tous les deux sont à cheval. Isfendiar est tué d'une flèche dans l'œil.

— 322. Roustem et son cheval Rakhsh tombent dans un puits où ils s'enferrent, Roustem tue Sheghâd avant de mourir.

— 341 v°. Iskender tue Foûr (Porus) d'un coup de sabre; tous les deux sont à cheval; drapeaux et soldats.

— 342. Iskender en pèlerinage à la Kaaba; autres personnages.

— 351. Iskender à cheval, surveille la construction du mur de Djoûdj et Madjoûdj; forge et soufflets.

— 363 v°. Ardeshir Babekân met à mort le ver d'Heftvad en lui versant de l'étain fondu dans la bouche. Homme attisant un feu.

— 380 v°. Shâpoûr assis sur le trône fait couper le nez et les oreilles au Kaisar de Roûm et le fait enchaîner.

— 386. Bahrâm Goûr à la chasse, monté sur un chameau; il tue la joueuse de luth Azâdeh.

— 412. Bahrâm Goûr à la cour du roi indou Shengil; il terrasse un des lutteurs du roi; Shengil est assis sur le trône.

— 414 v°. Bahram Goûr tue un dragon.

— 427. Kai-Kobad fait supplicier les partisans de Mazdek; hommes pendus, hommes enterrés jusqu'à la ceinture; archers.

Fol. 438 v°. Khosrav Anoushîrvâu assis sous un arbre; devant lui
se tiennent plusieurs femmes.

— 456. Buzurdjmihr arrangeant les pièces de l'échiquier envoyé
par le radjah de l'Inde à Khosrav Anoushirvan; ce
dernier est assis sur le trône.

— 457. Buzurdjmihr joue au jeu de nard; il explique ce jeu à
un jeune homme assis devant lui; domestique portant
un plat.

— 462 v°. Lutte entre l'armée de Gav et celle de Talhand; ce
dernier est monté sur un éléphant. Bataille entre deux
cavaliers.

— 484 v°. Lutte entre l'armée de Bahram Tchoubineh et celle de
Saveh Shah; cavaliers; hommes montés sur des éléphants; étendards.

— 485. Bahrâm Tchoubineh tue d'un coup de flèche Saveh Shah;
étendards et soldats.

— 511. Gustehem adresse la parole à la statue de jeune femme
que le Kaisar de Roum avait fait exécuter pour tromper
les Iraniens.

— 514. Bahram Tchoubineh tue le Roumi Koût. Tous deux sont
à cheval ; étendards.

— 520 v°. Bahram Tchoubineh tue d'un coup de flèche Meka-
toureh ; tous deux sont à cheval.

— 521 v°. Bahram Tchoubineh à cheval tue d'un coup de sabre le
lion Keppi qui est représenté sous forme d'un dragon.

— 534 v°. Khosrav Pervîz sur le trône ; devant lui le musicien
Barbed; jeune homme tendant une coupe au roi; jardin avec arbres.

— 519 v°. Roustem, général de l'armée de Yezdegerd, est tué
par l'arabe Saad ibn Wakkâs.

Supplément Persan 494. — « Livre des Rois » de Ferdousi,
exemplaire de luxe en bon talik, daté de 848 (1445).

Fol. 1 v° 2. Pages enluminées en or et en couleur avec inscription en coufique.

— 14 v°. Zohak enchaîné; Féridoun assis sur le trône avec les
deux filles de Djemshid, Chahrinaz et Arnavaz; il tient
à la main une massue à tête de bœuf. Intérieur de
palais.

. Fol. 30 v°. Lutte entre des cavaliers iraniens et touraniens dans une plaine.

— 74 v°. Roustem tue un dragon; arbres et fleurs.

— 78. Roustem tue le div blanc dans une caverne; homme enchaîné à un arbre; le cheval Rakhsh.

— 88. Kaï Kâous se fait transporter au ciel sur un trône enlevé par des aigles. Hommes et démons le regardant, anges dans le ciel représentés par des houris musulmanes.

— 134 v°. Syavoush est égorgé par ordre d'Afrasiab; un homme reçoit son sang dans un bassin; chevaux, arbres.

— 173 v°. Bataille entre les cavaliers iraniens et touraniens armés de sabres, d'arcs, etc. Plaine avec arbre et fleurs.

— 198 v°. Roustem fait prisonnier Kàmous et l'enchaîne; cavaliers dont l'un porte un grand parasol, un autre tient un étendard.

— 207. Roustem monté sur Rakhsh et tenant une massue à tête de bœuf foule Sàveh aux pieds de son cheval; soldats regardant la scène; prairie avec arbre et fleurs.

— 215 v°. Roustem tue Pouladvend devant ses soldats; chevaux, prairie avec arbre et fleurs.

— 252. Bijen égorge Houman; des soldats regardent; chevaux, rochers et fleurs.

— 266. Gîv monté à cheval emmène Gerout-Zereh prisonnier; arbre et fleurs.

— 284. Mort de Shideh tué par Gîv; chevaux tenus en bride, cavaliers regardant; arbre et fleurs.

— 307 v°. Kaï Khosrav décapite Afrasiab; le frère d'Afrasiab est enchaîné devant lui; tente avec divers personnages à côté d'un ruisseau; arbre, fleurs.

— 435. Iskender à cheval devant Bâbel; on porte un parasol sur sa tête; trois soldats armés de massues lui amènent un démon.

— 463 v°. Sapor sur le trône, l'arabe Taïr décapité devant lui intérieur de palais.

— 467 v°. Sapor sur le trône, on lui amène le Kaisar de Roum enchaîné.

Supplément Persan 499. — Le « Livre de Barzou, » poème épique dont le héros, Barzou, est le fils de Sohrâb, fils de Roustem. Miniatures de style indien, d'une exécution assez bonne du xviiie siècle.

Fol.　5. Sohrâb est tué par Roustem; des soldats regardent, che-
　　　vaux.

— 11. Afrasiâb sur le trône, Barzoù devant lui, musicien, ser-
　　　viteurs, etc.

— 24 v°. Farâmourz fait Barzoù prisonnier; tous les deux
　　　sont à cheval, soldats avec trompettes et étendards.

— 34. Lutte de Roustem et de Barzou; des soldats regardent,
　　　chevaux.

— 51 v°. Barzoù tue Pilsem d'un coup de sabre; soldats avec
　　　trompettes, prairie avec cours d'eau.

— 55 v°. Barzou tire une flèche contre Afrasiâb; tous deux sont
　　　à cheval dans une plaine. Des soldats regardent.

— 68. Lâhoùt assis sous sa tente, sur un tapis; derrière lui
　　　un domestique tient un flacon. Devant lui plusieurs
　　　hommes armés, dont un assis, nommé Kazaltâ.

— 71 v°. La citadelle où s'est réfugié Lâhoùt est assiégée par
　　　les troupes de Barzou. Soldats armés de flèches; Barzou
　　　est armé d'une masse d'armes et d'un bouclier.

— 78. Combat corps à corps entre Barzoù et Feramoùrz dans
　　　une plaine. Zal et Roustem assis sur deux trônes con-
　　　templent la lutte; soldats, domestique portant un
　　　flacon.

— 81. Barzoù coupe la tête au démon rouge Sarkhhâb; deux
　　　autres démons; des soldats regardent la lutte. Pavillon.

— 92. Roustam et Zar, ils sont assis dans une prairie traversée
　　　par un ruisseau; un homme enfermé fait cuire une pièce
　　　de viande au-dessus d'un feu. Deux chevaux dont
　　　Rakhsh, le cheval de Roustem.

— 98. L'armée de Kai Khosrav et l'armée des démons; démon
　　　monté sur un animal fantastique.

— 102 v°. Barzou tue d'un coup de massue le chef de l'armée
　　　des Divs, tous les deux sont à cheval. Soldats et
　　　démons.

— 104. Gourgîn Milâd monté à cheval tue un démon monté sur
　　　un éléphant. Roustem monté sur Rakhsh regarde le
　　　combat. Soldats et démons.

— 108 v°. L'homme manchot entraînant par la trompe un élé-

phant sur lequel est monté un démon armé. Roustem
et d'autres Iraniens regardent ce combat.

Fol. 110. Le roi Kai-Khosrav assis sur un trône, musiciens et soldats. Roustem lui amène le manchot.

— 114. Barzou à cheval tue un démon gigantesque d'un coup de
massue; soldat iranien et démon regardant le combat

— 123 v°. Roustem monté sur Rakhsh combat le div Sirang,
qui est monté sur un éléphant. Soldats iraniens et
démons regardant le combat.

— 126. Barzou monté à cheval tue un dragon rouge d'un coup
de flèche dans la gueule. Arbre.

— 131. Afràsiab assis sur le trône sous un pavillon; autres per--
sonnages, domestiques et soldats.

— 135 v°. Giv est enlevé de terre par Timoûr qui le fait prisonnier. Soldats regardant le combat, chevaux.

— 138. Lutte de Zâl et de Kahkash, tous deux sont à cheval;
personnages les regardant derrière un rocher; arbres.

— 143. Djihânbakhsh armé d'un arc et d'une massue et monté
sur un éléphant; devant lui, le manchot armé d'un
sabre. Gens les regardant; arbres et fleurs.

— 145. Djihânbakhsh, monté sur son éléphant, assène un coup de
massue sur la tête du manchot.

— 150 v°. Lutte de Zâl et de Timoûr, tous les deux sont montés
à cheval; différents personnages les regardent; arbres
et fleurs.

— 154. Kahkash et Zâl armés de poignards se battent, ils sont descendus de cheval. Des soldats les regardent; trompettes.

— 158. Lutte de Kahkash monté à cheval et de Djihânbakhsh
sur un éléphant; Kahkash reçoit un coup de sabre sur
la tête. Des soldats les regardent; rochers.

— 164 v°. Barzoû monté sur les épaules d'un démon se fait con-
duire par lui à une forteresse. Rochers et arbres.

— 171. Combat de Barzoû et de Hazbar Balà; tous les deux sont
à pied; des gens les regardent. Rochers, arbres et
fleurs.

— 174 v°. Combat entre Kahkash et Hazbar Balà; tous les deux
sont à cheval; Hazbar Balà blesse Kahkash d'un coup
de sabre sur la tête; différents personnages les regardent.

Fol. 176. Lutte entre Afrasïab à cheval et armé d'un arc et de Haz-
bar-Balà également à cheval et armé d'un sabre. Personnages les regardant.

— 180 v°. Zàl à pied dans la montagne; un domestique tient son
cheval, le Simourg vole dans les airs. Rochers et arbres.

— 184. Le démon Pil Goush aux oreilles d'éléphant, monté sur
un animal diabolique, et Kahkash à cheval; tous les
deux sont armés de massues et d'arcs; des soldats et
des démons les regardent.

— 191. Lutte de Djihânbakhsh armé d'un arc et de flèches et
d'un lion ailé dans une prairie traversée par un cours
d'eau; rochers et arbres.

— 193. Djihânbakhsh lutte avec le démon Koûl et le tue. Rochers,
arbres et fleurs.

— 195. Djihânbakhsh monté sur un éléphant et un cavalier
armé arrivent devant un feu allumé près de la mer.

— 197. Djihânbakhsh tue un tigre d'un coup de massue; forteresse gardée par des Divs, et d'où coule un fleuve;
cavalier.

— 200. Djihânbakhsh au pied de la forteresse de Kirâu Zangî; il
tient conseil avec Kaltasim. Trois autres personnages;
tente.

— 206 v°. Djihânbakhsh arrive à une source près de laquelle est
bâtie une forteresse; il tue la sorcière Shîrâugïr.

— 210 v°. Gustehem et d'autres héros sont assis près d'une
source; quatre chevaux parmi lequels Rakhsh. Djihânbakhsh est armé d'une massue; tente.

— 214 v°. Djihânbakhsh monté sur un éléphant est blessé à la
main par le manchot; Gustehem est également blessé.
Cavaliers armés.

— 217. Lutte entre Sâm et Timoùr; tous les deux sont à cheval, armés de massues, de boucliers et de flèches, dans
une plaine.

— 220. Roustem assomme d'un coup de sa massue à tête de
bœuf le démon Shadad. Tous les deux sont montés à
cheval; des soldats et des démons regardent; arbres et
fleurs.

— 224 v°. Roustem monté sur Rakhsh transperce d'un coup de
lance le démon Kârtàs qui est armé d'un glaive à dents
de scie; plusieurs cavaliers.

Fol. 227 v°. Roustem monté sur Rakhsh transperce d'un coup de lance un nègre du Zanguebar monté sur un éléphant; divers personnages les regardent.

— 231 v°. Lutte de Roustem et de Djihânbakhsh; tous les deux sont à pied; Zâl arrive à cheval pour les séparer; personnages les regardant.

— 234. Roustem fait prisonnier Pelankina Djoush et l'enlève sur ses épaules; des hommes regardent; chevaux.

— 239. Roustem fait prisonnier Timour et l'enlève sur ses épaules; Kahkash à cheval; des soldats regardent cette scène.

— 242 v°. Roustem fait pendre le manchot; cavaliers armés.

— 244 v°. Roustem monté sur Rakhsh fend d'un coup de sabre la tête de Hazbar Balà, des soldats regardent.

— 249. Lutte entre Barzoù et Baloùt le nègre, dans le jardin d'or; des femmes à la fenêtre d'un palais regardent ce combat. Fleurs.

— 254. Lutte de Barzoù et de Kahràn; tous les deux sont à cheval, armés de massues, d'arcs et de boucliers; des soldats les regardent.

— 276. Barzoù à cheval assène un coup de massue sur la tête d'un cavalier; des archers le visent. Soldats avec drapeaux.

— 284 v°. Lutte entre le démon Saklab monté sur un éléphant et Barzoù à cheval.

— 286 v°. Lutte de Barzoù et du démon Saklab; tous les deux sont à pied; Saklab est fait prisonnier; des soldats regardent cette scène.

— 295 v°. Barzoù fait prisonnier le démon Kahraman; chevaux, rochers et arbres.

— 302. Barzoù fait prisonnier le démon Daikam.

— 306 v°. Barzoù monté sur le Simourgh. Ange ayant l'apparence d'une houri; cavalier et démon monté sur un cheval.

— 309. Barzoù dans une rivière, son armure et son casque sont accrochés à une branche d'arbre. Poissons et tortues dans l'eau.

— 321 v°. Combat de Barzoù avec le démon Saklab, représenté avec trois têtes et quatre mains.

— 329. Combat de Roustem et d'Afrasiab; tous les deux sont à pied. Roustem est armé d'un arc et Afrasiàb d'un sabre et d'un bouclier. Soldats et étendards.

Fol. 348 v°. Combat entre Sâm et Shamilâs; tous les deux sont à cheval, armés de sabres, de boucliers et d'arcs; des soldats les regardent.

— 353 v°. Lutte entre le démon Sya monté sur Rakhsh qu'il a volé et le démon Zangi; tous les deux sont à cheval. Le démon Sya est armé d'une massue, l'autre 'dun coutelas.

— 363. Shamilâs est fait prisonnier par Timoûr dans une montagne; chevaux, soldats avec étendards.

— 371 v°. Le roi Kaï-Khosrav sur le trône, Roustem assis devant lui, servantes tenant des flacons, etc. Différents personnages regardant.

— 382. Combat entre les deux rois Kaï-Khosrav et Afrasyab; tous deux sont montés à cheval, ils sont armés de boucliers, de massues dorées et d'arcs; des soldats regardent.

— 391 v°. Combat entre Nakabdâr et Feramourz; cheval, éléphant. Soldats avec étendards et trompettes.

Supplément Persan 517. — « Les cinq poèmes » (*Khamsch*) de Djâmî. Exemplaire de luxe provenant d'une bibliothèque souveraine, beau talik de 974 (1567). Ce volume a été rapporté d'Égypte par Bonaparte et donné à la bibliothèque par Monge.

L'exécution des miniatures est assez bonne.

Fol. 1-2. Encadrements en or et couleur; id. 26 v°, 65 v°, 117 v°, 166 v°.

— 9 v°. Sheïkh assis sur un tapis; un autre personnage lui baise la main, trois autres personnages.

— 17. Tortue enlevée dans les airs par deux canards; quatre personnages, dont un cuisinier, regardent en l'air.

— 45. Aboù Tourâb Natfi dort la tête reposant sur son bouclier à côté de son cheval. Cavaliers armés.

— 51. Vieillard portant un sac plein de pierreries et rencontrant un jeune homme à cheval. Quatre autres personnages et un âne.

— 71. Les prophètes assis, trois d'entre eux ont le visage voilé; autres personnages.

— 79 v°. Zuleikha dans un *hodoualf* sur un chameau, le roi (*âzis*) d'Égypte se rend au-devant d'elle à cheval; autres personnages à pied et à cheval.

Fol. 85. Les frères de Joseph le précipitent dans un puits. Chevaux, plusieurs hommes, dont l'un fait la cuisine.

— 99 v°. Zuleïkha assise dans un jardin, entourée de ses servantes; le prophète Joseph lui apporte un plat avec une aiguière.

— 106. Joseph délivré de prison est reçu par le roi d'Égypte, qui le fait asseoir sur son trône; autres personnages.

— 140 v°. Medjnoun dans le désert est rencontré par le berger de Leïla. Moutons, chèvres, boucs, etc.

— 148 v°. Medjnoun dévoré de chagrin dans le désert; lapin, antilope, chèvre.

— 158 v°. Medjnoun est étendu par terre la tête sur les genoux d'une femme. Tente, plusieurs hommes et plusieurs femmes le regardent.

— 181 v°. Le roi Khosrav Perviz assis sur un tapis avec Shîrîn devant lui. Un pêcheur tient un poisson énorme.

Supplément Persan 552. Le premier divan de Djami.

Exemplaire de luxe accompagné de miniatures d'une assez bonne exécution (XVII° siècle.)

Fol. 22 v°. Souverain assis sur le trône; il est entouré de domestiques et de musiciens, un homme lui présente un livre.

— 28. Différents personnages persans près de la porte d'une maison. Cette miniature a été exécutée par-dessus l'écriture.

— 42 v°. Femme à la fenêtre d'une maison, un sheïkh et une autre personne la regardent. Arbres, jardins.

— 66 v°. Femmes richement vêtues assises sous une coupole, femme donnant une coupe à un jeune homme, jardin.

— 76. Prince assis sur un tapis, un domestique lui présente un plat. Divers autres domestiques, dont l'un puise de l'eau dans un bassin dans lequel nage un canard. Jardin, intérieur de maison, flacons, etc.

— 85 v°. Souverain à la chasse avec sa suite. Cavaliers et piétons, antilope, un homme transperce un lion d'un coup de sabre.

---

1. Ce manuscrit provient de la bibliothèque du Sérail de Constantinople.

Fol. 102 v°. Souverain embrassant un jeune homme ; deux hommes assis, domestique portant un plat, intérieur de maison.

— 122 v°. Deux hommes assis, l'un tendant une coupe à l'autre. Sheikhs assis, domestique portant des plats. Intérieur de maison persane ; par la fenêtre on voit un arbre.

— 133 v°. Jeune homme assis sur un tapis, devant lui se tient un sheikh, deux autres personnes, intérieur de maison.

— 149 v°. Jeune homme assis sur un tapis, un domestique lui tend une coupe ; devant lui un sheikh, personnage entrant par une porte, domestique portant un plat.

— 185 v°. Jeune souverain assis, un homme lui présente un papier ; autres personnages, domestique puisant de l'eau dans un ruisseau.

— 191. Scène analogue, musiciens.

— 198 v°. Le prophète Joseph, amené devant le roi d'Égypte assis sur le trône, autres personnages ; Zuleïkha le regarde par la fenêtre.

— 206 v°. Prince armé d'un sabre ; devant lui se tient un sheikh et différents domestiques, dont l'un tient un cheval. Jardin et maison.

Supplément Persan 557. — Histoire des amours de Yousouf et Zuleikha.

Exemplaire de luxe à encadrements, miniatures d'une bonne exécution, mais souvent endommagées, du xviie siècle.

Fol. 53 v°. Le prophète Joseph dans le puits où ses frères l'ont jeté ; on l'en retire ; cavaliers et piétons.

— 58 v°. Le prophète Joseph ; autres personnages, Zuleikha.

— 74 v°. Le prophète Joseph est envoyé par Zuleikha dans un jardin ; autres personnages, arbres, fleurs et cours d'eau.

— 95 v°. Zuleikha et d'autres femmes assemblées dans une pièce ; Joseph se tient à la porte ; maison persane.

— 113 v°. Le souverain d'Égypte, après avoir fait sortir Joseph de prison, le fait asseoir à côté de lui sur le trône. Autres personnages, porte d'un jardin.

Supplément Persan 561. — Histoire des amours de Yousouf et Zuleikha.

Exemplaire de luxe en beau talik, sur fond semé d'or; daté de 878 (1474). Les miniatures sont d'une bonne exécution.

Fol. 21. Réunion de six prophètes.

— 37 v°. Zuleïkha dormant dans un jardin, quatre autres femmes.

— 52. Zuleïkha montée sur un chameau; personnages de sa suite; arbre et rochers.

— 70 v°. Le prophète Joseph se baigne dans le Nil, un homme placé sur le bord du fleuve lui tend une chemise; autres personnages, ânes, chameaux.

— 73 v°. Joseph est assis sur un trône; une femme porte des coffrets et des bourses.

— 84 v°. Rencontre de Joseph et d'un berger au pied d'un arbre. Moutons, chien, arbre; Joseph tient une fronde.

— 96. Joseph richement vêtu assis à terre; les jeunes filles du Caire cherchent à se faire remarquer par lui.

— 111. Joseph est conduit devant le souverain de l'Égypte qui est assis sur un tapis. Maison et jardin. Zuleïkha à genoux.

— 119. Zuleïkha, assise sous un dais, est entourée de ses femmes, Joseph apporte une fiole sur un plateau.

— 140 v°. Le souverain de l'Égypte fait sortir Joseph de prison et l'accueille chez lui. Maison, jardin et arbre.

Supplément Persan 566. — Le « Chapelet des gens pieux » de Djâmî, avec la préface en prose; exemplaire daté de 943 de l'hég. (1536 J. C.)

Fol. 117 v°. Cette miniature d'une belle exécution a été mutilée, et les figures des personnages ont été grattées; elle représente un cavalier décapitant un homme d'un coup de sabre, au bord d'une source; un troisième personnage regarde la scène. Arbres, fleurs.

On peut se demander si elle ne serait pas une copie de la miniature qui se trouve dans beaucoup de « Livre des Rois » et représentant Afrasyab mis à mort par Kaï-Khosrav.

Supplément Persan 578. — Les cinq poèmes (*Khamseh*) de Nizami. Exemplaire de luxe daté de 909 de l'hég. (1504 J. C.) Assez bonne exécution; quelques-unes des miniatures sont détériorées.

Fol. 1 v°. 2, 49, 177 v°, 272 v°, 378 v°, 518 v°. Encadrements en or et couleur.

— 6. Cette miniature devait représenter l'ascension de Mahomet sur la Borak; mais le prophète n'a pas été représenté. Houris.

— 25. Le Sultan Sindjar à cheval avec sa suite, un personnage porte un parasol au dessus de sa tête, une vieille femme l'implore. Fleurs.

— 62. Khosrav assis sur le trône dans un jardin, les grands de son empire sont autour de lui. Arbres et fleurs.

— 67 v°. Shîrin entourée de ses femmes dans un jardin, reçoit le portrait de Kosrav; arbres, rochers et fleurs.

— 73 v°, Shîrin à demie nue est rencontrée par le roi Khosrav, qui est monté à cheval; les habits et le carquois de Shîrin sont pendus à un arbre dont son cheval mange les fleurs.

— 94 v°. Bahram Gour monté sur un éléphant, accompagné de sa suite, va faire la guerre contre Bahram Tchoubein.

— 118. Ferhâd dans la montagne de Bisoutoun grave des bas reliefs sur les rochers; une femme montée à cheval se tient devant lui.

— 132 v°. Khosrav monte à cheval avec sa suite; un homme porte un parasol au-dessus de sa tête; il aperçoit Shîrin à la fenêtre de sa maison. Arbres et fleurs.

— 157. Shîrin et Khosrav couchés ensemble.

— 195 v°. Homme assis sur un tapis dans un jardin; différents personnages, hommes et femmes; arbres et fleurs.

— 212 v°. Des Arabes montés sur des chameaux combattent à coups de lance. à cause de Medjnoun. Arbres.

— 231 v°. Medjnoun dans le désert assis au pied d'un arbre, est entouré d'animaux de tout genre, cerfs, lions, tigres, etc.

— 258. Mort de Medjnoun; Leila évanouie; un vieillard tenant un flacon cherche à lui faire reprendre connaissance. Lion dévorant un homme.

— 298 v°. Bahràm Gour va chercher sa couronne au milieu de deux lions qu'il tue; un serviteur tient son cheval en laisse.

— 305 v°. Une jeune fille porte une vache sur ses épaules devant Bahràm Gour.

Fol. 314. Bahrâm Gour et une de ses favorites habillés de vête-
       ments noirs dans la coupole noire.

— 331. Bahrâm Gour et une de ses favorites habillés de vêtements
       rouges dans la coupole rouge.

— 350. Bahrâm Gour et une de ses favorites habillés de vête-
       ments couleur de sandal dans la coupole couleur de
       sandal.

— 367. Bahrâm Gour à cheval; tente, homme appuyé sur un
       bâton; moutons, arbre et fleurs.

— 407 v. Bataille entre l'armée d'Alexandre et l'armée des Zeng.
       Cavaliers blancs et nègres.

— 429. Alexandre tenant sur ses genoux la tête de Darius blessé
       à mort; un soldat tient ses assassins enchaînés. Arbres
       et fleurs.

— 450. Alexandre tenant un portrait; musiciennes, intérieur de
       maison.

— 483 v°. Le Khakan offre l'hospitalité à Alexandre. Musiciens,
       flacons, arbres.

— 500. Alexandre monté à cheval entraîne un démon auquel il
       a jeté un lasso au cou.

— 548 v°. Roi assis sur un tapis dans un jardin entouré de sages.

Supplément Persan 580. Les « cinq poèmes » (*Khamseh*) de Ni-
zamî; daté de 967 de l'hég. (1560 J. C.); l'exécution des peintures
est médiocre.

Fol. 36 v°. Khosrav est assis sur le trône; un homme et une
       femme.

— 42. Khosrav à cheval rencontre Shîrîn au bain; son cheval
       est attaché à un arbre.

— 43. Khosrav à cheval passe près d'un cours d'eau.

— 57 v°. Khosrav et Shîrîn assis sur des coussins à côté d'un
       arbre.

— 64. Ferhâd dans la montagne; femme à cheval devant lui.

— 64 v°. Le tombeau de Ferhâd, Shîrîn se tient à côté.

— 72 v°. Khosrav à la chasse, lion tué, cavalier avec arc.

— 78 v°. Le château de Shîrîn; Khosrav est à cheval.

— 105 v°. Medjnoun est assis au pied d'un arbre; il est entouré
       de différents animaux, Leila montée sur un chameau
       le rencontre.

Fol. 133. Medjnoun dans le désert, son oncle vient le trouver; cavaliers, arbres.

— **157 v°.** Bahrâm Gour tue un dragon.

— **177.** Bahrâm avec une de ses favorites dans un pavillon.

— **180.** Bahrâm avec une de ses favorites dans la coupole verte.

— **183.** Bahrâm avec une de ses favorites dans la coupole rouge.

— **187.** Bahrâm assis sur le trône; une femme s'agenouille devant lui; hommes habillés de vert.

— **192.** Bahrâm Gour assis dans un pavillon avec la fille du roi du sixième climat.

— **196 v°.** Bahrâm Gour assis dans le pavillon blanc avec la fille du roi du septième climat.

— **200 v°.** Bahrâm Gour assis avec une de ses favorites dans un pavillon.

— **230 r°.** Dârâ assis sur le trône, autres personnages.

— **238 v°.** Soldat apportant un plat à un souverain monté à cheval.

— **253 v°.** Alexandre assis sur le trône; devant lui un prince agenouillé et une princesse.

— **269 v°.** Scène de bataille; cavaliers et fantassins.

— **298 v°.** Alexandre assis sur le trône; un homme est à genoux devant lui.

— **308 v°.** Alexandre assis sur le trône; deux sages indiens se tiennent devant lui.

— **320 v°.** Alexandre assis sur le trône; deux idolâtres devant lui; arbre.

Supplément Persan 581. — Les « Cinq poèmes » (Khamseh) de Nizami; exemplaire de luxe, à encadrements, daté de 975 (1597 J. C.) L'exécution des miniatures est passable.

Fol. 61. Khosrav sur le trône dans une grande salle ornée de peintures murales; musiciens, domestiques et autres personnages.

— **70.** Shîrin est assise sur un tapis dans une vaste salle ornée de peintures murales; Ferhâd se tient devant elle; quatre autres femmes.

— **99 v°.** Khosrav et Shîrin assis sur le même trône dans une salle ornée de peintures murales; Shîrin tend une coupe

à Khosrav. Musiciennes avec harpe et tambourin;
plusieurs servantes.

Fol. 105. Khosrav étendu mort sur un lit; Shirin et deux autres
femmes se lamentent.

— 106 v°. Shirin se tue sur le corps de Khosrav; salle avec peintures murales.

— 128 v°. Le chef arabe, père de Medjnoun, assis sur un tapis;
Medjnoun et autres personnages; salle avec peintures;
ils tiennent des livres.

— 134. Medjnoun dans le désert; il est entouré d'animaux,
tigre, renard, antilope. Rochers.

— 148. Leila est assise sur une estrade, devant elle se tient
Ibn Selam; flambeaux. — Leila dansant, deux musiciennes avec tambourin et harpe; autres femmes.

— 152 v. Le père de Medjnoun vient trouver son fils dans le
désert, rochers; arbres et fleurs, différents animaux.

— 174. Medjnoun devant le tombeau de Leila, plusieurs femmes
se lamentent.

— 180 v°. 181. Pages richement enluminées en or et en couleurs.

— 208 v°. Bahram Gour assis dans la coupole noire avec une
de ses femmes. Servantes.

— 215 v°. Bahrâm Gour assis avec une de ses femmes dans la
coupole dorée. Musiciennes avec harpe et tambourin,
peintures, murales, flacons et plats.

— 220. Idem, dans la coupole verte, sans musiciennes.

— 224 v°. Idem, dans la coupole rouge.

— 229. Idem, dans la coupole bleue.

Dans ces différentes peintures, la femme tend toujours une
coupe à Bahrâm Gour.

Fol. 253 v°-254 v°. Pages richement enluminées en or et en
co uleurs.

Supplément persan 601. Divan de Hâfiz : exemplaire de luxe,
du XVIe siècle; les miniatures sont d'une bonne exécution, mais
elles ont été endommagées comme d'ailleurs tout le manuscrit.

Fol. 28. Souverain à cheval avec deux autres personnages.

— 24 v°. Deux cavaliers à la chasse; l'un d'eux pourfend un

lion, l'autre vise des antilopes; des gens regardent cette scène.

Fol. 93 v°. Souverain dans un jardin, domestiques tenant des plats et des flacons. Musiciens, danseurs, arbre en fleur

— 140. Quatre cavaliers jouent au polo.

Supplément persan 629. Les « Cinq poèmes » (*Khamseh*) de Khosrav Dehlevi. Ce volume qui n'est point daté paraît de la fin du xviie ou du commencement du xviie siècle. Les enluminures sont d'une exécution fort médiocre.

Fol. 10 v°. Deux hommes dont l'un mène un âne.

— 32. Khosrav Perviz, et Shîrîn à cheval.

— 42. Khosrav est asssis sur un tapis, à côté de lui Ferhâd.

— 49. Khosrav assis sur un tapis, musicien avec harpe; une personne, agenouillée devant lui, lui présente une coupe.

— 60. Salomon assis, devant lui se tiennent deux divs.

— 70 v°. Medjnoun et Leila.

— 85 v°. Roi assis, éléphant, autre personnage.

— 87 v°. Homme tenant un perroquet sur le doigt; homme et femme.

— 90 v°. Nègre embrassant une femme; roi devant eux armé d'un sabre.

— 110. v°. Lutte entre Iskender et le Khakan; tous les deux sont montés à cheval; l'un est armé d'un sabre, l'autre d'une lance.

— 117. Iskender fait bâtir une route.

— 121. v°. Iskender à cheval, un homme est agenouillé devant lui.

— 129 v°. Iskender dans un navire, tend une lettre à un personnage assis devant lui.

Supplément persan 631. Le « Lever des lumières » et le « Livre de Khosrav et Shîrîn » fragments de la *Khamseh* de Khosrav Dehlevi, ex. daté de 886 de l'hég. (1482 J. C.)

Fol. 2. Titre en or et en couleurs.

— 20. Homme dans une caverne; un cavalier armé se tient devant lui.

Fol. 26. Gens couchés à terre, homme apportant de l'eau; chameau.

— 40 v°. Titre en or et en couleurs.

— 60. Ferhad grave des bas-reliefs dans la montagne de Bisoutoun; une femme montée à cheval se tient devant lui, arbres, rochers.

— 81 v°. Khosrav couché avec Shîrîn.

Supplément persan 633. — Les « Huit Paradis » de Khosrav Dehlevi. Exemplaire de luxe daté de 908 de l'hég. (1504 J. C.).

Les miniatures sont assez bien exécutées, mais elles ont été endommagées.

Fol. 7 v°. Bahrâm Gour à la chasse; cavaliers, antilope.

— 11 v°. Bahrâm Gour et une de ses femmes vêtus d'habits noirs, dans la coupole noire avec des domestiques.

— 15 v°. Bahrâm Gour et une de ses femmes vêtus d'habits jaunes, dans la coupole jaune; domestiques et musiciennes; par les fenêtres ouvertes on voit un jardin.

— 19 v°., 22 v°., 28, 31, 38 v°. — La même scène; la couleur seule des vêtements des personnages et des murs de la salle où ils se trouvent varient.

Supplément persan 641. — Histoire en vers de Timour nommée « Timoûr Nâmeh », par Hâtefi. Exemplaire de luxe non daté, probablement du xvIIe s.

Les miniatures sont d'une bonne exécution, mais quelques-unes ont été endommagées.

Fol. 1 v°. Timoûr assis sur le trône dans une grande salle, musiciens, danseuse, plusieurs serviteurs.

— 2 r°. Jardin et maison, plusieurs personnes assises ou debout, domestiques tenant des chevaux.

— 19 v°. Timoûr assis sous une tente d'étoffes, personnages coiffés de turbans assis et debout devant lui.

— 45 r°. Timoûr assis sur le trône dans une grande salle; devant lui divers personnages assis sur des sièges dorés tiennent conseil sur l'invasion de la Perse.

— 59 r. Timoûr dans un navire; domestique devant lui tenant un plateau. Soldats armés, matelots manœuvrant la voile.

Fol. 84 r°. Lutte entre Tîmoûr et Shâh Mansoûr. Cavaliers montés sur des chevaux caparaçonnés, sur des chameaux ; timbaliers et trompettes.

— 119 v°. Des cavaliers de l'armée de Tîmoûr armés d'arcs et de sabres luttent contre des démons à corps d'homme et à tête de loup.

— 148. Cavaliers de Tîmoûr luttant avec l'armée syrienne montés sur des chevaux caparaçonnés, armés de lances et de sabres. Timbaliers, trompettes, étendards.

— 160 v°. Tîmoûr assis sur le trône dans une vaste salle, musiciens, domestiques, Bayezid assis sur un siège doré ; deux femmes sur la terrasse.

Supplément persan 646. Histoire des amours de Medjnoûn et Leila par Hateli, exemplaire de luxe daté de 937 de l'hég. (1531 J. C.). Les miniatures sont d'une exécution passable.

Fol. 38. Medjnoûn caresse un chien ; des gens assis et debout le regardent.

— 63 v°. Bataille entre le roi de Toufal et des gens de la tribu de Leila qui sont vaincus. Medjnoûn dans le fond extrêmement maigre. Cavaliers montés sur des chameaux et armés de lances et de sabres. L'un d'eux porte un étendard.

— 68 v°. Medjnoûn étendu à terre, une femme lui tient la tête sur ses genoux. Chameaux portant des palanquins.

Supplément Persan 765. — Le « Soleil et Jupiter » de Shemsed-Din Mohammed Assar. Exemplaire daté de 909 de l'hég. (1504 J. C.). L'exécution des miniatures est assez bonne.

Fol. 1 v°, 2. Scène de chasse ; cavaliers portant des faucons, etc.

— 2 v°. Tête de chapitre en or et en couleurs.

— 13. Vieillard dans une caverne, devant lui un roi et un autre personnage à genoux ; cavaliers.

— 31 v°. Sheikh assis sur un tapis, autres personnages, hommes et femmes tenant des livres.

— 44 v°. Le roi Shâpoûr assis sur un trône, Moushteri et un autre personnage les yeux bandés, bourreau.

— 60 v°. Roi assis sous un dais, autres personnages, parmi lesquels Mihir et Behzâd.

Fol. 76 v°. Lutte de deux cavaliers et de Moushteri contre des démons qui leur jettent des pierres.

— 82. Vaisseau sur la mer dirigé par un nègre. Il est monté par trois personnages, dont l'un est Mihir. Poissons.

— 87. Personnages dînant dans un jardin. Arbres et fleurs.

— 90. Mihir monté à cheval décapite un lion.

— 105. Mihir joue aux échecs devant le roi Kaivân assis sur le trône; trois autres personnages.

— 111 v°. Mihir discute avec les docteurs devant le roi Kaivân qui est assis sur son trône. Quatre docteurs sont assis par terre et Mihir sur un siège.

— 124. Mihir chasse dans les domaines du roi Kaivân. Chiens, gazelles, arbres et fleurs.

— 138 r°. Roi assis sous un dais; trois autres personnages.

— 159 v°. Mihir et Nâhid couchés ensemble.

Les plats de la reliure représentent différents animaux dans une forêt, des ours, des oiseaux, des lapins, etc.

Supplément Persan 766. — Le même ouvrage; exemplaire de luxe daté de 898 de l'hég. (1490 J. C.); miniatures d'une bonne exécution.

Fol. 1 v°, 2. Pages encadrées en or et en couleurs.

— 12 v°. Vieillard dans une caverne, devant lui un roi et un autre personnage à genoux. Domestiques tenant les chevaux. Rochers, arbres.

— 44. Le roi Shâpoûr sur le trône; devant lui, Moushteri et un autre personnage qui a les yeux bandés; bourreau armé d'un sabre, Behzâd intercède pour eux.

— 75 v°. Combat de Moushteri et de deux autres cavaliers avec des démons à corps d'homme et à tête de chien.

— 107. Le roi Kaivân assis sur un trône sous un dais dans un jardin; musiciens avec guitare et tambourin; un homme lui présente une coupe. Vases.

— 108 v° Le roi Kaivân assis sur un tapis sous un arbre, ayant à côté de lui Mihir qui discute avec plusieurs savants.

— 116. Kaivân étendu à terre, Mihir et Nâhid; arbres, fleurs et ruisseau; cette miniature est fortement endommagée.

Fol. 125 v°. Mihir et Moushteri tous les deux évanouis : le roi Kaivân assis sur un tapis et d'autres personnages les
regardent.

— 134. Mihir et Nâhid couchés ensemble dans une chambre
avec peintures murales.

Supplément Persan 769. — La « Brûlure et la Liquéfaction »
de Nevi ; manuscrit exécuté pour la bibliothèque de Shah Abbas II.
xvii⁰ siècle.

L'exécution de ces miniatures est parfaite.

Fol. 1 v°, 2, 3, 4 v°, 6, 7, 14, 16, 19 v°, 20. Ornements en or et
en couleur.

— 5. Roi assis sur un trône d'or dans un jardin ; un homme
se prosterne devant lui ; il est entouré de jeunes Indiennes ; il porte le turban des Grands Mongols.

— 10 v°. Femme indienne occupée à sa toilette ; ces domestiques portent des joyaux ou des vases.

— 12 v°. Quatre indous portent un cercueil ; ils sont précédés
de deux pleureuses et d'un homme portant deux
cierges ; on voit un arbre dans le fond.

— 15. Roi assis sur le trône sous un arbre ; met la main sur le
front d'une jeune femme ; il est entouré de jeunes
femmes richement costumées.

— 17. Indienne richement vêtue venant se brûler sur le bûcher
de son amant ; on voit divers personnages et le roi
monté sur un cheval ; protégé par le dais ; contemple
cette scène.

Supplément persan 773. Traduction en vers persans par Feiz
de l'épisode du Mahabharata connu sous le nom de Nala et Damayanti ; miniatures indiennes, d'exécution passable. xviii⁰ siècle.

Fol. 21. Souverain assis sous un dais, tenant un livre ; trois
autres personnages. Arbres. Table avec flacons et tasses.

— 28 v°. Nala assis sur un trône, deux domestiques, l'un l'évente,
l'autre lui apporte un plat ; autres serviteurs.

— 32 v°. Nala assis sur un tapis, est servi par deux jeunes
filles ; trois musiciennes jouant devant lui.

— 44. Nala endormi, un domestique l'évente ; deux autres domes-

liques près d'une table sur laquelle se trouvent des
bouteilles.

Fol. 61 v°. Damayanti assise sur un trône, elle est entourée de
six servantes.

— 71 v°. La même scène, avec cette différence qu'il n'y a que
deux servantes.

— 78. Damayanti assise sur un trône sous un dais; une servante
tient un éventail au-dessus de sa tête; un oiseau est
perché sur une branche devant elle.

— 81 v°. Nala monté sur un éléphant; il est accompagné d'une
escorte de soldats montés à cheval ou sur des éléphants.

— 92. Nala et Darnakhtan, souverain de Damal, assis sur un
trône.

— 96 v°. Nala jette son vêtement sur des oiseaux qui s'envolent
devant lui. Une jeune femme se trouve derrière lui.

— 101 v°. Damayanti prend à la main les branches d'un arbre
auprès duquel sont trois petites gazelles.

— 105 v°. Lutte de Nala contre un animal monstrueux.

— 111. Nala auprès d'un feu, tient un serpent à la main.

— 137 v°. Nala et un autre personnage jouent aux échecs sous un
dais. Deux eunuques les éventent. Au premier plan se
trouve un bassin auprès duquel se trouvent quatre
grues.

— 149. Fleurs.

Supplément Persan 775. — Les « Séances des Amoureux »,
recueil de biographies de savants et de mystiques par le prince
timouride Sultan Hoseïn ibn Baikara[1]. Belle exécution; ce manuscrit qui n'est pas daté paraît remonter au xvi° siècle.

Fol. 1 v°-2. Encadrements en or et en couleurs.

— 19. Zuleikha avec ses femmes et le prophète Joseph.

— 77. Sheïkhs et autres personnages assis, l'un des sheïkhs a
la figure voilée.

— 116. Plusieurs sheïkhs dans une maison; divers personnages

---

1. Comme l'indique une note de la main de Langlès collée sur l'un des premiers
feuillets du manuscrit, il a été pris par Bonaparte en Égypte et donné par lui à la
Bibliothèque.

dans un jardin, parmi eux se trouve un familier
du sultan mamlouk Barkok.

Fol. 152 v°. Boutique de libraire, un sheikh parle avec le libraire;
plusieurs personnes dans la rue; un homme chargé
d'une cangue est emmené en prison.

— 209 v°. Le sultan seldjoukide Masoûd, fils de Mohammed,
fils de Melik Shah, à cheval, avec sa suite; un homme
se prosterne devant lui.

Les plats de la reliure de ce manuscrit sont en laque bleue et
or avec des peintures représentant des oiseaux.

Supplément Persan 776. — Le même ouvrage que le précédent;
exemplaire de luxe avec une reliure laquée un peu détériorée;
le manuscrit n'est point daté; il est de la fin du xvi° siècle de
notre ère. Les miniatures sont d'une assez bonne exécution [1].

Fol. 2 v°, 3. Pages en or et en couleur avec titres.

— 11 v°. Adam étendu nu sur la terre, huit anges à grandes ailes
se prosternent devant lui. Rochers et plantes.

— 18 v°. Le prophète Iousouf (Joseph) assis sur un trône en
Égypte. Différents personnages, hommes et femmes
parmi lesquelles Zuleikha.

— 23. Zuleikha se cramponnant à la robe de Joseph.

— 27 v°. Zuleikha assise sur un coussin avec sept femmes;
Joseph entre tenant une carafe sur un plateau.

— 33. Un des sultans de la dynastie khvarizmienne à cheval,
devant lui un sheikh suivi de deux serviteurs; autres
personnages.

— 38. Homme dormant près d'un ruisseau, un sheikh s'approche de lui. Arbres et fleurs.

— 39 v°. Scène analogue.

— 44. Chasse, archers à cheval; un homme fend la tête d'une
panthère; un ours jette un morceau de roc.

— 46 v°. Porte de maison persane, différents personnages,
hommes et femmes.

1. Ce manuscrit, qui a appartenu à Sainte-Geneviève, porte sur un des feuillets de
garde une note étrange que nous reproduisons ici : « Alcoranus idiomate Turcico ele-
gante conscriptus a Mahometo Mahometi Chiabiri filio

Fol. 61 v°. Jeune homme et jeune femme assis sur un tapis;
musiciennes et domestiques portant des plats. Intérieur de maison persane.

— 67. Derviches dansant au son de la musique. Maison persane
et jardin.

— 76. Entretien entre deux sheïkhs, quelques personnes les
écoutent. Intérieur de maison persane.

— 80. Sheïkh monté sur un âne à la porte d'un établissement
de bains. Baigneurs, barbier et masseur.

— 81 v°. Sheïkh chez un boucher; étal de boucher et bouquetins.

— 86. Boutique d'orfèvre, un sheïkh et autres personnages musulmans.

— 90. Plusieurs personnages causant ensemble. Intérieur de
maison persane.

— 95 v°. Entretien entre un sheïkh et un jeune homme, trois
femmes les écoutent; intérieur de maison persane.

— 97. Sheïkh écrivant, un jeune homme le regarde. Terrasse et
jardin.

— 98 v°. Sheïkh et autres personnages dans une maison.

— 101 v°. Marchand de comestibles dans le bazar de Shirâz;
sheïkh tombé à terre; autres personnages.

— 104. Réunion de plusieurs sheïks et de femmes voilées dans
une maison.

— 108 v°. Le sultan Mohammed Khvarizmshâh et le sheïkh
Nedjm-ed-Din; autres personnages.

— 111. Scène de bataille, cavaliers, fantassins et archers.

— 114. Femme à un balcon; le sheïkh Sanaan qui est amoureux
d'elle lui parle; d'autres hommes la regardent. Maison
persane.

— 122. Jeune fille voilée, un sheïkh amoureux d'elle lui parle,
autres personnages, hommes et femmes. Jardin, arbres
et fleurs.

— 125. Plusieurs personnages dans un cimetière.

— 127. Boutique d'orfèvre, à la devanture de laquelle on voit
des vases; sheïkhs et autres personnages.

— 129. Un sheïkh monté sur un cheval; un jeune homme se
tient devant lui, arbres et fleurs.

— 131 v°. Sheïkhs causant dans une maison.

— 135 v°. Un sheïkh et un autre personnage jouant aux échecs
dans un jardin.

Fol. 139 v°. Scène de bataille; cavaliers, fantassins et archers.

— 141 v°. Roi tenant l'étrier d'un sheïkh pour l'aider à monter à cheval. Jardin, maison et arbres.

— 143 v°. Sheïkhs et autres personnages sur la terrasse d'une maison.

— 146. Sheïkhs devant la boutique d'un batteur d'or.

— 148. Calenders et sheikhs; maison avec un dallage en mosaïque.

— 154 v°. Bains persans.

— 156 v°. Sheikh assis sous une tente. Campement de nègres, hommes, enfants et femmes. Musiciens, divers animaux.

— 158. Sheikhs et autres personnes conversant dans une salle par les fenêtres de laquelle on voit un jardin.

— 162. Shah Ala-ed Din Pirouz shah assis sur son trône, Khosrav Dehlevi se tient devant lui. Soldats et autres personnages.

— 164. Sheikh assis parlant à un jeune homme; serviteurs portant des plats et autres personnages; jardin avec arbres.

— 168. Sheiks assis causant avec d'autres personnages. Jardin avec arbres; on y voit un jeune esclave tenant un plat et une aiguière.

— 169. Le khvadjeh Beha ed Din Nakhs Bend causant dans un jardin avec différents personnages.

— 171. Le sultan d'Égypte assis sur le trône regarde lutter deux lutteurs du Khvarizm; d'autres personnages regardent; chevaux tenus en laisse.

— 176. Loutf Allah Nishapouri tenant une bouteille près d'un arbre au pied duquel se trouve assis un jeune homme. Jardin avec une maison.

— 178 v°. Le sheïkh Shems ed Din Mohammed assis avec un jeune homme dans une salle; le sultan Shah Shodja les regarde par une fenêtre.

— 181 v°. Le Sheikh Saad ed Din assis dans une salle avec différents personnages devant lui.

— 185. Le *seyyid* Émir Shérif qui vivait du temps du sultan Hosein Ikhlati s'entretenant avec d'autres personnages; jardin avec arbres en fleurs.

86 E. BLOCHET.

Fol. 186 v°. Sheïkh se promenant dans une plaine; ânier conduisant deux ânes.

— 188. Boutique de chaudronnier, une femme tient un chaudron; le sheïkh Kemal-ed-Din Khodjendi et autres
personnages.

— 193 v° Deux sheïkhs et d'autres personnages causant ensemble.
Jeune homme tenant un livre à la fenêtre d'une maison.

— 195. Jeune homme frappant d'un coup de harpe sur la tête le
Khvadjed Aboul Vefa; des femmes regardent cette
scène par une fenêtre.

— 202. Le sheïkh Kasim el Envar porté dans un palanquin
sur un chameau; Shah Rokh Mirza se tient devant lui.
Fortifications d'une ville couvertes de gens.

— 204. Le sheïkh Imad-ed-Din avec d'autres sheïkhs dans un
jardin.

— 208 v°. Sheïkh causant avec un prince assis dans une salle
d'un palais; autres personnages.

— 210 v°. Plusieurs sheïks discutant en présence d'un prince
dans une grande salle.

— 212. Entretien de plusieurs sheïkhs et d'autres personnages.
Des domestiques apportent des plats.

— 213 v°. Différents personnages jouant au polo, timbaliers.
Un sultan regarde cette scène par la fenêtre.

— 216 Derviches dansant dans une grande salle; musiciens;
deux femmes voilées regardent à un balcon.

— 219. Un sheïkh dans une boutique de libraire. Personnages
se promenant dans la rue.

— 224. Djami et plusieurs autres sheïkhs conversant. Un jeune
homme tenant un livre regarde par une fenêtre.

— 231. Salomon, la tête nimbée de la flamme prophétique
assis sur le trône; tous les animaux, et les démons se
tiennent devant lui.

— 240 v°. Souverain et sa femme assis sur une pile de coussins;
deux servantes.

— 243 v°. Alexandre le Grand monté à cheval entraîne avec un
lasso un démon rouge; troupe de cavaliers. Les costumes sont mongols.

— 249 v°. Ferhad tendant une coupe à Shirin accompagné de
plusieurs de ses femmes. Domestiques tenant les chevaux; chèvres et boucs.

Fol. 251 v°. Shirin et d'autres femmes sous une tente, parmi elles deux domestiques portant des plats.

— 258. Le père de Medjnoun apprenant à lire à plusieurs enfants. Deux femmes les regardent.

— 273. Khosrav Shah et la fille du roi d'Ahvaz endormis dans un jardin au bord d'un ruisseau. Une autre femme les surprend.

— 279 v°. Le sultan Gaznevide Mahmoud fils de Sebouktegin assis sur le trône dans une salle de son palais; il s'entretient avec un sheikh; plusieurs esclaves turcs.

— 283 v°. Le sultan Aboul-Fath Djelal-ed Din Melikshah monté à cheval arrive devant un campement de nomades.

— 293. Le sultan Mohammed, fils de Melik Shah assis sur le trône dans une salle de son palais, un jeune homme se prosterne devant lui; deux personnages regardent par les fenêtres.

— 299. L'émir Aboul-Mouzaffer Seyyid Ismail Kdki à cheval avec un serviteur arrive devant une maison; des gens les regardent du haut d'un balcon.

— 301. Le sultan seldjoukide Masoud, fils de Mohammed, fils de Melik Shah, à cheval près d'une maison; plusieurs personnages à un balcon.

— 305 v° Le sultan Sindjar, fils de Melik Shah, fils d'Alparslan, causant avec plusieurs derviches sous les arches d'un pont dans le lit d'une rivière à sec; un domestique tient son cheval par la bride.

— 310 v°. Le sultan Sindjar assis sur le trône dans une salle donnant sur un jardin, une jeune esclave lui apporte une coupe; joueuse de cithare, soldats et autres personnages.

— 314 v°. Le sultan timouride Aboul Fath Ibrahim assis sur le trône dans une salle; un sheïkh, autres personnages.

— 316 v°. Le sultan timouride Baisonkar assis sur le trône dans une salle; un sheïkh, autres personnages.

— 319 v°. Le prince Pir Borak, fils de Djihanshah regardant un jeune homme qui a été jeté dans un bassin plein d'eau; domestique tenant un flambeau, autres personnages; dans le fond un jardin.

— 322. Le sultan Yakoub assis sur un tapis, un domestique lui présente des fruits ; d'autres domestiques tirent du vin de grandes cruches ; musiciens et gens dansant.

Fol. 326. Le sultan seldjoukide Djelal ed Din Melik Shah, fils d'Alparslan, un vieillard se prosterne devant lui ; plusieurs personnages regardent. Potence.

— 329. Deux sheïkhs dans la campagne ; un mouflon se tient sur un rocher.

Fol. 333 v°. Un sheïkh assis par terre parle à un jeune homme ; un personnage tenant un livre regarde par une fenêtre.

— 338. L'émir Nizam ed Din Ali Shir Nevai et deux autres personnages dans un kiosque au milieu d'un jardin ; serviteurs et musiciens.

— 341 v°. Sheïkh tenant un sanglier qui se précipite dans une rivière ; plusieurs personnages s'enfuient.

— 311 v° Le sultan auteur du livre, en compagnie de plusieurs vieillards, serviteurs et musiciens. Au premier plan, des domestiques versent à boire ; dans le fond, un jardin.

— 352. Homme fendant un bœuf en deux d'un coup de sabre ; le sultan auteur du livre le regarde ainsi que d'autres personnages armés. Trois serviteurs tiennent les chevaux.

Supplément Persan 802. Recueil de Ghâzels de Djami, Asâfi et Haider. Les miniatures ont souffert. Le manuscrit qui n'est pas daté est de la fin du xvi° siècle.

Fol. 1 v°. 2. Encadrements en or et en couleur.

— 11. Jardin avec arbres en fleurs. Homme tenant une femme par la main, autre homme agenouillé.

— 17 v°. Homme et femme dans un jardin, musiciennes ; cette peinture a été maladroitement retouchée.

Supplément Persan 913. — « Kalila et Dimna », manuscrit daté de l'année 794 heg (1392 J. C.). Il a appartenu à un souverain comme le prouve l'inscription suivante écrite sur le recto du 2° feuillet. « Pour la bibliothèque du roi très grand, la quintessence des rois et des sultans, Mœzz ed Daulah ou ed Din Shah...... »
L'exécution des miniatures n'est que passable.

Fol. 2 v°. Titre enluminé en or et couleurs.

— 11 v°. Le roi Anoushirvân assis sur le trône ; un personnage se tient à genoux devant lui.

Fol. 13 v°. L'émir samanide Abou'l Hosaïn-Nasr-ibn-Ahmed assis
        sur le trône; un homme agenouillé lui présente l'Enveri
        Soheili,

—   18 v°. Deux hommes dont l'un nègre s'entretenant auprès
        d'un ruisseau. Arbres en fleurs.

—   23. Khosrav Aenoushirvan assis sur le trône; des hommes se
        prosternant devant lui.

—   24 v°. Khosrav Anoushirvan assis sur le trône; deux per-
        sonnages assis lui présentent chacun un livre.

—   30 v°. Un chien tenant un os dans sa gueule regarde son
        image dans un ruisseau.

—   33 v°. Un homme s'enfuyant devant un chameau furieux tombe
        dans un puits au fond duquel se trouve un dragon; deux
        rats rongent les branches auxquelles il se retient.

—   34 v°. Homme parlant à trois autres personnages.

—   39. Lion et renard, arbres.

—   41. Renard trouvant un tambour, arbres.

—   42 v°. Lion, bœuf, renard, rochers.

—   43 v°. Deux renards, rochers, arbres, fleurs, ciel étoilé.

—   44. Renard, deux chèvres. Arbre. Homme regardant.

—   45 v°. Homme couché, deux femmes.

—   46 v°. Kadi discutant avec un homme; deux autres person-
        nages accroupis.

—   48. Deux renards.

—   50. Deux hommes frappant à coups de bâton sur un serpent,

—   51 v°. Lion tombé dans un puits, un lièvre le regarde. Arbre.

—   54. Deux hommes pêchant avec un filet.

—   58. Un renard et un taureau au pied de rochers.

—   62. Un lion et une pie dans une plaine fleurie.

—   63. Un lion, un corbeau, deux renards et un chameau.

—   63 v°. Le lion, le corbeau, et les deux renards dévorent le
        chameau. Trois arbres.

—   65. Trois singes dont deux tiennent un oiseau.

—   65 v°. Deux hommes se battant, arbres.

—   66 v°. Ruisseau au bord duquel on voit des grenouilles et
        des poissons.

—   67. Kadi et deux autres personnes devant un buisson en
        flammes.

—   68 v°. Deux hommes causant à la porte d'une maison.

Fol. 71. Souverain assis sur des coussins causant avec un personnage assis devant lui.

— 71 v°. Léopard devant le terrier de deux renards.

— 72. Lion et léopard.

— 72 v°. Deux lions.

— 74 v°. Deux lions, un léopard, un lièvre, des renards et un rat.

— 81. Deux lions, deux loups, un lièvre, deux renards.

— 83. Renard.

— 89 v°. Ville en ruines; un corbeau et un rat.

— 92. Rat saisissant un passereau; plaine avec fleurs.

— 93. Ruisseau traversant une prairie en fleurs; sur les bords se trouvent une tortue, un rat et un passereau.

— 95. Chasseurs, un cerf tué, un sanglier percé d'une flèche, un loup, le ventre ouvert par l'arc du chasseur.

— 95 v°. Homme découvrant dans une muraille un trou où il y a de la monnaie. Autre homme assis.

— 101. Rivière passant dans une plaine, tortue, gazelle, rat, oiseau perché sur un arbre.

— 102 v°. Les mêmes animaux au pied de rochers.

— 103 v°. Homme tenant une tortue attachée; trois arbres.

— 106 v°. Prince assis sur des coussins, un homme est assis devant lui.

— 107 v°. Chouettes faisant la chasse aux pigeons et les dévorant.

— 112 v°. Oiseaux dans une plaine, arbres en fleurs.

— 113 v°. Lièvres dans une plaine au bord d'un ruisseau.

— 115. Quatre éléphants, dont un blanc et un lièvre.

— 116 v°. Lièvre, perdrix, et oiseau dans un arbre.

— 118. Chat sauvage dévorant un lièvre; perdrix morte près d'un ruisseau; quatre arbres.

— 120 v°. Trois chats-huants et un corbeau, rochers et arbre.

— 121. Homme assis sur un lit à côté de sa femme.

— 127 v°. Corbeaux devant un feu de bois.

— 130. Ruisseau coulant au pied de rochers; dans l'eau deux grenouilles, un serpent sur la berge.

— 130 v°. Ruisseau passant dans une plaine, deux grenouilles et un serpent; deux palmiers.

— 134. Prince assis sur des coussins, causant avec un homme assis devant lui.

Fol. 136. Un singe et une tortue au pied d'un arbre.

— 136 v°. Deux tortues au pied d'un arbre.

— 139. Singe assis sur une tortue au milieu d'un ruisseau; trois arbres.

— 141. Singe grimpant à un arbre, tortue au pied de l'arbre; ruisseau coulant dans une prairie.

— 143. Miniature non terminée qui devait représenter un homme pêchant à l'épervier dans une rivière. Ane et renard, rochers.

— 144. Lion, âne et renard.

— 144 v°. Ane et renard; rochers, deux arbres.

— 145. Lion sautant sur le dos d'un âne pour le dévorer.

— 151. Plaine entourée de rochers avec un arbre; chat sauvage, rat, hérisson et oiseau.

— 154. Chat sauvage monté dans un arbre, homme.

— 157 v°. Prince assis sur des coussins, un homme se tient devant lui, une poule étranglée git à terre.

— 158 v°. Prince à cheval arrivant devant un rocher sur lequel se trouve un gros oiseau. Arbre.

— 173. Deux lions.

— 174 v°. Lion et renard.

— 180. Lion et renard devant un animal déchiré en morceaux; arbre dans le fond.

— 182 v°. Jeune prince assis sur un tapis, un homme est agenouillé devant lui; salle dallée en mosaïque avec tapis.

— 187 v°. Souverain assis sur un tapis, trois personnages sont agenouillés devant lui.

— 197 v°. Deux pigeons dont l'un est tué, deux palmiers et orangers.

Supplément persan 921. — L' « Envari Soheïli ou les « Lumières de Canope. » Miniatures passables peintes dans les marges. Le manuscrit est daté de l'an 954 de l'hégire (1547. J. C.)

Fol. 1 v°. En tête en or et en couleur.

— 8 v°, 9. Composition tenant une double page et représentant un souverain assis dans un jardin sur un tapis, près d'un ruisseau. Plusieurs domestiques apportent des plats; musiciens.

Fol. 22 v°. Nid d'oiseau dans des rochers, un oiseau vole vers ce nid.

— 25 v°. Souverain assis sur un tapis, un domestique lui apporte un plat de fruits; chat blessé d'une flèche.

— 27. Nid d'oiseau dans les rochers; un ruisseau coule au pied. Arbre au bord du ruisseau.

— 27 v°. Roi chassant au faucon; deux cavaliers.

— 30. Lion, léopard, ours, lièvre, renard, arbres.

— 31 v°. Trois personnages assis dans une grotte; arbre en fleurs à l'entrée.

— 35. Souverain armé à la mongole dans une caverne avec un soldat. Autre personnage assis.

— 35 v°. Nid de corbeaux sur un arbre, un homme les regarde manger.

— 38 v°. Lion, buffle et deux chacals; arbre en fleurs.

— 41 v°. Un homme tenant un lion sur son dos gravit une montagne; un ruisseau coule dans la plaine, arbre.

— 45 v°. Tambour suspendu aux branches d'un arbre, renard, poules.

— 48. Vieille femme soufflant avec un tube dans la bouche d'une personne étendue à terre; trois autres femmes parmi lesquelles une servante.

— 49. Homme couché, sa femme devant lui; une miniature placée au-dessous représente un religieux.

— 50. Kadi et un autre homme assis sur un tapis, devant eux une femme et deux autres personnages debout.

— 51 v°. Nid sur un arbre, plusieurs oiseaux; un ruisseau coule au pied de l'arbre.

— 52 v°. Renard poursuivi par un chien.

— 53. Homme et chien, cheval désarçonnant son cavalier, cheval au bord d'un ruisseau.

— 54. Un crabe et trois poissons dans une pièce d'eau au pied d'un arbre; héron.

— 55. Corbeau volant en tenant une pièce d'étoffe bleue; quatre personnes le regardent. Serpent au bord d'un ruisseau.

— 58. Lion et lièvre au bord d'un puits; un lion et un lièvre sont au fond du puits.

— 60. Deux hommes pêchant dans une rivière.

— 61. Cours d'eau; scorpion sur le dos d'une tortue, poisson. Trois personnes regardent.

Fol. 65. Ruisseau coulant au pied d'un arbre; canard.

— 66. Ruisseau coulant au pied d'un arbre; faucon sur un rocher, poule.

— 67. Homme cherchant à prendre un oiseau avec un filet. Ruisseau coulant au pied d'un arbre.

— 69. Un homme tombé dans une caverne est dévoré par une panthère.

— 71. Lion, renard, chacal et corbeau dévorant un chameau.

— 73. Deux pigeons transportent une tortue à travers les airs; Trois hommes regardent.

— 74. Lac avec différents oiseaux au bord.

— 75. Lion dévorant un buffle, chacals; un homme regarde. Arbre en fleurs.

— 77. Singes dévorant une poule; autres singes dans les arbres. Ruisseau.

— 79. Deux arbres au bord d'un ruisseau, hérisson, serpents, grenouilles.

— 79 v°. Gens regardant brûler un arbre dans lequel est renfermé un homme.

— 82. Ours jetant un bloc de pierre sur un homme endormi. Ruisseau coulant dans une plaine.

— 83. Deux hommes dont l'un est nègre assis sur un tapis dans une chambre.

— 86. Homme coupant les oreilles à un âne sans queue.

— 86 v°. Renard étendu mort sur la berge d'un ruisseau; un corbeau s'envole en tenant un morceau d'étoffe dans son bec.

— 90 v°. Souverain assis sur un tapis, un homme à genoux se tient devant lui. Autres personnages.

— 92 v°. Souverain assis sur un tapis; homme dansant; plusieurs autres personnages.

— 94. Deux cavaliers, dont l'un est désarçonné, au bord d'un ruisseau.

— 94 v°. Homme pendu à une potence; six personnages regardent.

— 95 v°. Homme attaché par la main à une potence; un autre homme tient un bâton à la main; cavalier.

— 98 v°. Un nègre assis avec une jeune femme sur un tapis.

— 100 v°. Homme enchaîné sur le bord d'un ruisseau; bourreau

tenant un sabre à la main ; souverain à cheval ;
homme nu.

Fol. 101. Homme dans une caverne ; deux renards, dont l'un est
attaché par le cou.

— 104. Jeune femme morte étendue sur un lit, un roi se lamente
devant son corps. Deux autres femmes.

105. Ruisseau coulant dans une plaine, lion, panthère, lièvres,
renards et singes.

— 107. Ruisseau coulant au pied d'un rocher, lion, panthère,
lièvre et renards.

— 111. Trois pigeons pris dans un filet ; ruisseau coulant dans
une plaine. Deux hommes ; arbre.

— 110. Ruisseau coulant au pied d'un rocher avec un arbre au
bord ; perdrix.

— 118 v°. Homme monté sur un chameau, renard ; source et
ruisseau.

— 119. Corbeau sur un arbre ; lièvre au pied d'un mur ; ruisseau.

— 122 v°. Chasseur couché, biche, loup et sanglier tués à coups
de flèches.

— 123. Marchand assis à son étalage ; jeune femme.

— 123 v°. Deux hommes creusent un trou dans un rocher à
coups de pic.

— 127 v°. Homme tuant un chat ; pigeons ; autre homme.

— 129 v°. Corbeau perché sur un arbre ; tortue au pied de l'arbre,
antilope et singe. Un ruisseau coule au pied de l'arbre.

— 131. Gazelle grimpant à un rocher ; un corbeau est perché sur
sa tête ; un homme la poursuit, serpent dans un sac, rat.

— 137. Souverain assis sur un tapis, à côté de lui se trouve une
jeune femme ; serviteur.

— 137. Homme tranchant la tête à un souverain ; une jeune
femme regarde cette scène.

— 142 v°. Trois éléphants et quatre lièvres sur le bord d'un ruisseau ; arbre.

— 143 v°. Chat assis ; un lapin et deux perdrix.

— 145. Chat devant deux oiseaux.

— 147 v°. Ruisseau coulant dans une plaine au pied d'une montagne ; homme avec un mouton ; trois autres personnages.

Fol. 150. Homme couché avec sa femme ; un enfant emporte un ballot sur son dos.
— 151. Dévot couché; un démon, un jeune homme et un buffle.
— 153 v°. Singes dans des arbres, des renards les poursuivent pour les dévorer.
— 158 v°. Dévot assis sur un tapis; une jeune femme se tient devant lui.
— 159. Chouettes dans une caverne.
— 161 v°. Ruisseau coulant dans une prairie, grenouilles, arbre.
— 162 v°. Homme dans une maison, une femme tient un vase doré; pigeon.
— 163. Homme couché; devant son lit un homme tenant un singe.
— 177 v°. Lion dévorant un âne ; renard.
— 181 v°. Un homme fait tomber un vase plein d'huile sur une femme endormie.
— 182 v°. Homme près du berceau d'un enfant; serpent coupé en trois tronçons.
— 184 v°. Un souverain tenant un oiseau à la main puise de l'eau à une source; un domestique tient son cheval par la bride. Rochers.
— 192. Femme tuée par une panthère au bord d'un ruisseau; un homme se tient devant elle.
— 195 v°. Ruisseau traversant une prairie; un corbeau enlève un ver et une grenouille attachés par la patte.
— 198 v°. Souverain avec deux serviteurs à la porte d'une maison dans laquelle on voit un jeune homme étendu par terre, avec deux domestiques.
— 200. Six personnes causant au bord d'un ruisseau ; des grues volent au-dessus d'eux.
— 201 v°. Homme tenu par deux autres hommes; un médecin lui opère un œil.
— 202 v°. Souverain assis sur un tapis, devant lui un homme agenouillé tient une aiguière; soldat.
— 204. Ruisseau coulant dans une plaine au pied d'un rocher ; un homme se promène sur le bord ; renard et arbre.
— 205. Boutique de boulanger ; four.
— 209 v°. Lions et renard dans une prairie ; arbre en fleurs.
— 211. Pâtissier pesant du *halva* avec des balances ; un derviche.
— 216. Lac au pied d'un palais, barque montée par deux person-

nages : un homme tombe dans le lac ; roi regardant par
un balcon.

Fol. 218 v°. Homme agenouillé sur un tapis dans une maison ;
autre homme étendu sur le sol.

— 221 v°. Souverain assis sur un tapis dans une salle de son
palais ; devant lui quatre personnages dont l'un lui tend
une orange.

— 223 v°. Souris au pied d'un arbre, elle est avalée par un serpent, renard. — Ruisseau passant dans une plaine au
pied d'une colline ; arbre en fleurs ; un hérisson mange
le serpent.

— 224. Ruisseau coulant au pied d'un arbre ; tortue ; un renard
mange le hérisson ; un loup dévore le renard.

— 224 v°. Un léopard dévore le loup ; il est tué d'un coup de
flèche par un homme, qui à son tour est tué d'un coup
de sabre par son cavalier. Le cavalier lui-même est
désarçonné par son cheval et tué.

— 227. Deux jeunes gens à la porte d'une maison.

— 229 v°. Souverain assis sur un tapis ; un jeune homme se
tient accroupi devant lui. Un domestique apporte un
plat. Par la fenêtre ouverte on aperçoit un jardin.

— 232. Homme couché, une femme se tient à genoux à côté de
lui.

— 233 v°. Enfant assis devant un rocher. Deux autres enfants
assis, l'un d'eux tient un marteau à la main.

— 235 v° Ruisseau coulant dans une plaine au pied d'un rocher.
Corbeaux.

— 242. Le prophète Salomon, assis sur un trône, la tête entourée
de la flamme prophétique. A côté du trône, un démon
et différents animaux, un oiseau à tête de femme ; une
houri apporte un plat d'or.

— 245. Souverain et sheïkh assis dans une caverne, un domestique tient le cheval du souverain par la bride.

— 246 v°. Souverain assis sur un trône ; un vizir est assis aux
pieds du trône ; deux jeunes femmes sont assises sur
un tapis.

— 249 v°. Roi couché avec une femme ; serviteur.

— 251. Ruisseau coulant dans une prairie au pied d'un rocher ;
nid de pigeon dans le rocher.

Fol. 256 v°. Homme couché; un jeune homme se tient près de
son lit.

— 259. Homme étendu au pied d'un rocher; singe.

— 260. Homme et lion auprès d'un arbre; un prince tend un
objet à un jeune homme.

— 261. Jeune homme dans une caverne; serpent.

— 266 v°. Homme dans une caverne; il tient une bourse à la
main. Arbres sur le flanc du rocher.

— 269. Souverain assis sur le trône; trois personnages sont
accroupis aux pieds du trône.

— 270. v°. Homme près d'un mur, sur lequel sont deux oiseaux.

Supplément Persan 929. — Le « Roman de Kâmrûp », manuscrit daté de l'an 1250 hég. (1834 J. C.)

Miniatures indiennes d'une belle exécution et fort bien conservées.

Fol.   3. Le maharadjah Pit, souverain d'Aoude assis sur le trône
sous un dais; deux personnages se tiennent à côté de
lui.

— 4 v°. Sundar-rûp épouse de Pit accouche de Kâmrûp.

— 6 v. Kamrûp couché sur la terrasse de la maison que son
père a fait construire pour lui, gardé par un homme,
voit en rêve la fille du Rajà de Serendib, la Râni Kâmlâtâ.

— 9 v°. Kâmrûp et un autre homme assis sur un tapis dans un
jardin; devant eux se tiennent deux jeunes femmes.

— 14. Kâmrûp raconte son songe à son confident Mitrtchand.

— 17. Kâmrûp assis sur un tapis sous un arbre; il a devant lui
le brahmane Sumit.

— 19. Kâmrûp et Kâmlâtâ assis dans une chambre.

— 22. Le maharadjah Pit, armé et accompagné d'un serviteur
tenant un chasse-mouche vient devant son fils Kâmrûp évanoui.

— 23 v°. Kâmrûp dévoile son amour à Mitrtchand; tous les deux
sont assis sur un tapis sous un arbre, au bord d'une
rivière.

— 24 v°. Le roi Pit sur le trône, Mitrtchand le supplie de
laisser partir son fils Kâmrûp.

Fol. 26 v°. Kâmrûp armé prend congé de son père; palais indou.

— 28. Naufrage du navire de Kâmrûp, les hommes se sauvent dans une barque et sur des planches.

— 30. Les compagnons de Kâmrûp sur des planches de bois dans la mer.

— 33. Kâmrûp devant la fée Padmavati, une autre fée le tient dans ses bras; Padmavati est assise sur un trône sous un dais.

— 35. Kâmrup et Padmavati assise sur le trône dans une chambre.

— 36 v°. Kâmrûp assis sur un trône, une fée devant lui. Tentes.

— 38 v°. Kâmrûp et une fée assis sur un trône sous un dais, terrasse.

— 39. Kâmrûp et une fée assis sous un dais sur une terrasse; devant eux se tiennent deux fées musiciennes.

— 40 v°. Kâmrûp couché sur un lit sur la terrasse d'une forteresse; deux hommes le gardent.

— 42 v°. Kâmrûp couché sur la terrasse d'une forteresse, une fée se tient à côté de lui; jardin, palais.

— 44. Kâmrûp et deux fées sur la montagne de Kâf.

— 45 v°. Kâmrûp assis sur un trône avec une fée; une deuxième fée lui présente à boire et une troisième fait de la musique.

— 47. Deux périzadeh (démons) enlèvent Kâmrûp endormi et le précipitent dans la mer.

— 49. Kâmrûp arrive dans la contrée des Tasma-païr; il y voit un de ces êtres monstrueux.

— 53. Kâmrûp massacre les Tasma-païr.

— 54 v°. Kâmrûp retrouve les ministres Mitrtchand; île avec arbres.

— 56 v°. Kâmrûp et Mitrtchand assis sur un tapis au bord de la mer sous un arbre et causant.

— 58 v°. Mitrtchand prisonnier des démons, est gardé par deux démons, un noir et un blanc; citadelle.

— 63 v°. Le pandit Atcharadj sous forme d'un perroquet vient se poser sur la main de Kâmrûp; Kâmrûp et Mitrtchand sont assis sous un arbre au bord de la mer.

— 65 v°. Kâmrûp et ses deux compagnons sont assis sur un tapis sous un arbre au bord de la mer.

Fol. 67 v°. Scène analogue.

— 70. Mitrtchand rencontre dans un jardin une sorcière; négresse, palais.

— 74 v°. Kâmrûp et ses trois compagnons rencontrent le derviche aux prières duquel Kâmrûp doit la vie. Les quatre personnages sont assis sur un tapis au bord de la mer.

— 78. Kâmrûp se rend en pèlerinage à une pagode dans laquelle on voit un dieu d'or qui a la pose d'un Bouddha.

— 80 v°. Le roi Soudakri assis sur la terrasse de son palais; le médecin Dahtiz se tient devant lui.

— 82. Tchitrapati assis sur le trône parle à trois médecins. Dais et tentes.

— 84. Le même sur le trône; on lui amène le médecin Dahtiz pour guérir sa fille. Palais, terrasse.

— 86 v°. La râni Kâmlatâ, fille de Tchitrapati et le médecin. Dahtiz dans une chambre.

— 88. Tchitraman rencontre le médecin Dahtiz; ils s'asseyent tous deux au bord de la mer.

— 89 v°. Tchitraman entre dans un jardin et rencontre le jardinier qui lui offre un fruit. Palais, arbres.

— 92 v°. Le roi Radj Kadj Pati; le peintre Tchitraman se présente devant lui; tente d'étoffes de diverses couleurs.

— 95. La râni Kâmlatâ et le médecin Dahtiz dans une chambre.

— 97 v°. La râni Kâmlatâ s'évanouit en voyant le portrait de Kâmrûp que lui apporte le médecin Dahtiz.

— 100 v°. Le médecin Dahtiz raconte à la râni Kâmlatâ l'amour que Kâmrûp ressent pour elle. Palais.

— 102 v°. La râni Kâmlatâ et le médecin Dahtiz assis sur le même trône sur la terrasse d'un palais.

— 105 v°. Tchitraman en pèlerinage à une pagode.

— 107. Kâmrûp et ses trois amis dans une salle voûtée.

— 109 v°. Le roi indou Purtabipat assis sur le trône, derrière lui un serviteur, devant lui sont agenouillés deux hommes.

— 112. Kâmrûp et ses amis assis sur un tapis sous un arbre au bord de la mer.

— 113. Combat d'un crocodile et d'un lion au bord de la mer.

— 115 v°. Roi indou sur le trône; trois personnages se tiennent devant lui; tentes.

Fol. 117 v°. Le roi Purtahipat assis sur un trône avec Kâmrûp;
         deux hommes se tiennent à genoux devant lui. Tentes
         et tapis.

— 120 v°. Rasrang reconnaît Kâmrûp et se prosterne devant lui.
         Arbres.

— 123. Rasrang et Kâmrûp sont assis sur un tapis au bord de la
         mer sous un arbre.

— 124 v°. Rasrang perché dans un arbre; un jeune homme tue
         deux lions au pied de l'arbre.

— 128. Le raja Purtahipat assis sur un trône sur une terrasse
         avec Kâmrûp; plusieurs personnages se trouvent
         devant eux.

— 130. La rânî Kâmlatâ dans une pagode; le brahmane Sumit.

— 131 Atcharadj et le brahmane Sumit assis sous un arbre auprès
         d'un cours d'eau; ils sont vêtus de peaux de bêtes.

— 135. La rânî Kâmlatâ malade, dort sur une terrasse; son
         père et sa mère se tiennent auprès d'elle.

— 138. Kâmrûp met en fuite l'armée de Djanharsingh et le tue.

— 140. Mitrtchand décapite Baharsingh au bord d'un fleuve.

— 142. Le roi Purtahipat assis sous une tente avec Kâmrûp; deux
         autres personnages.

— 144 v°. Kâmrûp prend congé du raja Purtahipat. Palais.

— 146 v°. Kâmrûp à cheval tue un lion d'un coup de sabre.

— 148 v°. Le pandit Badhyâtchand sous forme d'un perroquet
         se tient sur le kiosque habité par la rânî Kâmlatâ.

— 150 La rânî Kâmlatâ tient à la main un perroquet, qui est
         un homme déguisé. Palais.

— 151 v°. La rânî Kâmlatâ dans une chambre avec une suivante,
         Badhyatchand, le pandit est à la porte.

— 154 v°. Kâmrûp et le pandit Badhyatchand sont assis sur un
         tapis sous un arbre au bord d'un cours d'eau.

— 155 v°. La rânî Kâmlatâ et sa mère assises sur une terrasse,
         sous un dais, devant elles une musicienne; Badhya-
         tchand sous forme d'un perroquet se pose sur un arbre.

— 159. Réunion des râjâs et fils de râjâs chez le râjâ Tchitrapat.
         Tentes.

— 161. La rânî Kâmlatâ va mettre son collier au cou de
         Kâmrûp; son père et les autres princes la regardent
         avec étonnement. Terrasse, dais.

Fol. 164. Scène identique. Tentes et pavillons.

— 165. Kâmrûp et Mitrtchand sont conduits par ordre du pere de la rânî Kâmlatâ dans un puits noir.

— 165. La rânî Kâmlatâ et sa servante sont enchaînées dans une chambre, par ordre de son père.

— 168. Mitrtchand et Kâmrûp dans le puits noir sont délivrés par un Dîv.

— 169 v°. Les deux mêmes et un Dîv.

— 171. Kâmrûp à cheval avec ses amis.

— 172. Kâmrûp à cheval après avoir battu l'armée du raja Tchit-rapati; il emmène son vizir prisonnier.

— 173 v°. Kâmrûp à cheval tue un autre cavalier.

— 177 v°. Le râja Tchitrpat et Kâmrûp s'embrassent; chevaux.

— 179. Les deux mêmes assis sur le trône sur une terrasse; devant eux deux musiciens.

— 180 v°. Kâmrûp assis sur la terrasse d'un palais avec des pandits et des brahmanes.

— 181 v°. Kâmrûp et le râjâ Tchitrapat à cheval jouent au polo.

— 183 v°. La rani Kâmlatâ et une femme assises sur la terrasse d'un palais; Badhyâtchand sous forme d'un perroquet est perché sur une corde du dais.

— 187 v°. Le râjâ Tchitrapat sur le trône, devant lui plusieurs personnages, tentes.

— 189 v°. Le même roi assis sur le trône sur la terrasse de son palais, devant lui Kâmrûp et ses compagnons.

— 191. Kâmrûp et la rânî Kâmlatâ assis sous un dais sur une terrasse.

— 192 v°. Kâmrûp et la rânî Kâmlatâ dans le harem sur une terrasse.

— 194. Mitrtchand et la fille du vizir Kâmlakâ assis sur une terrasse sous un dais.

Supplément Persan 976. — « Gulistan » de Saadi daté de 1200 de l'hég. (1785 J. C.). — Les miniatures sont indiennes et d'une assez bonne exécution.

Fol. 1 v°, 2. Pages de titre en or et en couleur.

— 5. Portrait d'Aboû-Bekr-ibn-Saad, protecteur de Saadi; il est assis sur le trône; deux esclaves portant des chasse-mouches.

Fol. 11 v°. Roi assis sur le trône sous un dais; esclave tenant chasse-mouches. Un prisonnier l'insulte; trois autres personnages.

— 15 v°. Voleurs arabes surpris pendant leur sommeil par des soldat...

— 18 v°. Sultan Oghulmish assis sur le trône sous un dais, devant lui le fils d'un de ses officiers, et trois autres personnages; jardin.

— 21 v°. Deux barques, dans l'une d'elles se trouve un souverain assis sur un trône, dans l'autre des soldats; esclave jeté à l'eau.

— 25. Le tombeau de Yahya (Saint-Jean) à Damas; Saadi y rencontre un chef arabe, gens de la suite, etc.

— 33. Noushirvān assis sur un tapis sous un dais dans un jardin, ordonne de payer aux villageois le sel qu'on leur avait pris; derrière lui un esclave portant un chasse-mouches. Des serviteurs font rôtir de la viande.

— 37 v°. Souverain assis sur le trône près d'un palais; esclave portant un chasse-mouches; devant lui deux lutteurs, personnages regardant cette scène; jardin.

— 42 v°. Souverain assis sur le trône près d'un palais; esclave tenant un chasse-mouches; le souverain donne une jolie chinoise à un esclave nègre; jardin.

— 46. Souverain assis sur le trône près d'un palais, esclave tenant un chasse-mouches; devant lui se tiennent son ministre et d'autres personnages; jardin.

— 48. Le sheikh Abd-el-Kader Gilani se prosterne devant la mosquée de la Mecque. Trois autres personnages. Le sheikh a autour de la tête la flamme prophétique.

— 54. Pillage d'une caravane, gens sous des tentes, personnages emportant des ballots de marchandises.

— 59 v°. Saadi et deux autres personnages dont une femme, assis sur un tapis; maison et jardin.

— 64. Un souverain assis sur un tapis parle avec deux personnages assis devant lui; esclave portant un chasse-mouches; femme, etc.

— 65 v°. Souverain dînant avec un derviche et d'autres personnages.

— 70 v°. Homme embrassant une jeune femme; dans le fond une maison.

Fol. 74 v°. Deux derviches dans un cachot; l'un d'eux est étendu sur le sol sans connaissance; trois autres personnages entrent dans le cachot.

— 77 v°. Hâtim Taï et le laboureur généreux; gens à table.

— 82. Saadi causant avec cinq autres personnages sur une terrasse recouverte d'un tapis; dans le fond un jardin.

— 86. Saadi et un derviche se rendent devant un kadi pour exposer l'objet de leur discussion; autre personnage; dans le fond une maison.

— 90 v°. Saadi est assis avec un riche marchand sous une tente; trois esclaves, ballots de marchandises.

— 97. Bateau abordant sur une rive; un homme frappe le batelier.

— 99 v°. Un jeune voyageur abandonné par une caravane est rencontré par un prince qui se rend à la chasse; monté à cheval; prairie au bord de l'eau.

— 107 v°. Derviche amoureux de la fille d'un roi; devant lui le roi à cheval.

— 111. Maître d'école assis sur un tapis, autour de lui se tiennent cinq disciples lisant des livres; au fond une maison avec un jardin.

— 115 v°. Saadi dans la mosquée de Kashgar se prend d'amour pour un jeune garçon. Cinq personnages occupés à lire.

— 120. Scène d'amour; un kadi est assis à côté de sa maîtresse et boit.

— 122 v°. Saadi visite à Damas un Persan moribond âgé de 150 ans qui est couché au pied d'un arbre. Deux autres personnages.

— 124 v°. Homme âgé avec sa jeune femme se tenant dans une salle de leur maison.

— 120. Saadi et sa mère; dans le fond, une colonnade avec des portes.

— 137. Esclave enchaîné et frappé à coups de bâton; roi assis sur un tapis, devant lui un personnage à qui il parle; dans le fond, une maison avec jardin.

— 138 v°. Saadi et son compagnon sont dépouillés par des voleurs sur la route de Balkh à Damas.

— 144 v°. Saadi jugeant un différend entre un juif et un musulman; dans le fond, une maison avec un jardin.

Supplément Persan 985. — Le « Trésor des Secrets » poème mystique de Nizami; il est daté de l'année 944 de l'hég. (1537 J. C.). Cette copie a été exécutée par Mîr-Ali pour le sultan Aboû-l-Ghâzî-Abd-el-Aziz-Bechadur-Khân. Le manuscrit est d'une admirable exécution. Les deux plats de la reliure qui sont identiques, représentent une gazelle attaquée par un dragon, au-dessus vole un oiseau gigantesque. On y voit encore d'autres animaux, un singe monté sur un ours, etc.

Fol.   2 v°, 3, 5, 6, 7 v°, 8 v°, 10 v°, 11, 12 v°, 13 v°, 15, 16, 17, 18 v°, 19 v°, 22, 24 v°, 25, 27 v°, 28 v°. Ornements en or et en couleur.

—   1 v°. Festin dans un jardin; un jeune homme, sans doute un souverain, est accoudé à un arbre et tient un fruit à la main; devant lui se tiennent un copiste, des échansons et des musiciens.

—   2. Les mêmes personnages moins les musiciens, mais en plus un homme qui garde un cheval.

—   34. Khosrav Anoushîrvan et son destour dans un jardin où coule un ruisseau; on voit dans le fond un édifice en ruines sur lequel sont perchés deux hiboux; au dernier plan un arbre, cette miniature est signée « Mahmoud »·

—   40 v°. La vieille femme venant demander justice au sultan Sindjar. Le sultan est à cheval, plusieurs serviteurs et soldats sont autour de lui; on voit au dernier plan des arbres en fleurs.

—   41. Suite de la même miniature: plusieurs personnages à cheval et à pied; au dernier plan un rocher sur lequel sautent des mouflons. Cette miniature est signée « Mahmoud » elle est datée de l'an 952 de l'hégire (1545 de notre ère).

Supplément Persan 991. Poésies écrites en langue afghane.

Les miniatures sont de style indou et d'exécution passable. Le manuscrit est daté de l'année 1290 de l'hégire (1873 de l'ère chrétienne.)

Fol.   11 v°. 20, 22, 28 v°, 37, 56, 60, 62, 72, 103 v°, 175 v°. Hommes et femmes assis et buvant.

—   20. Jeune homme et houri assis et buvant.

Fol. 22. Roi ayant derrière lui un homme tenant un moustiquaire, et devant lui une jeune femme.

— 28 v°. Homme crucifié, plusieurs personnes le regardent.

— 37. Roi assis devant sa tente, domestique portant un moustiquaire; un personnage est agenouillé devant lui.

— 47. Homme et femme assis sur une terrasse et buvant; des domestiques tiennent des flacons et des tasses; jardin avec arbres et fleurs.

— 56. Le prophète Isa (Jésus-Christ) assis sur une terrasse; devant lui sont agenouillés un homme et une femme.

— 60. Le prophète Yousouf à la fenêtre d'une prison regarde passer deux femmes.

— 62. Le prophète Noé dans l'arche, représentée sous forme d'un bateau rempli d'hommes.

— 72. Zuleikha est étendue sur un lit; devant elle se tient le prophète Yousouf.

— 100. Hommes et femmes assis sur la terrasse d'une maison. Domestiques et musiciennes.

— 103 v°. Homme mort étendu à terre dans un linceuil; autour de lui se tiennent différents personnages.

— 118, 130. Hommes et femmes assis sur une terrasse.

— 175. Femme dans un édicule fixé sur le dos d'un chameau, elle est accompagnée de sa suite.

Supplément Persan 992. — « Gulistan » de Saadi ; daté de 1272 de l'hég. (1855 de J. C.).

Les miniatures sont d'une bonne exécution et sont un bon spécimen de la peinture moderne en Perse.

Fol. 8 v°. Un souverain assis sur le trône ordonne à un homme de trancher le cou à un prisonnier.

— 13 v°. Homme enchaîné dans une cellule; un jeune homme le regarde.

— 17. Derviches et autres personnages dans la campagne.

— 22 v°. Homme s'apprêtant à couper la tête à un autre.

— 26. Roi rencontrant un derviche assis au pied d'un arbre.

— 29 v°. Roi donnant une jeune fille chinoise à un esclave nègre.

— 36. Roi assis sur un trône, un sheikh se tient devant lui.

Fol. 39. Homme dans une campagne près d'une ville; fleuve, arbres, etc.

— 43. Différentes personnes mangeant et buvant; derviche; dans le fond on aperçoit les murailles d'une ville.

— 53 v°. Pêcheur pêchant un gros poisson; campagne avec plusieurs édifices; arbres.

— 64 v°. Jeune homme et vieillard se tenant au pied d'un arbre.

— 66 v°. Deux jeunes gens assis sur un tapis et se tenant par la main.

— 70. Jeune homme endormi au pied d'un arbre, un autre lui apporte un narghilé.

— 79. Homme jouant de la guitare; autre personnage devant lui.

— 87 v°. Un roi, une jeune femme et un autre personnage au pied d'un arbre.

Supplément Persan 1014. — « Histoire des amours de Yoûsouf et de Zuleikhā »; exécution médiocre. Le manuscrit n'est point daté, il est probablement de la fin du XVIIe siècle.

Fol. 1 v°. Titre en or et en couleurs.

— 29. Zuleikha avec quatre servantes; domestique sur la porte; autres personnes à une fenêtre.

— 56. Yousouf assis sur un trône, des jeunes filles égyptiennes se tiennent autour de lui.

— 74. Zuleikha et d'autres femmes mangeant des fruits, Yousouf apporte un flacon sur un plateau. Domestique à la porte; personnages regardant par la fenêtre.

— 101. Yousouf et Zuleikha couchés ensemble, une servante se tient près de la porte, une autre regarde par la fenêtre.

Supplément Persan 1015. — « Histoire des amours de Yousouf et de Zuleïkha ». Manuscrit non daté, vraisemblablement du XVIIe siècle de l'ère chrétienne; l'exécution est assez bonne, mais les miniatures sont fortement endommagées.

Fol. 1 v°. Titre en or et en couleurs.

— 34. Zuleïkha aux genoux de Yousouf.

— 50. Jacob assis sur un tapis, son fils Yousouf se tient devant lui; un ange plane au-dessus d'eux.

Fol. 61. Yousouf se baigne dans les eaux du Nil, ses vêtements
sont attachés aux branches d'un arbre; le roi d'Égypte
le regarde. Cette miniature est évidemment imitée de
celle que l'on trouve dans les *Khamseh* de Nizami et
qui représente la rencontre de Khosrav et de Shîrîn.

— 64 v°. Zuleikha à cheval vient trouver Yousouf; trois autres
personnages; dans le fond une vieille femme.

— 84 v°. Yousouf dans un jardin avec trois jeunes Égyptiennes;
au fond on aperçoit des arbres en fleurs.

— 104. Zuleïkha et trois femmes mangeant des fruits; Yousouf
entre, tenant une bouteille en or; les femmes se coupent les doigts par distraction.

— 123. Yousouf assis à côté du prince d'Égypte; trois autres personnages.

— 185. Zuleïkha couchée, Yousouf assis à côté d'elle; deux servantes.

Supplément Persan 1027. — « Shâh-Naméh » ou « Livre des
Rois » de Ferdousi. Le manuscrit n'est pas daté; il remonte au
xviii° s. Miniatures passables copiées aux Indes sur un original
persan, quelquefois endommagées.

Fol. 44. Le roi Minoutchehr assis sur le trône dans un jardin,
sous un dais; devant lui se tiennent plusieurs personnages et des domestiques.

— 45 v°. L'Alborz et le nid du Simourg qui a nourri Zâl exposé
par ordre de son père. Zâl et Sâm au pied de l'arbre.

— 47. Zâl se rend chez Roudâbeh; domestiques, femmes et
hommes, chevaux; terrasse avec bassin.

— 64 v°. Nauder et Afrâsiâb à cheval recouverts de leurs armures; cavaliers et étendards.

— 70 v°. Kaï-Kobâd assis sur le trône dans un jardin ; des
domestiques font la cuisine, d'autres portent des plats;
cavaliers armés.

— 78 v°. Roustem tue le démon blanc; des soldats et d'autres
démons armés de massues regardent la scène. Rochers.

— 236 v°. Combat corps à corps de Roustem et de Poulâdvend;
leurs domestiques tiennent leurs chevaux par la bride;
des soldats des deux armées regardent la lutte.
Rochers et arbres.

Fol. 237. Kaï-Khosrav assis sur le trône sous un dais; Roustem se rend devant lui. Domestique et serviteurs.

Supplément Persan 1029. Les cinq poèmes « Khamseh » de Nizami. L'exécution des miniatures est parfaite; le manuscrit est daté de l'an 1029 de l'hég. (1619 de J.-C.)

Fol.   1 v°, 2, 34 v°, 123 v°, 184 v°, 253 v°, 340 v°. Ornements en or et en couleur.

— 4 v°. Mahomet monté sur la jument Borak et guidé par l'ange Gabriel, la figure voilée, monte au ciel; il est entouré par les anges.

— 15. Khosrav Anoushirvân et son destour se promènent dans un jardin; on voit un arbre et un édifice ruiné sur lequel perchent deux pigeons.

— 49. Khosrav Perviz rencontre Shîrîn, assise au pied d'un arbre et nue jusqu'à la ceinture; son cheval paît dans l'herbe.

— 58 v°. Khosrav Perviz à moitié vêtu tue un lion; Shîrîn coiffée du diadème et d'autres femmes sous une tente le regardent.

— 64 v°. Bataille entre les troupes de Khosrav Perviz et celles de Bahram Tchoubineh. On y voit des cavaliers au galop, des éléphants de guerre et des timbaliers montés sur des chameaux.

— 74 v°. Shîrîn à cheval, accompagnée de ses femmes, rencontre un ruisseau de lait. On voit au dernier plan un berger qui garde des chèvres.

— 80. Shîrîn se rend au mont Bisoutoun avec deux de ses femmes, son cheval s'abat; on voit un édifice avec une peinture murale.

— 89 v°. Khosrav Perviz parle à Shîrîn qui est au balcon d'un pavillon dans un jardin.

— 100. Festin donné par Khosrav Perviz; il est assis sur un trône; devant lui sont des musiciens et des serviteurs.

— 107 v°. Khosrav couché avec Shîrîn. Jardin avec des arbres et trois servantes.

— 113. Khosrav Perviz couché à côté de Shîrîn est assassiné par Shirouyéh, pendant que ses domestiques dor-

ment. Sur le mur de la chambre se trouvent des peintures.

Fol. 120 v°. Une femme se promenant au bord d'un bassin; plusieurs hommes assis et debout.

- 125 v°. Mahomet voilé monté sur la Borak, guidé par l'ange
Gabriel également voilé, monte au ciel entouré des
anges.

- 139 v°. Medjnoun en pélerinage à la Kaaba. La Kaaba est
entourée d'une barrière; divers personnages musulmans.

- 150 v°. Medjnoûn portant au cou une chaîne d'or; Leila dans
sa tente; femme filant. Chiens et chèvres.

- 158. Medjnoun dans le désert avec différents animaux : antilopes, lions, renards. Arbres.

- 168 v°. Medjnoun est rencontré dans le désert par Selâm
Baghdadi qui est monté sur un chameau. Gazelles, lions,
lapin, etc. ; rochers et arbre dans le fond.

- 174 v°. Rencontre de Medjnoun et Leila. On voit des panthères, des lions, des gazelles, deux tentes et différents personnages dont deux sont morts.

- 180 v°. Medjnoun arrive à la *turbeh* de Leila; on y voit un
édifice surmonté d'une coupole et différents personnages.

- 203 v°. Bahrâm Goûr et la jeune fille qui monte un veau sur
ses épaules. Autres femmes; maison persane dans un
jardin ornée de peintures murales.

- 209. Bahram Goûr assis à côté d'une jeune femme dans
la coupole noire; les murs en sont ornés de peintures.
Deux femmes se promènent dans le jardin.

- 216. Les mêmes dans la coupole jaune.

- 219 v°. Les mêmes dans la coupole verte.

- 223 v°. Les mêmes dans la coupole rouge.

- 227 v° Les mêmes dans la coupole d'azur.

- 233 v°. Les mêmes dans la coupole grise; plusieurs femmes
apportent des plats.

- 238 v°. Les mêmes dans la coupole blanche; plusieurs domestiques se tiennent à la porte. La couleur des vêtements
de Bahram Goûr et de ses femmes varie en même temps
que celle de l'édifice dans lequel ils se trouvent.

Fol. 248. Bahram Gour assis sur un trône au-dessus duquel flotte un pavillon d'étoffe; un homme est attaché à une potence. On voit plusieurs femmes et des soldats armés.

— **256** Analogue à 4 v°, et 125 v°.

— **272.** Combat entre les troupes d'Iskender et du roi du Zanguebar qui est vaincu; cavaliers et archers.

— **285 v°.** Combat des troupes d'Iskender et des Perses. Cavaliers, fantassins prisonniers.

— **315.** Iskender assis sur un trône reçoit le Khakan de la Chine devant lui. De nombreux personnages les entourent.

— **336.** Iskender et le prophète Khidr, à la recherche de la source de la vie. Khidr plonge dans la rivière un poisson mort qui revient à la vie; chevaux, deux domestiques; rochers et arbres.

— **368.** Iskender devant trois édifices à coupole, deux autres hommes causent ensemble; on voit encore deux hommes d'or et un arbre d'or au bord d'un canal.

Les plats de la reliure laquée qui est d'une exécution admirable représentent divers animaux, une panthère bondissant sur une gazelle, des lapins etc., des fleurs et des feuilles.

Supplément persan 1030. — Histoire merveilleuse en vers de Mahomet et des quatre premiers khalifes, connue sous le nom de *Hamleh i Haideri* « la charge du Lion », Ali étant appelé par les Musulmans le « Lion d'Allah »; par Mirza Mohammed Rafi. Exemplaire de grand luxe copié et illustré aux Indes. L'écriture est un magnifique spécimen de *neslalik*. Il est daté (folio 581 recto) de l'année 1223 de l'hégire (1808 J.-C.). La reliure qui est en laque verte et jaune avec de magnifiques dessins porte sur les deux plats la date de 1249 de l'hégire (1833 J.-C.). Peintures indiennes d'une assez bonne exécution.'

Titres et pages de titre en or et en couleur aux folios.

Fol. 1 v°-2, 4 v°, 19 v°, 33 v°-34, 43 v°, 57 v°, 64 v°-65, 67 v°, 71 r°, 81 r°, 93 v°-94, 106 v°-107, 115 v°, 124 v°, 130 v°, 136 v°-137, 151 v°, 158 v°-159, 165 v°, 167 v°, 175 v°, 178 v°, 184 v°, 192 v°, 197 v°, 199 v°, 203 v°, 208 v°, 211 r°-212 222 v°, 226 v°, 227 r° et v°, 228, 232 v°, 237 v°, 244 v°, 254 v°, 261 v°, 263 v°, 268 v°, 273 v°, 275 v°, 278 v°,

281 v°-284, 289 v°, 297 v°, 314 v°-315, 320 v°, 327 v°,
335 v°, 338 v°, 311 v°, 313 v°-316 r°, 353 v°, 357 r°,
361 v°. 361 v°, 366 v°, 370 v°, 372 v°, 376 v°, 378 v°,
379 v°, 382 v°-383, 417 r°, 420 r°, 422 v°, 429 v°, 431 v°
437 v°, 439 v°, 443 v°, 445 v°, 419 v°, 459 v°, 463 v°,
474 v°, 480 v°, 484 v°, 487 v°, 489 v°, 498 v°-499, 503 v°.
505 v°, 508 v°, 810 v°, 515 v°, 517 v°, 519 v°, 521 v°,
523 v°, 525 v°, 528 v°, 530 r°, 536 r°, 516 r°, 551 r°,
553 v°, 557 v°, 559 v°, 563 v°, 570 v°, 573 r°, 576 v°,
580 v°-581.

Ornements, fleurons et rinceaux, à presque toutes les pages.

Fol. 6 v°. Au centre deux femmes à demi nues, l'une d'elles se
peigne; musiciens; plusieurs personnes regardent;
cavaliers; dans le fond, quatre petites chambres dans
chacune desquelles se trouvent un ou deux personnages.

— 7. Hommes montés sur des éléphants et des chameaux;
femmes dansant; musiciens; hommes tenant des cages
dans lesquelles sont des oiseaux. Berger avec des
chèvres.

— 10. Réunion de quarante-neuf personnes assises en rond,
autour d'un bassin dans lequel nagent des canards, la
plupart ont des livres devant eux.

— 12. Être surnaturel à tête humaine dont les ailes sont
formées de la réunion de têtes d'hommes et de toutes
sortes d'animaux, on lit sur son front : « Allah, Mohammed, Ali »; d'un côté de sa tête est la lune dans la nuit,
de l'autre le soleil.

— 15. Assemblée de Koreishites venant se plaindre à Abou-
Taleb.

— 17 v°. Soixante personnages assis dans l'herbe et tenant tous
un livre.

— 18. Djafer Tayyar assis sur un trône, reçoit des ambassadeurs qui lui présentent deux lettres. Derrière lui se
tient une esclave avec un chasse-mouches; sur le
devant plusieurs personnages armés de sabres.

— 20 v°. Hamza, fils d'Abou'-l-Motallib, frappe Abou-Djahl d'un
coup de son arc à la tête; autres personnages assis et
debout.

— 22. Cinquante-huit personnages faisant la prière.

Fol. 23 v°. Abou-Taleb assis sur un trône; derrière lui se tient un esclave avec un chasse-mouches; les Koreishites viennent le trouver; au premier plan des hommes armés; dans le fond une maison avec un dais.

— 25. Réunion de Koreishites; dans le fond, sur un tapis, on voit la flamme prophétique.

— 27. Abou-Taleb fait la paix avec les Koreishites. Plusieurs personnages, les uns armés, les autres avec des livres etc.; dans le fond trois petites cellules dans chacune desquelles se trouvent deux personnages.

— 27 v°. Abou-Taleb fait un discours aux principaux Koreishites.

— 39 v°. Abou-Taleb étendu mort à terre sur des coussins; son corps est entouré d'hommes et de femmes; dans le fond on voit un palais avec trois femmes.

— 31. Funérailles d'Abou-Taleb; quatre hommes portent son cercueil, devant lequel se trouve la flamme prophétique.

— 32 v°. Mahomet debout devant un trône où brille la flamme prophétique; un personnage est assis devant lui.

— 35 v°. Les sept étages du ciel, dans chacun desquels brûle la flamme prophétique; dans le premier, Mahomet, l'ange Gabriel et la jument Borak; dans le bas de la miniature on aperçoit la Mosquée de la Mecque avec la pierre noire de la Kaaba et un escalier qui mène de la Kaaba au ciel.

— 36. Le Paradis avec les Houris; cours d'eau; pavillons.

— 39. Mahomet assis tient un livre à la main; à ses côtés on voit des hommes assis; dans le fond deux arbres.

— 40 v°. Mahomet avec Saad Maaz et plusieurs habitants de Médine; ils sont tous assis à l'exception d'un seul; dans le fond on voit trois arbres.

— 41 v°-42. Saad Maaz assis sur un tapis sous un arbre; devant lui se tiennent un grand nombre de gens: soldats, bourgeois, femmes, enfants, etc.

— 44 v°. La flamme prophétique (Mahomet) sur un tapis sous un dais; devant elle un homme armé dans l'attitude de la prière; un grand nombre de gens, soldats ou bourgeois, soit debout, soit assis.

Fol. 47 v°. La flamme prophétique (Mahomet) couchée dans un kiosque, où elle est gardée par l'ange Gabriel et l'ange Mikail (Michel). Assemblée de gens de toute sorte.

— 49. Mahomet dans une caverne; arrivée des infidèles; cavaliers et fantassins armés.

— 50. Mahomet monté sur un chameau, s'échappe de la caverne dans laquelle il était enfermé; une troupe de cavaliers armés l'accompaguent.

— 52. Mahomet à Médine; ses partisans viennent lui rendre hommage; il est représenté par la flamme prophétique assise sur un tapis sous un dais.

— 53. Le Prophète (représenté par la flamme) à cheval, il est accompagné d'une nombreuse suite de cavaliers.

— 55. Le Prophète (toujours représenté par la flamme) entre à Médine monté sur un chameau; sa suite est composée de cavaliers et de fantassins.

— 58. Construction d'une mosquée; Mahomet sous forme de la flamme prophétique; personnages assis, d'autres debout; femmes avec tambourins.

— 58 v°.59. Composition occupant une double page, représentant Mahomet assis sur un trône sous forme de la flamme prophétique; un grand nombre de gens sont assis à côté du trône; devant lui on voit un berger avec un troupeau de chèvres et de bœufs. Campagne avec arbres et maisons.

— 60 v°. Assemblée de Chrétiens assis sur l'herbe et parlant près d'une maison. Salman Farsi dans la maison; son père et une femme se tiennent à la porte.

— 61. Salman Farsi est battu par son père; des gens assis sur un tapis le regardent.

— 62. Salman Farsi à cheval au milieu d'une caravane. Hommes montés sur des chameaux; des personnages portent des ballots.

— 66. L'ange Djibrail (Gabriel) assis sur un trône; devant lui se tiennent un nombre incalculable de femmes richement parées et tenant chacune une flamme dans leurs mains.

— 68 v°. Miniature divisée en deux parties : la première représente des hommes qui mangent, au milieu d'eux se trouve la flamme prophétique; dans le bas des femmes font de la musique, et d'autres sont assises auprès d'un dais.

Fol. 69 v°. Miniature représentant le Prophète et Abd Allah Hadjash; soldats armés, chameaux, gens d'une caravane pillée par Abd Allah.

—   70. La flamme prophétique sur un tapis; cinq hommes habillés et armés comme les soldats des Grands Mongols, s'inclinent devant elle; trente et un personnages assis les mains croisées sur les genoux; on y voit des soldats, des gens de religion, etc.

—   71. Caravane en marche, cavaliers et piétons, un chameau porte Mahomet sous forme de la flamme prophétique.

—   72 v°. Femme endormie sous un arbre; troupe de cavaliers, Mahomet est monté sur un chameau.

—   73. Homme monté à l'envers sur un chameau. Soldats assis à terre et parlant à d'autres personnages assis ou debout; tentes.

—   74 v°. Mahomet monté sur un chameau sous forme de la flamme prophétique; autour de lui se trouve une nombreuse escorte de cavaliers armés.

—   75 v°-76. Composition tenant une double page et représentant une colonne de cavalerie s'avançant sur quatre files. Les cavaliers sont armés de lances, de boucliers et de sabres.

—   77 v°-78. Composition représentant une armée en marche. On y voit des cavaliers montés sur des chameaux, un cheval et un chameau portant la flamme prophétique.

—   79. Mahomet, sous la forme de la flamme prophétique, est assis sur un tapis; trente Musulmans sont assis autour de lui; chameaux agenouillés, lac et arbres.

—   86 v°-87. Composition tenant une double page et représentant une bataille entre les partisans de Mahomet et les Koreishites. Deux anges sous forme de femmes ailées à cheval viennent au secours de Mahomet qui est représenté sous forme de la flamme prophétique.

—   89 v°. Ali sous forme de la flamme prophétique, monté sur cheval, tue un cavalier d'un coup du sabre Zoulfekar; groupe de cavaliers.

Fol. 90 v°-91. Scène de combat entre Ali et ses ennemis. La
flamme prophétique à cheval; cavaliers, fantassins,
hommes décapités.

— 95. Scène de carnage. Soldats étendus morts sur le sol.

— 96 v°. Mahomet, sous forme de la flamme prophétique, est
assis entre deux arbres; devant lui plusieurs personnages se tiennent debout dans une attitude respectueuse; on voit quatre files de cavaliers armés de sabres.

— 97 v°. Caravanes, hommes à pied, chameaux.

— 98 v°. Zeïd monté à cheval; devant lui se tiennent quarante-
neuf personnages, les uns civils, les autres militaires.

— 99 v°. Assemblée de femmes richement vêtues; la plupart
d'entre elles font de la musique.

— 101. Troupe de cavaliers en marche, cavaliers montés sur
des chameaux; des hommes portent des étendards; un
cheval et un chameau portent la flamme prophétique.

— 102 v°. Mahomet, sous forme de la flamme prophétique, est
assis entre deux arbres; devant lui se tiennent des
hommes dont quelques-uns ont la tête découverte.

— 103 v°. Une troupe à cheval traverse un champ de bataille
sur lequel sont étendus de nombreux cadavres; un
cheval et un chameau portent la flamme prophétique.

— 105. Troupes d'hommes à pied et à cheval dans les rochers;
ange.

— 108 v°-109. Composition tenant une double page représentant
une troupe de cavaliers en marche; quelques-uns sont
montés sur des chameaux, une femme est assise sous
un dais, d'autres femmes se tiennent devant elle.

— 110 v°-111. Le Prophète sous la forme de la flamme prophétique, est assis sous un dais; devant lui on voit deux
taureaux égorgés et un grand nombre de personnages
assis et vêtus de toutes les façons.

— 112 v°. Troupe de cavaliers en marche, un chameau et un
cheval portent la flamme prophétique.

— 113. Mahomet assis sur un trône; derrière lui, des domestiques agitent des chasse-mouches; plusieurs personnages assis sur un tapis; dans le fond, édifices avec
arbres.

— 114 = 112.

Fol. 120 v°-121. Bataille entre les troupes de Mahomet et les infidèles; un cheval et un chameau portent la flamme
prophétique. Cavaliers armés de lances et de sabres.

— 124 v°-125. Bataille entre les troupes de Mahomet et les infidèles; un chameau et un cheval portent la flamme
divine; un ange apporte le sabre à deux pointes à
Mahomet; cavaliers, etc.

— 127 v°-128. Scène analogue; quatre anges en prière.

— 133.   La femme de Mahomet amène trois de ses parents attachés sur un chameau; soldats et autres personnages.

— 138 v°. Mahomet sous forme de la flamme prophétique est
assis sous un arbre; personnages assis et debout devant
lui. Cette miniature est plus soignée et mieux exécutée que les autres.

— 140 v°. Hommes massacrés dans la campagne; un homme blessé
est entraîné par une rivière; autres personnages. Dans
le fond on aperçoit les murailles d'une ville avec des
arbres.

— 141.   Mahomet à cheval est entouré d'autres cavaliers. Deux
prisonniers devant lui; arbres.

— 143 v°. Abd-Allah tranche la tête à Sofian; maison avec terrasse. Soldats armés de sabres et de boucliers.

— 145.   Mahomet, sous forme de la flamme prophétique est
assis sur un tapis; devant lui des soldats se tiennent
dans une attitude respectueuse; autres personnages,
cavaliers avec drapeaux.

— 150.   La flamme prophétique assise sur un tapis; des Musulmans devant elle. Dans le fond on aperçoit les murs
d'une citadelle avec plusieurs soldats; fossé et arbres.

— 152.   Mahomet est assis sur un trône sous forme de la
flamme prophétique; des hommes lui amènent des prisonniers, des moutons, des bœufs et des chameaux.

— 154.   La flamme prophétique à cheval; Ali fend un homme
en deux. Troupe de cavaliers.

— 155 v°. Troupe de cavaliers en marche; Mahomet sous forme
de la flamme prophétique est monté sur un chameau;
derrière lui trois anges.

— 156 v°-157. Mahomet sous forme de la flamme prophétique
est assis entre deux arbres. Devant lui, on aperçoit un

grand nombre de personnages assis ou debout; bœufs, moutons, etc.

Fol. 163 v°-164. Les Musulmans creusent un fossé; Mahomet sous forme de la flamme prophétique brise une pierre très dure. Au premier plan on aperçoit un trône sous une tente, au second trois maisons avec des terrasses sur deux desquelles se trouvent assis deux princes, sur l'autre une femme.

— 169 v°-170. Mahomet assis sous forme de la flamme prophétique et treize personnages mangeant. Des domestiques leur apportent des plats, d'autres font cuire la nourriture; six femmes.

— 173 v°. La flamme prophétique assise sous un dais; plusieurs personnages assis et debout.

— 174. Un cavalier nommé Omar armé de toutes pièces; armée rangée en bataille derrière un fleuve.

— 176 v°. Le cavalier tué par Ali représenté sous forme de la flamme prophétique armée du Zulfekar; un chameau porte la flamme; cavaliers et fantassins; un poisson dévore un cadavre.

— 185 v°-186. Double page représentant l'ange Gabriel devant Mahomet représenté sous forme de la flamme prophétique. Plusieurs personnages; un nègre est monté sur le toit d'une maison.

— 187. Cavaliers en marche, précédés par un chameau qui porte la flamme prophétique. Des hommes portent des drapeaux.

— 188 v°. Ali sous forme de flamme prophétique; devant lui on voit plusieurs personnes. Dans le haut de la miniature, juifs et juives envoyés en ambassade à Mahomet. Maisons.

— 190 v°. Mahomet sous forme de la flamme prophétique; personnes de différentes conditions assises.

— 191. Les Musulmans font des Juifs prisonniers; murailles d'une ville.

— 198. Mahomet sous forme de la flamme prophétique est assis sous un dais; autres personnages assis ou debout.

— 206. Mahomet et Ali sous la forme de la flamme prophétique. Gens assis et debout.

Fol. 210. Abou-Basir tue un homme d'un coup de sabre; autre
           homme tué; deux chevaux.

— 213 v°. Le Négus entouré de sa cour, reçoit Omar et Omayya
           qui lui apportent la lettre de Mahomet.

— 216.   Le souverain de Roum (l'empereur grec) assis sur un
           trône, entouré d'une suite nombreuse; devant lui se
           tient Abou Sofiân qui lui parle.

— 218.   Le roi de Perse assis sur le trône au milieu de sa cour,
           déchire la lettre que Mahomet lui a envoyée.

— 219 v°. Mahomet sous forme de la flamme prophétique est
           assis entre deux arbres; plusieurs personnages se tien-
           nent devant lui.

— 220 v°. Scène analogue à la précédente, mais mieux traitée.

— 221 v°. Le roi d'Alexandrie assis sur un trône; esclave avec
           chasse-mouches. Plusieurs personnages se tiennent
           devant lui. Khâtib lui adresse un discours. Dans le
           haut de la miniature on voit une scène qui rappelle
           l'assassinat de Khosrav-Perwiz par Shirouya; trois
           domestiques endormis.

— 222.   Scène analogue à 219.

— 223 v°. Le *Kaïsar* de Roum assis sur un trône, ayant derrière
           lui un esclave qui tient un chasse-mouches. Soldats
           debout et assis.

— 224 v°. Scène analogue à 219 v°.

— 225.   Scène analogue à 223 v°.

— 235 v°. Guerrier armé assis sur un tapis, devant lui 22 per-
           sonnages assis; dans le fond on aperçoit le mur d'une
           forteresse.

— 239 v°-240. Double page représentant une troupe de cavaliers
           en marche; dans le fond on aperçoit un fleuve coulant
           au pied d'une forteresse.

— 241 v°-242. Scène analogue.

— 246 v°-247. Double page représentant Ali sous forme de la
           flamme prophétique portant le Zulfekar, et Hâris, tous
           les deux à cheval; troupe de cavaliers; dans le loin-
           tain on aperçoit un palais et les murs d'une ville.

— 248 v°-249. Haris et son cheval sont tranchés en deux par le
           Zulfekar; troupe de cavalerie.

— 250 v°-251. Double page représentant Ali à cheval sous forme

de la flamme prophétique portant le Zulfekar; Murehheb
est monté sur un cheval. Troupe de cavaliers; dans le
lointain on aperçoit les murs d'une ville.

Fol. 252 v°-253. Murehheb est tranché en deux ainsi que son cheval
par Ali; des anges volent au-dessus de l'armée des infidèles. Dans un coin de la miniature et en occupant à
peu près le cinquième, se trouve une peinture qui
représente Mahomet et cinq autres personnages sous
une tente.

— 255 v°-256. L'armée musulmane; la flamme prophétique armée
du sabre Zulfekar. Fleuve dans lequel on voit des animaux monstrueux; murs d'une ville.

— 257 v°. Le monde soutenu en équilibre sur l'aile d'un ange.

— 258.   L'ange laissant tomber le monde.

— 259 v°-260. Mahomet et Ali sous forme de la flamme prophétique sont assis sur un tapis; devant eux l'armée musulmane passe un fleuve sur un pont. Hommes tués et
captifs.

— 266 v°. Mahomet et d'autres Musulmans sont assis au pied de
quatre palmiers.

— 267 v° Mahomet sous forme de la flamme prophétique est assis
sous un dais; devant lui sont assis 42 personnages;
d'autres personnages armés se tiennent debout.

— 269.   Mahomet et cinquante autres personnages font la
prière de l'asr dans le vallon de Kora. Onze anges
dans les airs.

— 270v°-271. Mahomet sous forme de la flamme prophétique entre
deux arbres; devant lui sont assis divers personnages.
Troupe de cavaliers en marche; cadavres.

— 276.   Troupe de cavaliers marchant sur cinq files; des hommes
portent des drapeaux.

— 279 v°-280. La flamme prophétique entre deux arbres; plusieurs personnages assis; troupe de cavaliers; hommes
tués.

— 282.   La flamme prophétique entre deux arbres; assemblée
de femmes célébrant une téazé.

— 285 v°-286. Lutte entre l'armée de Mahomet et les Koreishites;
cavaliers, hommes portant des torches; hommes tués.

— 287 v°. Jeune femme faisant un lit; deux hommes dont l'un se
tient à la porte de la maison.

Fol. 293. La flamme prophétique assise sur un tapis; une foule de gens, militaires, civils, les uns assis, les autres faisant du feu; chameaux et chevaux.

— 295 v°-296. Troupe de cavalerie en marche, des hommes portent des drapeaux, timbaliers, etc. Deux chameaux portant chacun la flamme prophétique.

— 299 v°. La flamme prophétique assise sur un tapis entre deux arbres; 36 hommes assis; 11 femmes dont une tient un homme par la barbe et le frappe.

— 300. Corps de 37 cavaliers en marche; à leur tête marche un cheval qui porte la flamme prophétique.

— 301 v°-302 analogue à 295 v°-296.

— 303 v°-304. Lutte entre l'armée de Mahomet et les Koreishites. Cavaliers armés, hommes portant des drapeaux, prisonniers enchaînés, cadavres.

— 305 v°-306. Composition tenant une double page représentant l'arrivée de l'armée de Mahomet devant le temple d'idoles; les idoles sont réduites en pièces. Un chameau et un cheval portent la flamme prophétique.

— 309. Mahomet sous forme de la flamme prophétique et d'autres musulmans font la prière dans le Haram.

— 310 v°-311. Abbâs est assis sous un arbre; devant lui se tiennent des cavaliers et d'autres personnages; on lui amène des prisonniers enchaînés. Cadavres, une femme pleure devant un homme tué.

— 312 v°-313. La flamme prophétique est assise sous un dais entre deux arbres; un grand nombre d'individus, soldats, civils, assis ou debout, à pied ou à cheval.

— 319 v°. Malek assis sous un arbre tient conseil avec plusieurs personnages.

— 322 v°-323. Abou-Djaroûn et Ali; ce dernier est représenté sous forme de la flamme prophétique, à cheval; ils sont entourés de cavaliers; des hommes portent des drapeaux.

— 324. Abou-Djaroûn est fendu en deux par Ali qui est représenté sous forme de la flamme prophétique montée sur un cheval; il tient le sabre Zulfekar; autres cavaliers.

— 329. Scène identique.

Fol. 330 v°. Le Prophète sous forme de la flamme prophétique est
assis sur un tapis; devant lui sont assis différents personnages. Chameaux, arbres.

— 331. Scène analogue, moins les arbres et les chameaux.

— 332 v°. Mahomet sous forme de la flamme prophétique est
assis sous un dais avec d'autres personnages; ils mangent.

— 339 v°. Mahomet sous forme de la flamme prophétique est
assis sur un trône; devant lui sont assis plusieurs personnages; derrière lui un domestique porte un chasse
mouches; soldats.

— 340. Cavaliers en marche, un chameau porte la flamme
prophétique; des hommes tiennent des drapeaux.

— 340. Cavaliers en marche, des hommes portent des drapeaux.

— 347 v°. Identique à 340 sauf que c'est un cheval qui porte la
flamme prophétique.

— 348. Des soldats de l'armée de Mahomet tiennent des prisonniers; hommes tués.

— 350 v°. Mahomet sous forme de la flamme prophétique; devant
lui 49 personnages se tiennent debout dans une attitude respectueuse.

— 360 v°. Mahomet et Ali sous forme de la flamme prophétique
sont couchés. D'autres personnages sont agenouillés;
intérieur de palais.

— 362. Mahomet sous forme de la flamme prophétique est
assis entre deux arbres devant différents personnages
assis ou debout.

— 367 v°. Mahomet et Ali représentés sous la forme de la flamme
prophétique; devant eux se trouvent des personnages
assis et debout; cavaliers, arbres.

— 368. Mahomet sous forme de la flamme prophétique est
monté à cheval; cavaliers et piétons.

— 368 bis v°-369. Troupe de cavaliers armés de boucliers et de
sabres.

— 374 v° Mahomet et Ali sous forme de la flamme prophétique;
soixante autres personnages assis.

— 380 v°-381. Scène analogue.

— 407. Scène analogue à 374; dais.

Fol. 410. Mahomet sous forme de flamme prophétique est assis entre deux arbres; trente-quatre autres personnages assis; ange. Dans le bas de la miniature on voit dix jeunes femmes.

— 415 v°-416. Mahomet assis sous un arbre sur un trône; devant lui cent cinq personnages assis et plusieurs autres debout.

— 418 v°-419. Mahomet sous forme de la flamme prophétique est assis sur un coussin; quatre-vingt-dix-sept personnages assis; soldats, sheïkhs et jeunes gens, etc.

— 433 Omar et d'autres Musulmans, les uns assis, les autres debout; parmi eux quelques soldats.

— 444. Abou-Bekr et le Prophète dans une salle; autres personnages assis. Troupe de soldats à la porte de la maison.

— 446 v°. Miniature divisée en deux parties : dans la partie supérieure on voit Abou-Bekr et le Prophète sous forme de la flamme prophétique et des chameaux dans la campagne; au dernier plan les murailles d'une ville; à la partie inférieure une rue avec des boutiques et des passants.

— 456 v°. Khaled et l'armée musulmane; des hommes travaillent dans un jardin ; la flamme prophétique; machine à élever l'eau appelée *daulab*.

— 458. Abou-Bekr est étendu mort, la figure voilée; plusieurs personnages assis ou debout.

— 460. Abou-Bekr est étendu mort sur un lit; Omar est agenouillé auprès de lui; tous les deux ont la figure voilée; pleureuses.

— 461 v°. Le khalife Omar assis sur un tapis, entre deux arbres, il a la figure voilée; cinquante-six personnages, militaires et civils se tiennent debout ou assis autour de lui.

— 464 v°. Omar sous forme de la flamme prophétique, est assis près de deux arbres; devant lui se tiennent quatre envoyés de l'empereur de Constantinople et quarante-huit musulmans, soldats ou civils.

— 466 v°. La flamme prophétique représentant le prophète Khalil au milieu d'un bûcher ardent; dragon envoyé par Dieu pour dévorer un Israélite; Ali sous forme de la flamme prophétique; autres musulmans.

Fol. 467. Petits dessins à moitié colorés représentants toutes sortes d'animaux indiens, un Sheïkh musulman, un homme portant un fusil, etc.

— 467 v°. Omar sous forme de la flamme prophétique est assis sur un coussin, à côté d'une jeune femme richement parée ; cinquante-six autres femmes assises.

— 468. Omar sous forme de la flamme prophétique est assis sur un coussin entre deux arbres: devant lui on voit un grand nombre de femmes.

— 458 v°. Oiseaux et lapins.

— 469. Ali et Omar assis sous forme de la flamme prophétique ; un géant nègre ; lions, gazelles; plusieurs musulmans.

— 483 v°. Les troupes du Khalife Osman mettent le feu à la porte d'une ville. Cavaliers et fantassins.

— 490 v° Assassinat du Khalife Osman ; scène de massacre dans la rue.

— 491 v°. Enterrement du même.

— 501 v°-502. Troupe de cavalerie en marche; un chameau porte un *hodoudj;* deux femmes assises; des chiens aboient après les cavaliers.

— 507 v°. Un officier à cheval présente la tête d'un homme au Khalife Ali représenté sous forme de la flamme prophétique et monté à cheval. Troupe de cavaliers.

—. 509. Homme décapité au bord d'une source ; troupe de cavaliers.

— 511 v°-512. Bataille entre les troupes d'Ali et l'armée d'Aicha. Ali est représenté sous forme de la flamme prophétique à cheval ; Aicha est portée dans un *hodoudj* sur le dos d'un chameau. Cavaliers avec étendards.

— 513 v°-514. Défaite des partisans d'Aicha qui est faite prisonnière dans son *hodoudj*. Ali sous forme de la flamme prophétique est monté à cheval.

— 516. La flamme prophétique (Aicha) assise sur un trône; un homme est assis devant elle. Trois femmes debout et quarante-sept femmes assises.

— 518 v°. Le khalife Ali assis sous forme de la flamme prophétique, devant lui on aperçoit Aicha; troupe de cavaliers, chameau portant un *hodoudjd*.

— 520 v°. Le khalife Ali assis sous forme de la flamme prophétique ; soldats et civils musulmans.

Fol. 533 v°-534. Cavaliers en marche portant des drapeaux ; au centre Ali est monté à cheval sous forme de la flamme prophétique.

— 537 v°-538. Ali sous forme de la flamme prophétique est assis entre deux arbres près d'une source. Plusieurs Musulmans assis et debout.

— 540 v°-541. Bataille entre l'armée d'Ali et celle de Moaviah ; cavaliers armés de sabres, de flèches et de boucliers.

— 543 v°-544. Les troupes d'Ali et celles de Moaviah séparées par un fleuve ; Ali est représenté à cheval sous forme de la flamme prophétique ; cavaliers armés de sabres, de lances, de flèches et de boucliers.

— 549 v°-550. Ali monté à cheval sous forme de la flamme prophétique ; cavaliers armés, drapeaux.

— 555 v°-556. Lutte des armées d'Ali et de Moaviah ; Ali est sous forme de la flamme prophétique ; cavaliers armés.

— 561 v°-562. Scène analogue.

— 578 v°. Scène analogue.

Supplément Persan 1078. — La « Charge du Lion » *Hamleh-Haideri*. Le même ouvrage que le précédent. Ce manuscrit écrit et illustré aux Indes est daté de l'an 1042 de l'hégire (1632 J.-C.). L'exécution des peintures est assez bonne, elles sont du même type que celles du précédent manuscrit. Les costumes sont mongols ; la reliure en laque verte est très belle.

Encadrements et pages de titres en or et en couleurs aux folios 1 v° 2, 148, 260, 353 v°.

Fol. 28. Le Prophète représenté sous forme de la flamme prophétique est couché dans un pavillon ; gens endormis dans l'herbe.

— 36 v° Le Prophète représenté sous forme de flamme prophétique est assis sur un tapis sous un arbre ; devant lui trois personnages ayant la figure voilée ; Salman Farsi et autres.

— 40 v° Abd-Allah Hadjash monté à cheval tue un autre cavalier ; caravane de marchands, chameaux, ballots.

— 50 v° Hamza, l'oncle du prophète tue d'un coup de sabre un

infidèle qui porte un costume mongol. Des soldats
tenant des drapeaux regardent.

Fol. 56 v° Le Prophète sous forme de la flamme prophétique est
assis dans une tente; Ali sous forme de la flamme prophétique est assis à côté de la tente; trois personnages
ont la figure voilée ; plusieurs Koreischites tués.

— 69 v° Scène de combat; cavaliers armés de sabres, d'arcs et
portant des drapeaux.

— 75 v° Le Prophète sous forme de la flamme prophétique et
monté à cheval, fend Hisham d'un coup du sabre Zulfekar; des soldats regardent.

— 85. Combat entre les troupes de Mahomet et les infidèles.
Cavaliers armés de flèches et d'arcs.

— 91. Mahomet sous forme de la flamme prophétique est couché
sous un pavillon; Ali sous la même forme est à côté de
lui ; personnages voilés. Soldats à la porte d'une ville.

— 97 v° Combat entre les troupes de Mahomet et les Beni-
Motallak. Des cavaliers portent des drapeaux; prisonniers enchaînés.

— 112. Ali sous forme de la flamme prophétique et à cheval,
coupe d'un coup du sabre Zulfekar la tête d'Amrou-
ibn-Abd-Woudd en même temps que les pieds de son
cheval; des soldats regardent cette scène.

— 123. Ali tue dans les mêmes conditions Saad Maaz et d'autres
personnages.

— 134. Ali sous forme de la flamme prophétique est assis sous
un pavillon; des hommes se tiennent devant lui dans
une attitude respectueuse.

— 153. Siège de la forteresse de Khaïbar par les troupes de
Mahomet.

— 163. Ali sous forme de la flamme prophétique et monté à
cheval, fend en deux d'un coup du Zulfekar un cavalier infidèle; des cavaliers et des fantassins regardent.

— 165 v° Ali à cheval sous forme de la flamme prophétique fend
Marhab en deux d'un coup du Zulfekar; des fantassins
et des cavaliers regardent.

— 167. Combat entre Ali et les troupes de la forteresse de
Khaïbar : un fleuve coule au pied de la forteresse.

— 168. Scène analogue, le même fleuve; les portes de la citadelle de Khaïbar ont été arrachées de leurs gonds.

Fol. 170 v° Les troupes musulmanes se rendent à la forteresse de Khaïbar : Mahomet et Ali sous forme de la flamme prophétique, sont montés, l'un à cheval, l'autre sur un chameau.

— 172. Mahomet sous forme de la flamme prophétique, est assis sous un dais; Ali se tient à côté du dais, également sous forme de la flamme. Musulmans assis, un juif de Khaïbar se tient devant eux. Sacs d'argent.

— 179. v° Combat entre deux cavaliers, l'un musulman, l'autre infidèle; des hommes regardent.

— 180 v° Scène analogue; Mahomet est assis sous un dais, sous forme de la flamme prophétique.

— 185. Salman fait tuer un infidèle d'un coup de sabre. Des Musulmans assis regardent cette scène.

— 188. Combat des Musulmans et des troupes du pays de Roum. Ali est monté à cheval sous forme de la flamme prophétique. Cavaliers avec étendards.

— 200 v°. Combat entre les troupes de Mahomet et les Koreïschites. Mahomet sous forme de la flamme prophétique est monté sur un chameau. Cavaliers avec étendards.

— 202. Malek assis à côté d'une jeune femme sur une terrasse. Serviteurs dans un jardin.

— 211 v°. Combat d'Ali contre une troupe d'infidèles; il est représenté sous la forme de la flamme prophétique et monté à cheval. Mahomet sous la même forme est monté sur un chameau. Cavaliers avec étendard.

— 215. Ali sous la forme de la flamme prophétique fend Abou-Djerdel d'un coup du Zulfekar; des fantassins regardent.

— 216 v°. Ali toujours sous la même forme tue un ennemi de Mahomet. Mahomet sous forme de la flamme prophétique est monté sur un chameau.

— 221 v°. Mahomet et Ali, tous les deux sous forme de la flamme prophétique, sont assis sous un arbre. Trois personnages assis ayant la figure voilée; soldats.

— 223. Mahomet assis sous un dais sous forme de la flamme prophétique; un prisonnier et différents personnages civils et militaires.

Fol. 237. Ali à cheval sous forme de la flamme prophétique tient le Zulfekar; autre cavalier; homme tué; gens portant des ballots.

— 249. Ali sous forme de la flamme prophétique est assis sous un dais; plusieurs personnages de la tribu des Beni-Hamdan se tiennent devant lui; un domestique tient son cheval.

— 250. Un cavalier nommé Asvad en tue un autre d'un coup de lance. Soldats avec étendards.

— 365. L'émir Malek-Ashtar lutte en combat singulier contre Dahhak ibn Keïs. Autres cavaliers, hommes massacrés.

— 366. Scène analogue.

— 377 v°. Combat de l'émir Malek-Ashtar contre les ennemis de la loi. Ali sous forme de la flamme prophétique est monté sur un cheval et tient le Zulfekar; autres cavaliers armés de sabres, d'arcs, de boucliers. Hommes tués.

— 379 v°. Combat de deux cavaliers dont l'un perce l'autre d'un coup de lance. Des soldats regardent; d'autres tiennent des étendards.

— 383 v°. Ali, sous forme de la flamme prophétique et monté à cheval, fend le crâne d'un cavalier de l'armée de Moaviah. Autres cavaliers, quelques-uns portent des drapeaux.

— 387. Scène analogue.

— 390. Lutte entre l'armée d'Ali et celle de Moaviah. Cavaliers armés de sabres, de boucliers et de flèches.

— 392. Lutte à coups de lance entre un cavalier de l'armée d'Ali et un de l'armée de Moaviah. D'autres cavaliers et des fantassins tiennent des drapeaux et regardent.

— 393 v° Lutte entre l'armée d'Ali et celle de Moaviah. Cavaliers et fantassins armés de sabres, de boucliers, et tenant des drapeaux. Ali est à cheval sous forme de la flamme prophétique.

— 394 v°. Scène analogue.

— 396 v°. Un cavalier étendu mort; Ali sous forme de la flamme prophétique se tient à côté de lui. Chevaux des deux personnages. Des fantassins armés tiennent des drapeaux.

Fol. 398-400. Ali représenté sous forme de la flamme prophétique
à cheval, tranche la tête d'un coup du Zulfekar à un
cavalier de l'armée de Moaviah. Autre cavalier et gens
tués.

Supplément persan 1111. Les cinq poèmes ou *Khamseh* de
Nizami; manuscrit daté de 1060 hég. (1650 av. J.-C.). L'exécution
des miniatures est assez bonne.

Fol. 1 v°, 23 bis v°, 99 v°, 150 v°, 208 v°, 268 v°. Titres en or et en
couleurs.

— 12 v°. Le roi Noushirwân à cheval avec sa suite.

— 14 v°. Une vieille femme vient demander justice au sultan
Sindjar. Le souverain est à cheval et un eunuque porte
un parasol au-dessus de sa tête; d'autres personnages
marchent à pied. Deux chèvres dans les rochers.

— 20. Le prophète Isa (Jésus) avec différents personnages;
dans le fond on aperçoit des boutiques de boucher, de
pâtissier, etc.

— 39 v°. Rencontre de Khosrav et de Shirin; Shirin assise
sur le bord d'un ruisseau est servie par deux femmes;
son cheval boit dans le ruisseau.

— 47. Khosrav et Shirin assis sous une tente; d'autres personnages tuent un lion.

— 66. Ferhad enlève sur ses épaules Shirin avec son cheval;
trois femmes à cheval et deux hommes à pied. Dans le
fond on voit les sculptures du mont Bisoutoun.

— 88. Khosrav est couché avec Shirin; le mur de la salle est
orné de peintures.

— 91 v°. Khosrav couché à côté de Shirin est assassiné par
Shirouya. Deux domestiques dorment.

— 95 v° Funérailles de Khosrav; Shirin s'arrache les cheveux.

— 118. Scène de bataille entre cavaliers.

— 142. Medjnoûn et Leila dans une tente; autres personnages, lions, panthères et chameaux, etc.

— 147 v°. Medjnoûn meurt sur la tombe de Leila; on voit autour
de lui différents animaux, des lions, des panthères, des
gazelles, etc.

159. Bahrâm Gour avec sa suite à la chasse au lion.

Fol.160. Bahrâm entre dans une caverne et y tue un énorme dragon.

— 161. Bahrâm va prendre sa couronne au milieu de deux lions.

— 167. Bahrâm et la jeune fille qui monte un bœuf sur ses épaules.

— 172 v°. Bahrâm et une de ses favorites vêtus de noir dans la coupole noire. Musiciennes et domestiques.

— 178 v°. Les mêmes vêtus de jaune dans la coupole jaune.

— 181 v°. Les mêmes vêtus de vert dans la coupole verte.

— 184 v°. Les mêmes vêtus de rouge dans la coupole rouge.

— 188 v°. Les mêmes vêtus de bleu dans la coupole bleue.

— 193. Les mêmes sous la coupole couleur de sandal.

— 197. Les mêmes vêtus de blanc dans la coupole blanche.

— 234. Dara assassiné et Iskender. Les meurtriers du roi de Perse sont enchaînés.

— 259. Iskender à cheval entraîne un animal derrière lui.

— 304 v°. Funérailles d'Iskender.

Supplément Persan 1112. — Les « Cinq poèmes » ou *Khamsèh* de Nizami; exemplaire non daté, probablement du commencement du xvii° siècle. Les miniatures sont d'une exécution assez bonne, mais elles ont été endommagées et quelquefois restaurées maladroitement.

Fol. 1 v°, 140 v°, 285 v°. Têtes de chapitres en or et en couleurs.

— 12 v° Le roi Shapour assis sur le trône dans un jardin, montre à Shirin un portrait de Khosrav; autres femmes et musiciennes dans un jardin.

— 17, Khosrav monté à cheval rencontre Shirin au bord d'une source ; son cheval et ses armes sont attachés à un arbre.

— 44 v°. Shirin à cheval au mont Bisoutoun, Ferhad se tient devant elle; sculptures dans le roc.

— 53. Shirin au haut d'une tour; Khosrav à cheval au pied de la tour avec un domestique. Arbres et fleurs.

— 69. Shirin et Khosrav couchés ensemble dans une grande salle ; domestiques.

— 93. Le père de Leila dans une grande salle ornée de peintures murales; Leila et d'autres enfants avec des livres.

Fol. 104. Combat de Naufal avec les Arabes de la tribu de Medj-
           noun. Arabes montés sur des chameaux, armés de
           lances, de boucliers et de sabres. Medjnoun nu regarde
           cette scène.

— 116.   Medjnoun dans le désert, entouré de bêtes féroces et
           d'animaux domestiques.

— 132.   Leila et Medjnoun évanouis dans une prairie où se
           trouvent plusieurs tentes, et quelques animaux.

— 155 v° Bahram Goûr va chercher sa couronne entre deux
           lions qu'il décapite; trône dans un jardin; des gens
           regardent.

— 158 v° Bahram Goûr cloue avec une flèche la patte d'une
           onagre à son oreille devant la musicienne Azadeh;
           tous deux sont montés à cheval.

— 165 v° Bahram Goûr avec une de ses favorites dans la coupole
           noire.

— 181 v° Bahram Goûr dans la coupole bleue avec une de ses
           favorites.

— 196 v° Bahram Goûr à cheval devant un arbre auquel est
           pendu un chien; un homme lui parle; une maison.

— 220 v° Lutte entre les cavaliers de l'armée d'Alexandre et ceux
           du roi du Zenguebar.

— 243.   Iskender en pélérinage à la Kaaba; anges dans le
           ciel.

— 274 v° Le roi de Chine fait prisonnier est enchaîné par Isken-
           der.

— 303.   Iskender assis sur le trône, converse avec les sept Sages
           dans une salle ornée de colonnes et de peintures mu-
           rales.

— 320 v° Construction du mur de Gog et Magog. Iskender à che-
           val regarde les travaux; singes dans les rochers;
           arbres.

Supplément persan. 1113. — La partie de la *Djami el Tevarikh*
de Rashid ed Din comprenant l'histoire des tribus turques et celles
de la dynastie de Djingiz Khakan depuis Alankava jusqu'à la fin
du règne de Ghazan. Ce manuscrit qui est très mutilé, n'est plus
daté car il est acéphale et sans fin, il doit remonter au xive siècle
de notre ère et n'être que très peu postérieur à la mort de l'auteur

de cette immense chronique[1]. Les miniatures de ce manuscrit sont
extrêmement curieuses, malheureusement elles ont beaucoup
souffert; de plus l'état fragmentaire du manuscrit empêche quelquefois l'identification exacte des personnages.

Fol. 6. Djingiz Khan et autres personnages mongols.
— 9. Ougouz Khan assis sur le trône, on voit à côté de lui ses
       six fils, Goun, Ai, Youldouz, Keuk, Tagh, Dingiz, et des
       officiers et domestiques dont quelques uns portent une
       table avec des coupes.
Fol. 10 v°. Kara Khan assis sur le trône et divers personnages
       mongols.
— 14 v°. Douboun Bayan étendu mort sur un lit de parade au
       pied d'un arbre; sa femme Alankava et ses fils se
       lamentent.
— 15 v°. Prince mongol assis sur le trône; les frères de Dou-
       boun Bayan assis sur des sièges et Alankava.
— 16 v° Deux princes mongols causant dans une tente; divers
       personnages à la porte de la tente.
— 17. Doutoum Minin assis sur le trône; six autres person-
       nages mongols.
— 20 v°. Bai Sonkkor et sa femme assis sur le trône; quatre
       autres personnages mongols.
— 22 v°. Kabl Khan et sa femme assis; trois hommes et deux
       femmes se tiennent près d'eux.
— 28 v°. Deux princesses mongoles dans leur tente; un homme
       armé se tient à la porte.
— 29 v°. Scène de bataille entre plusieurs cavaliers mongols.
— 30. Mongols faisant la cuisine auprès de leurs tentes; un
       cheval mange avec une musette.
— 34. Bourlan-Behadour et sa femme assis sur une sorte de
       trône ainsi que trois hommes et trois femmes.
— 36 v°. Isouka Behadour et sa femme; deux hommes et deux
       femmes.
— 39. Deux Mongols fendant du bois.
— 43 v°. Des soldats mongols poursuivis par Djingiz Khan
       tombent dans des précipices.

1. Un cachet qui a été effacé à dessein et qui se trouvait au recto du feuillet 191
semble établir que cet exemplaire a été copié pour un prince timouride.

Fol. 44. Les Mongols détruisent la forteresse de Libleki.

— **44 v°.** Djingiz khan tient un couriltai ; il est assis sur un trône avec différents personnages autour de lui; table avec flacons.

— **48.** Prisonniers enchaînés conduits par un homme à cheval.

— **49.** Scène de bataille entre cavaliers.

— **51.** Prince mongol de la tribu de Bekrin assis avec sa femme sur un trône ; trois hommes et trois femmes se tiennent à côté d'eux.

— **53 v°.** Mongols dans une montagne, avec des chevaux, des chiens et des chameaux.

— **60 v°.** Le sultan Ala ed Din Mohammed Khvarizmshah étendu mort près d'un fleuve ; trois hommes découvrent son corps.

— **61 v°.** Marghoûr Bouyourouk Khan, roi des Keraits est cloué sur un âne par ordre du roi des Djourdjeh.

— **65.** Une princesse montée sur un cheval est amenée à Djingiz-Khan. Divers personnages mongols; tentes.

— **65 v°.** Soldats mongols à cheval assiégeant une place forte.

— **66 v°** Djingiz-Khan dans son ordou ; on y voit la tente royale et trois autres tentes.

— **71.** Mongols ouvrant le ventre à une femme pour en retirer une perle.

— **72.** Cavaliers mongols armés d'arcs et de boucliers.

— **76.** Différents personnages mongols debout et assis.

— **84.** Mongols à cheval avec deux femmes à pied ; l'une d'elle porte un enfant.

— **85.** Djingiz-Khan assis sur le trône ; devant sa tente, à côté d'un arbre sur lequel est perché un faisan, se tiennent plusieurs personnages mongols. Table avec flacons.

— **87 v°.** Prisonniers enchaînés sortant d'une forteresse pour être conduits au supplice. Soldats mongols à pied et à cheval.

— **89.** Timour Melik dans une barque sur le Djihoun ; cavaliers mongols sur les deux rives.

— **90.** Djingiz-Khan assis dans la mosquée de Bokhara sur le menber, deux musulmans se tiennent devant lui ainsi que quatre soldats mongols.

— **91.** Djingiz-Khan assis sur le trône ; cinq mongols coiffés de bonnets de peau.

Fol. 92. Repas de Djingiz-Khan ; plusieurs domestiques tiennent des plats et des flacons.

— 97 v° Cavaliers et fantassins mongols armés de boucliers, de lances, etc.

— 98 v° Tentes mongoles ; prisonniers de guerre bouillis dans des chaudières par ordre de Djingiz-Khan.

— 99 v° Mongols venant rendre hommage à Djingiz-Khan qui est assis sur son trône.

— 100. Hommes et femmes mongols.

— 105. Repas de Djingiz-Khan ; des domestiques portent des plats et des flacons.

— 107 v° Repas ; des domestiques portent une table et des plats.

— 108 v° Bataille entre cavaliers.

— 114. Prisonnier décapité ; une princesse mongole assise sur des tapis le regarde.

— 114 v° Des mongols apportent à Tayank-Khan la tête d'un émir de Djingiz-Khan.

— 116 v° Djingiz-Khan assis sous un grand parasol dans un jardin ; deux mongols se tiennent à côté de lui ; arbres.

— 117. Funérailles de Djingiz-Khan ; Mongols en habits de deuil.

— 126 v° Souverain mongol, sans doute Oktai, assis sur le trône avec sa femme et entouré de nombreux serviteurs. Deux Mongols sont agenouillés devant le trône.

— 132 v° Oktai-Kaan et deux de ses fils assis sur un trône devant leur tente ; on voit deux arbres dans le fond.

— 133 v°. Investiture d'Oktai-Kaan ; Djagatai-Kaan prend la main droite d'Oktai-Kaan assis sur le trône sous un arbre. Plusieurs membres de la famille impériale sont autour du trône. Tables avec flacons.

— 137 v° Oktai-Kaan assis sur le trône ; des Mongols lui apportent des présents.

— 139 v° Campement mongol. Un musulman et un mongol lisant, etc.

— 153. Campement mongol, tentes.

— 155 v° Bataille entre des cavaliers mongols armés de sabres, d'arcs et de boucliers.

— 159. Funérailles de Djagatai-Khan ; le cercueil est exposé devant la porte de sa tente. Mongols en costume de deuil. Sur le cercueil on lit en arabe mal écrit : Le sultan savant, juste, le Khakan auguste.

Fol. 159 v°. Exécution capitale devant un souverain mongol. Divers personnages ; tentes et arbres.

— 162. Toulou-Khan avec deux de ses épouses dont l'une est assise à côté de lui; deux de ses fils, sans doute Koubilai et Houlagou,

— 162 v° Les neuf fils de Toulou-Khan.

— 164 v° Toulou-Khan assis sur le trône avec sa femme; plusieurs domestiques, hommes ou femmes, tables avec flacons.

— 166. Toulou-Khan assis sur le trône dans un jardin; il est entouré de soldats et de serviteurs; table avec différents vases.

— 169 v° Mankkou-Kaan avec ses épouses et ses fils.

— 172. Mankkou-Kaan assis sur le trône; différents personnages mongols ; deux grands vases.

— 174. Campement mongol; hommes à cheval.

— 174 v° Houlagou-Khan et son épouse assis sur un trône, avec différents personnages autour d'eux; table avec des flacons.

— 177. Houlagou-Khan à cheval, avec le dais et un étendard, cavaliers mongols et chien.

— 177 v° Houlagou-Khan monte à la citadelle d'Almaout après s'en être emparé.

— 179. Nasir-ad-Dir-Tousi et d'autres personnages musulmans avec une escorte mongole.

— 180 v° — 181. Siège de Bagdad par Houlagou-Khan ; l'armée mongole devant les murs avec des mangonneaux.

— 183. Houlagou-Khan assis sur le trône, il est entouré de plusieurs personnages musulmans ou mongols; table avec flacons.

— 186. Houlagou et le Khalife abbaside.

— 187. L'armée mongole d'Houlagou-Khan commandée par Arkiou-Noyan campe devant Arbil.

— 190. Siège de Mosoul par l'armée mongole. Archers et cavaliers.

— 191. Siège d'une forteresse par les Mongols. Des cavaliers tirent de l'arc.

Fol. 192. Le cercueil d'Houlagou-Khan exposé avec sa robe et sa coiffure. Des Mongols, hommes et femmes, l'entourent.

— 194. Abaka-Khan assis avec une de ses femmes sur le trône ; plusieurs personnages, hommes ou femmes, autour d'eux.

— 198. Funérailles d'Abaka-Khan ; son cercueil est exposé avec sa robe et sa coiffure.

— 198 v°. Abaka-Khan assis sur le trône avec son fils Arghoun. Autres princes.

— 200 v°. Cavaliers mongols armés de sabres et d'arcs.

— 202. Sultan Ahmed et un musulman assis ; quatre Mongols à côté d'eux ; plusieurs vases.

— 203 v°. Arghoûn assis avec une de ses femmes sur le trône ; femme et personnages mongols ; table avec vases.

— 204 v°. Arghoûn assis sur le trône ; on voit autour de lui diffé- rents personnages mongols et un joueur de guitare. Table avec vases.

— 206 v°. Funérailles d'Arghoun-Khan.

— 208. Kai-Khatou assis sur le trône, plusieurs personnages mongols ; table et vases.

— 210 v° Ghazan, sa mère et sa nourrice Ashenkf ; plusieurs personnages mongols et musulmans. Tente.

— 211 v°. Ghazan âgé de trois ans est amené à son grand-père Abaka par un émir nommé Kutlukhshah. Un cavalier et un homme qui porte le parasol. Abaga est à cheval.

— 212. Ghazan chassant dans les rochers : par une singularité que l'on retrouve dans d'autres manuscrits copiés sur ceux qui ont été illustrés à l'époque mongole, les pierres du rocher représentent des têtes d'animaux.

— 217 v°. Ghazan à la prise de Nishapour ; un prisonnier est agenouillé devant son cheval ; cavaliers et femmes ; on voit au dernier plan les murailles de la ville de Nis- hapour.

— 221. Cavaliers et fantassins mongols.

— 227. Ghazan assis avec une de ses femmes sur le trône ; plusieurs personnages mongols et musulmans ; tables et plats.

— 227 v°-228. Ghazan assis sur le trône avec une de ses épouses ; il est entouré de sa cour ; joueurs de harpe, etc.

Fol. 231 v° Combat entre plusieurs cavaliers mongols armés d'arcs
     et de sabres. Deux d'entre eux portent des drapeaux.

— 234 v°. Ghazan et le prince Kharbendeh assis sur un trône;
     personnages mongols. Table et flacons.

— 235. Cérémonie du mariage de Ghazan et de Kiramoun-Kha-
     toun, fille de Koutlouk-Timoûr.

— 236. Bataille entre les Mongols et les troupes égyptiennes.

— 239. Ghazan entrant dans un pavillon, il est suivi par deux
     musulmans dont l'un porte un Coran; sur la porte on
     lit une inscription coufique.

— 240. Ghazan assis sur son trône; un homme danse devant
     lui. Joueurs de harpe et de tambourin; arbre.

— 242 v°. Homme jeté du haut d'une montagne et autre homme
     décapité sous les yeux de Ghazan.

— 243 v°. Ghazan assis sur son trône; Saad al Hakk ou ed Din
     est agenouillé devant lui; autres personnages mon-
     gols. Tables avec flacons.

— 244 v° Trois personnages mongols.

— 245. Personnage musulman.

— 245 v°. Char surmonté d'un oiseau doré entouré de cavaliers
     en marche; femmes.

— 248 v°. Ghazan assis sur le trône; plusieurs personnages mon-
     gols et musulmans se trouvent autour de lui.

— 251. Ghazan assis sur le trône; il a devant lui des coffres
     pleins d'or; il est entouré de plusieurs mongols.

— 254. Ghazan assis sur le trône s'entretient avec cinq sheïkhs
     musulmans. Trois mongols assistent à cette confé-
     rence.

— 256 v°-257. Ville fortifiée avec mosquée et minarets, etc.

— 271 v°. Mongol à cheval.

— 273 v°. Brigands emmenés prisonniers par des cavaliers.

— 279 v°. Fantassins et cavaliers mongols.

— 285 v°. Ghazan à cheval; un cavalier porte un parasol au-dessus
     de sa tête. Amazone descendue de cheval; arbre.

Supplément Persan 1114. — « Les Lumières de Canope » ou
Envar-i-Soheïli, manuscrit moderne daté de l'an 1222 de l'hégire
(1807 J. C.). Reliure en laque. Les peintures sont d'une assez bonne
exécution, mais elles se ressentent d'une influence occidentale.

Fol. 1 v°. Frontispice en or et en couleurs.

— 8. Souverain à la chasse accompagné de deux autres cavaliers. Faucon, gazelles, chien et once. Paysage avec arbres, ruines, château sur une hauteur et montagnes au dernier plan.

— 11 v° Souverain se promenant au bord d'un ruisseau avec son ministre.

— 29. Roi assis sur un trône; chat, deux enfants tirant de l'arc.

— 33 v°. Une jeune fille assise au pied d'un rocher près d'une source cause avec un vieillard; un domestique tient un cheval. Paysage avec montagnes au dernier plan.

— 39. Lion, trois chacals, un léopard et un buffle; même paysage.

— 51 v°. Homme couché, deux femmes dont l'une a le nez coupé; homme assis.

— 57. Gens faisant brûler un homme dans les branches d'un arbre. Paysage avec montagnes au dernier plan.

— 61. Un ours jette une pierre sur une mouche qui se trouve sur le visage d'un homme endormi. Même paysage.

— 66 v°. Jeune homme maniant une fronde; renard, poules et corbeaux. Même paysage.

— 74 v°. Deux cavaliers dont l'un tient un serpent à la main. Même paysage.

— 80 v°. Nègre couché avec une jeune femme.

— 82 v°. Roi à cheval avec une suite de deux hommes, autres personnages lui exposant une demande. Paysage avec arbres, rivière, château sur une rivière et montagnes au dernier plan.

— 91 v°. Gens causant dans une salle; un jeune homme tient un pigeon; jeune fille assise.

— 103 v°. Homme monté sur un chameau et tenant une lance, buffle et chacal, même paysage qu'au folio 82.

— 108 v°. Chasseur tenant un fusil, étendu sur l'herbe. Deux animaux tués à coups de flèches, un loup ronge la corde d'un arc. Même paysage qu'au folio 82.

— 115. Homme tenant une bourse et un sabre; femme dans une maison; jeune homme; Même paysage qu'au folio 82.

Fol. 118. Jeune homme visant une antilope avec un fusil, cor-
       beau ; tortue dans une cage, rat. Même paysage qu'au
       folio 82.

— 125. Homme couché dans un lit et endormi; deux jeunes
       femmes et un jeune homme tenant des poignards. Chat.

— 130 v°. Dévot tenant un mouton. Gens courant après lui pour
       le lui prendre. Même paysage qu'au folio 82.

— 133 v°. Homme et femme couchés ensemble, lanternes ;
       homme debout.

— 136. Homme et femme couchés ensemble.

— 142. Singe monté sur un ours. Autres ours ; même paysage
       qu'au folio 82.

— 153. Roi couché dans un lit et dormant, un singe brandit
       un sabre ; homme armé dans la chambre.

— 158 v°. Singe monté sur une tortue au milieu d'une rivière ;
       bateau. Paysage analogue à celui du folio 82.

— 163 v°. Ane, léopard, renard et lièvre. Même paysage qu'au
       folio 82.

— 171. Enfant couché dans un berceau, vieillard monté sur un
       cheval et brandissant une sorte de massue. Serpent
       mort et chien. Même paysage qu'au folio 82.

— 174. Chasseur tenant un fusil; chat attaché avec des cordes,
       chien et rat. Même paysage qu'au folio 82.

— 181. Un léopard dévore une jeune femme; roi passant à
       cheval et parlant à un homme. Même paysage qu'au
       folio 82.

— 189 v°. Roi et son fils qui est aveuglé par un oiseau. Oiseau
       perché sur une maison; autre oiseau mort.

— 192 v°. Jeune femme couchée ; autre femme ; buffle.

— 212 v°. Jeune femme tombée dans une rivière, un roi la
       regarde d'une fenêtre de son palais; navire dans la
       rivière ; même paysage qu'au folio 82.

— 215. Vieillard couché, homme décapité, bourreau nègre
       tenant un sabre.

— 223. Rat au pied d'un arbre ; un serpent tue le rat ; un
       hérisson tue le serpent ; un loup mange le hérisson ;
       un ours dévore le loup ; un léopard tue l'ours ; un
       chasseur vise le léopard avec un fusil ; un cavalier
       brandit un sabre. Même paysage qu'au folio 82.

Fol. 233.   Homme couché ; auprès de lui sont ses deux femmes, l'une âgée et l'autre jeune.

— 243.   Salomon assis sur le trône ; autour de son trône, se trouvent des divs, des anges et d'autres animaux.

— 251 v°. Roi assis sur un trône ; auprès de lui se tiennent deux jeunes femmes dont l'une lui présente des oranges.

— 251 v°. Un homme et une femme couchés ensemble.

— 263.   Roi assis sur son lit ; bourreau prêt à trancher le cou à un jeune prince ; un serviteur.

— 269 v°. Jeune femme couchée ; un roi est assis auprès d'elle, un prisonnier est amené enchaîné par deux gardes.

— 272.   Quatre personnes causant dans un jardin près d'un ruisseau. Dans le fond on voit un château et des montagnes.

— 280.   Jeune femme montée sur un éléphant blanc, escortée par trois hommes. Même paysage qu'au folio 82.

Supplément Persan 1122. — *Le Shâh Nâmeh* ou « Livre des Rois. » Manuscrit non daté, sans doute du commencement du xviii° siècle. L'exécution des miniatures est médiocre et la plupart d'entre elles ont beaucoup souffert.

Fol.   1 v°. Kai-Kaous tente d'escalader le ciel sur un trône enlevé par des aigles (signé Mohammed. . . . ?)

—   9. Un souverain est assis sur le trône dans un jardin, plusieurs personnages se trouvent autour de lui ; arbres et fleurs.

— 10 v°. Le div noir est tué par Hoshlang.

— 11 v°. Tahmuras assis sur le trône. Soldats.

— 13 v°. Zohak sur le trône ; on lui amène Arnavaz, fille de Djemshid.

— 15 v°. Zohak assis sur le trône ; deux hommes se tiennent devant lui ; le forgeron Kâveh est à la porte.

— 22 v°. Iridj est assassiné par son frère Tour, Salm et un soldat regardent. Peintures murales.

— 24.   Féridoun assis sur le trône, ayant à côté de lui Minoutchehr ; quatre autres personnages.

— 30.   Sam trouve son fils Zal dans le nid du Simourgh sur le mont Alborz.

Fol. 34 v°. Zal escalade à l'aide d'une corde la terrasse sur laquelle se trouve Roudabeh.

— 38 v°. Zal vient avec le roi Mihrab auprès de Sam ; ce dernier est assis sur le trône.

— 53. Roustem capture son cheval Rakhsh avec un lasso.

— 55. Combat des Iraniens et de Roustem contre l'armée d'Afrasyâb.

— 59 v°. Rakhsh, le cheval de Roustem, tue un lion qui vient pour dévorer son maître endormi.

— 61 v°. Roustem monté sur Rakhsh tue le div Arzang ; Aulàd est attaché à un arbre.

— 62 v°. Roustem tue le div blanc ; Aulad est attaché à un arbre.

— 64 v°. Roustem demande à Kai-Kaoûs la permission d'aller combattre Djouia.

— 70 v°. Temimeh, fille du roi Semengàn, accompagnée d'une servante va, durant la nuit, trouver Roustem.

— 73. Roustem, Kai-Kaous, et les autres Iraniens sous leurs tentes ; Sohrab monté sur un rocher demande leurs noms à Hadjir. Tentes et éléphants.

— 74 v°. Combat de Roustem et de Sohrab ; tous deux sont descendus de cheval.

— 76. Sohrab jette Roustem par terre et s'apprête à le tuer.

— 76 v°. Sohrab est tué par Roustem ; Roustem reconnaît que Sohrab est son fils.

— 84 v°. Syavûsh accusé d'inceste par sa belle-mère Soudabeh, passe dans le feu, sur la terrasse d'un palais ; Soudabeh et Kai-Kaous regardent cette scène.

— 89 v°. Syavûsh et Afrasyâb, assis sur le même trône.

— 90. Syavûsh et Afrasyab jouent à la paume à cheval. Des soldats les regardent.

— 95 v°. Syavûsh à cheval, montre son habileté devant Guersivez et les Touraniens.

— 100 v°. Gueroui Zéreh égorge Syavûsh.

— 102 v°. Piràn amène Kai-Khosrav devant Afrasyab, qui est assis sur le trône.

— 104 v°. Roustem transperce Pilsem d'un coup de lance ; tous deux sont à cheval. Des soldats les regardent.

— 118. Firoûd, fils de Syavûsh, monté sur un rocher, tue d'une flèche le cheval de Toùs.

Fol. 163.   Kai-Khosrav tue Afrasiab. Cavaliers et soldats à pied, arbre.

— 172.   Gushtasp tue le loup Fasikoun ; son cheval est couché sur l'herbe ; arbres, fleurs et rochers.

— 173.   Gushtasp à cheval tue un dragon. Rochers et fleurs.

— 185.   Isfendiâr fait prisonnier Kergsar et le lie avec son lasso. Tous les deux sont à cheval. Des soldats les regardent.

— 194.   Roustem fait cuire une onagre, son cheval Rakhsh est à côté de lui. Bahman détache une pierre d'un rocher pour tuer Roustem.

— 205.   Roustem et son cheval Rakhsh tombent dans une fosse où ils s'empalent ; Roustem tue avant de mourir Shégad d'un coup de flèche.

— 223 v°. Iskender à cheval avec gens de sa suite visite les travaux du mur de Yadjoudj et de Madjoudj.

— 226 v°. Iskender couché sur son lit de mort : sa mère et sa femme devant lui ainsi que d'autres personnages.

— 245.   Bahram Gour à cheval à la chasse à l'onagre ; la joueuse de luth Dilârâm est montée sur un chameau ; arbres, fleurs.

— 248.   Bahram Gour va chercher sa couronne qui est placée sur un trône entre deux lions.

— 255 v°. Bahram Gour tue un dragon.

— 268 v°. Kôbad, assis sur le trône, nomme son fils, Khosrav Anoushirvan, héritier de la couronne ; soldats et mobed à genoux devant le roi.

— 273.   Combat entre les cavaliers persans et les cavaliers roumis.

— 284 v°. Buzurdjmihr jouant aux échecs devant Anoushirvân et les envoyés du rajah de l'Indoustan.

— 303 v°. Combat de Khosrav-Perviz et de Bahram-Tchoubîneh, à coups de massues ; tous deux sont montés à cheval. Des soldats les regardent.

— 317.   Bahram-Tchoubineh est tué par Kaloûn. Ce dessin est fort contraire au récit du texte. Khosrav-Anoushirvan est assis sur le trône, il est entouré d'hommes armés.

— 322 v°. Khosrav-Perviz monté à cheval, aperçoit Shirin à la fenêtre d'une maison.

Supplément Persan, 1148. — *Gharaib-ed-Dounia* « Merveilles du monde ». Paraphrase eu vers de la seconde partie de la cosmographie de Kazvini par Djelal ed Din Hamza Adori. Ce manuscrit est daté de 1238 de l'hég. (1822 J.-C.) Bonnes peintures avec une forte influence européenne.

Fol. 17.   Souverain assis sur un tapis près d'une fenêtre qui donne sur un grand jardin; musiciens, domestiques et autres personnages.

— 30 v°. Des rats entourent une maison; des hommes les frappent à coups de bâton.

— 39 v°. Deux chevaux dans une prairie, près d'une source, un vieillard se tient au bord de l'eau, rochers avec mouflons, arbres.

— 46.   Montagne qui se trouve sur les confins de Turkestan et sur laquelle se trouve un homme de pierre qui porte la main à sa bouche. Personnages debout, agenouillés etc., arbres et oiseaux.

— 52 v°. Deux navires à voiles avec leur équipage en mer; dans le fond on aperçoit un palais.

— 57.   Hommes portant des enfants sur leurs épaules; autres personnages, maisons, arbres, oiseaux.

— 61 v°. Prince assis avec une femme dans un pavillon (inspiré de la miniature du Heft Peiker, de Nizami qui représente Bahram Gour et ses favorites), domestiques, musiciennes, etc.

— 70.   Arbre auprès de la mer, oiseaux dans leur nid, cinq personnages au bord de la mer dans laquelle on voit un lion, une femme, etc.

— 75.   Le mur de Gog et Magog, Alexandre et divers autres personnages à cheval, géant dans l'eau, arbres et rochers.

— 89.   Arbre de l'Hindoustan portant des têtes humaines à la place de fruits; roi à cheval avec une escorte de cavaliers.

— 95 v°. Un renard grimpe à un arbre pour dévorer des oiseaux dans leur nid; pavillon avec hommes et femmes.

— 104 v°. Oiseau gigantesque qui vit aux Indes, des gens le regardent; arbres et rochers.

— 109 v°. Le Khalife de Bagdad causant avec un vieillard; autres

personnages, musiciens, arbres et rochers. Pavillon
surmonté d'une coupole.

Fol. 115 v°. Lutte d'un éléphant et d'un rhinocéros, arbres, rochers.

Supplément Persan 1149. — Les cinq poèmes ou *Khamséh*,
de Khosrav Dehlevi; daté de 909 de l'hégire (1503 J. C.). Exemplaire de luxe, les miniatures sont d'une belle exécution ;
quelques-unes ont un peu souffert.

Fol.   2 v°. 41 v°, 42 r° et v°, 91 r° et v°, 125 v°, 126 r° et v°, 180 r°
 et v°. Titre et pages en or et en couleurs.

— 22. Vieillard dans une grotte; il tient un chapelet, un prince
 vient le trouver. Cavaliers, dont l'un porte un faucon
 sur le poing, arbres et fleurs.

— 50 v°. Khosrav rencontre Shirin en se rendant à la chasse ;
 tous les deux sont montés à cheval ; Shirin est accompagnée de deux suivantes également à cheval. Ruisseau
 dans une prairie, arbres, fleurs.

— 73 v°. Khosrav est assis au pied d'un arbre, sur lequel sont perchés deux oiseaux, au bord d'un ruisseau ; plusieurs
 domestiques.

— 79 v°. Khosrav et Shirin assis sur un tapis ; trois servantes,
 dont deux jouent du tambourin et du psaltérion. Shirin
 tient un flacon d'or à la main.

— 84. Shirin est assise sur un trône; trois domestiques, dont
 l'une porte un plat d'or. Khosrav vient la trouver; plats
 et bouteilles d'or.

— 112. Medjnoun assis dans le désert au pied d'un rocher; un
 de ses amis est devant lui; animaux domestiques et sauvages ; ruisseaux, arbres et fleurs.

— 115 v°. Medjnoun dans le désert au pied d'un rocher, une
 jeune femme se tient devant lui. Chameau avec palanquin doré, deux antilopes, léopard, fleurs.

— 138. Lutte des armées d'Iskender et de l'empereur de Chine.
 Cavaliers armés de boucliers, de sabres et de lances.
 Drapeaux.

— 150 v°. Iskender assis sur un tapis à côté d'une femme ; plusieurs domestiques. Tente formée d'étoffes brochées
 d'or, plats et bouteilles d'or.

Fol. 173. Iskender assis sur un trône, sous un dais formé d'étoffes brochées d'or; derrière lui, un domestique porte un arc et un carquois; de grands personnages de son armée sont assis devant lui; l'un d'eux lui parle. Ruisseau avec arbres sur les bords.

— 193 v°. Bahram Gour est assis sur son trône; éléphant d'or devant lui; montagnes, arbres et fleurs.

— 200. Bahram Gour et une de ses favorites dans la coupole rouge, plusieurs servantes, musiciennes.

— 207 v°. Bahram Gour caressant une jeune femme; tous les deux sont assis sur un tapis; plusieurs servantes, dont l'une apporte une aiguière d'or; plats et flacons d'or.

Supplément Persan 1150. — Les « Séances des Amoureux » *Medjalis-el-Oushshak* par le Sultan timouride Aboul-Ghazi Hosein ibn Mansour ibn Baikara; manuscrit de luxe daté de l'année 988 de l'hégire (1580 J. C.). Les peintures sont d'une assez bonne exécution.

Fol. 1 v°. — 2. Pages enluminées en or et en couleurs.

— 8 v°. Les anges se prosternent tous devant Adam couché sur le sol, à l'exception d'Iblis.

— 10. Le prophète Yousouf assis avec différents personnages dans une grande salle.

— 14 v°. Zuleikha montée sur un chameau aperçoit Yousouf assis sur une chaise et ayant devant lui divers personnages.

— 17 v°. Yousouf agenouillé, tenant la main de Zuleikha, lit dans une grande chambre.

— 19. Zuleikha aux pieds de Yousouf se raccroche aux pans de son vêtement. Grande salle avec tapis, portes et deux peintures représentant Yousouf et Zuleikha qui s'embrassent.

— 24. Le prophète Yousouf assis, la tête entourée de la flamme prophétique. D'autres personnages assis causent.

— 28. L'imam Djafer Sadik, la tête entourée de la flamme prophétique; il s'entretient avec plusieurs autres personnages dont l'un tient un livre. Salle avec peintures murales.

Fol. 29 v°. Le Sheikh Dhoù-l-Noùn étendu au bord d'un ruisseau ; un crabe dans le ruisseau ; deux hommes regardent. Jardin avec arbres.

— 33. Souverain chassant des gazelles à coup de flèches ; quatre autres cavaliers armés d'arcs. Rochers et arbres.

— 36 v°. Le sheikh Abou Ishak Ibrahim ibn Soleiman ibn Mansour Balkhi et sa femme à la Mecque, son fils se prosterne à ses pieds. Autres pélerins. Au milieu on aperçoit la pierre noire de la Kaaba.

— 40. Le sheikh Ahmed ibn Khidr et d'autres personnes causent et lisent ; un homme se tient sur la porte de la maison dans laquelle ils se trouvent.

— 48. Un sheikh et d'autres personnes causent sur une terrasse, dans le fond on aperçoit un jardin avec des arbres en fleurs.

— 51 v°. Derviches dansant. Trois musiciens.

— 53. Scène analogue ; dans le fond on aperçoit un jardin.

— 60 v°. Le sheikh Ghazali à cheval, suivi de plusieurs autres personnages. Intérieur d'un établissement de bains.

— 65. Sheikh écrivant, autres personnages assis et debout dans une grande salle ornée de peintures murales.

— 68 v°. Sheiks dansant dans une grande salle trois musiciens.

— 69 v°. Le sheikh Avhad ed Din Kermani et autres personnages ; deux musiciens, l'un joue de la flûte de pan, l'autre d'un tambourin.

— 71. Le sheikh Shihab ed Din Makboul dans un jardin avec un individu qui lui amène une gazelle.

— 72 v°. Le sheikh Mohammed ibn Mouvayyad ibn Abou Bekr el Hamavi assis sur un tapis avec un de ses élèves qui lient un livre. Autres personnages. Domestiques apportant des fruits.

— 74 v°. Boutique d'épicier ; un sheikh tombé dans la rue ; autres personnages dont l'un porte un ballot.

— 76 v°. Trois sheikhs dans une grande salle, autres personnages, enfants ; femmes à la fenêtre.

— 79. Sheikh et un jeune homme jouant aux échecs dans une grande salle ; autres personnages ; jardin avec arbres en fleurs.

Fol. 84.   Le sheikh Samaan causant à une jeune femme qui se
           trouve au balcon de sa maison. Autres sheikhs.

—   88 v°. Le sheikh Aboul-Kasem Gourgani gardant des san-
           gliers. Des gens le regardent. Rochers.

—   92.   Sheikh parlant à une jeune femme, autres personnages,
           hommes et femmes. Arbres.

—   93 v°. Marchand assis dans sa boutique. Plusieurs autres per-
           sonnages tant dans la boutique que dans la rue. Parmi
           eux le sheikh Férid ed Din Attar.

—   96.   Le sheikh Ibn Farid avec plusieurs personnages dans
           une grande salle par la fenêtre de laquelle on aperçoit
           un jardin ; un homme se tient à la fenêtre.

—   97.   Le sheikh Mohi ed Din Arabi monté à cheval, plusieurs
           autres personnages, parmi lesquels le sheikh Sadr ed
           Din. Arbres.

—   101 v°. Le sheikh Shems-Tébrizi joue aux échecs ; autres
           personnages. Prairie à travers laquelle coule un ruis-
           seau.

—   104.   Deux personnages sur la terrasse d'une maison ; des
           cavaliers de l'armée de Djingiz Khan tirent de l'arc
           contre eux. Les costumes des soldats mongols ne sont
           pas exactement reproduits.

—   106.   Le prince de Boukhara tient l'étrier d'un sheikh nommé
           Seif-ed Din et l'aide à monter à cheval. Des gens re-
           gardent cette scène. Maison et arbres.

—   107 v°. Un sheikh se promène dans un jardin et parle avec
           un jeune homme. Autres personnages regardant. Arbres
           et fleurs.

—   109 v°. Trois sheikhs dans une salle par la fenêtre de laquelle
           on aperçoit un jardin. Maison

—   111 v°. Le sheikh Beha ed Din Zakaria, et des calenders ; mai-
           son avec balcon. Arbres.

—   117.   Intérieur d'un établissement de bains.

—   118 v°. Un sheikh et un jeune homme tenant un instrument
           de musique sous une tente. Autour de la tente on aper-
           çoit des hommes et femmes noirs. Prairie traversée par
           un ruisseau.

—   119 v°. Sheikh écrivant ; différents personnages assis. Jardin.

—   122 v°. Le sultan Ala ed Din Firouz Shah assis sur le trône dans une salle de son palais ; devant lui on voit Khosrav Dehlevi et d'autres personnages. Deux femmes à une fenêtre.

Fol. 124. Un sheikh est assis dans une salle par la fenêtre de laquelle on aperçoit un jardin ; il cause avec un jeune homme. Des domestiques lui apportent des plats.

— 127. Un émir et un sheikh sont assis sur un tapis dans une salle par la fenêtre de laquelle on aperçoit un jardin ; des domestiques apportent des plats. Deux femmes se tiennent à une fenêtre.

— 128. Deux sheikhs et quelques autres personnes dans un jardin planté d'arbres.

— 129 v°. Un sultan assis sur un trône regarde combattre deux lutteurs ; d'autres personnages les regardent également.

— 134. Sheikh assis avec un jeune homme sur un tapis dans une chambre. Il parle au roi Shah-Shodjah qui est à une fenêtre. Deux domestiques. Flacons et plats.

— 135 v°. Le sheikh Saad ed Din Taftazani et le sheikh Saad ed Din Hamavi avec d'autres personnages. Par la fenêtre de la salle on aperçoit un jardin dans lequel se promène un jeune homme.

— 138. Sheikh causant à un jeune homme ; tous les deux sont assis dans une grande salle par la fenêtre de laquelle on aperçoit un jardin. Autres sheikhs et jeunes gens. Livres.

— 139 v°. Sheikh et autres personnes près d'une maison ; deux ânes.

— 140 v°. Boutique de chaudronnier ; une vieille femme tient un chaudron ; plusieurs autres personnes dans la rue.

— 143 v°. Sheikhs dansant dans une grande salle par la fenêtre de laquelle on aperçoit un jardin. Trois musiciens.

— 145 v°. Un jeune homme est étendu par terre à la porte d'une maison; une jeune femme se tient sur le seuil de la porte; sheikh tenant un paquet. Arbres.

— 152. Homme enchaîné conduit à la potence ; sheikh et différents autres personnages.

— 154. Un sheikh assis dans une grande salle ornée de peintures murales, parle à un jeune homme, des domestiques apportent un plat ; autres personnages.

Fol. 155 v°. Le sheikh Sheref ed Din Ali dans un jardin, un jeune
homme assis devant lui lit un livre ; autres sheikhs et
jeunes gens. Arbres en fleurs au bord d'un ruisseau.

— 157 v°. Le Sheïkh Dédé Omar s'entretient avec un jeune homme
dans une chambre ornée de peintures murales. Autres
sheïkhs et jeunes gens, domestiques.

— 159 v°. Sheïkhs dansant, trois musiciens ; par la fenêtre de la
salle on aperçoit un jardin.

— 161 v°. Boutique de libraire ; un sheïkh parle avec lui ;
des gens passent dans la rue.

— 165 v°. Un sheïkh et deux jeunes gens dans un kiosque dans
un jardin ; autres personnages dans le jardin. Arbres
en fleurs.

— 169. Salomon est assis sur le trône, la tête entourée de la
flamme prophétique, devant lui on aperçoit des démons,
des anges, un Rokh (Simourgh) et un grand nombre
d'animaux.

— 173. Alexandre le Grand assis sur le trône, un officier placé
derrière lui tient son sabre ; devant lui un vieillard
nègre et différents personnages, hommes et femmes,
jardin avec arbres et fleurs.

— 180. Ferhad au mont Bisoutoun, une jeune femme accompagnée de trois suivantes lui parle ; un domestique
tient son cheval à la main. Une partie du rocher est
gravée. Arbres et fleurs.

— 184. Medjnoun et d'autres enfants étudient sous la direction
du père de Medjnoun. Grande salle avec peintures
murales ; une femme se tient à la porte.

— 191 v°. Une jeune femme et un jeune homme sont endormis
auprès d'un ruisseau ; une autre femme vient les sur-
prendre. Arbres en fleurs.

— 195 v°. Mahmoud, fils de Sebouktegin, assis sur le trône dans
une salle ornée de peintures murales ; plusieurs personnes sont assises autour de lui ; flambeaux, vases,
plats avec des fruits.

— 198 v°. Le sultan seldjoukide Aboul-Fath Melikshah à cheval
accompagné d'une escorte. Tentes et pavillon d'étoffe.

— 205 v°. Le sultan Mohammed, fils de Melikshah, est assis sur un
tapis dans une salle ornée de peintures murales. Un
officier tient son sabre ; autres personnages.

Fol. 210. Souverain assis sur un trône dans une salle ornée de peintures murales. Sheikhs et autres personnages.

— 211 v°. Le sultan Seldjoukide Masoud, fils de Mohammed, fils de Mélikshah, à cheval avec une suite; jeune homme tenant un cheval par la bride. Rochers et arbres.

— 214 v°. Le sultan Sindjar, fils de Mélikshah, fils d'Alparslan, cause avec plusieurs derviches sous les arches d'un pont dans le lit d'une rivière à sec. Un domestique tient son cheval par la bride; un ânier passe sur le pont.

— 221 v°. Le sultan Aboul-Fath Ibrahim assis sur le trône dans une salle par la fenêtre de laquelle on voit un jardin, un sheïkh et plusieurs autres personnages se tiennent devant lui.

— 223. Le sultan timouride Baisonkor assis sur un trône dans un jardin, cause avec un sheikh ; plusieurs personnages sont assis devant lui.

— 225. Le prince timouride Pir Borak, fils de Djihanshah, au bord d'un bassin où un homme a été jeté ; un enfant tient un flambeau ; trois autres hommes. Dans le fond on aperçoit un jardin avec des arbres en fleurs.

— 227. Le sultan Yakoub assis sur un tapis dans une salle ornée de peintures murales; un domestique lui présente un plat. Autres personnages dînant, serviteurs.

— 230 v°. Le sultan seldjoukide Djelal-ed-Din entouré de ses officiers; un vieillard se prosterne devant lui. Potence.

— 233. Un sheikh écrivant dans la campagne. Rochers, arbres et fleurs.

— 236. Un sheikh assis dans une chambre ornée de peintures murales, cause avec un jeune homme ; autres sheikhs; par la fenêtre ouverte on voit un jardin.

— 239. L'émir Ali Shir Nevai assis avec un jeune homme dans un kiosque au milieu d'un jardin; d'autres personnages mangent; des domestiques apportent des flacons et des plats en or. Musiciens.

— 241 v°. Un sheikh tient un sanglier qui se précipite dans une rivière, des bergers prennent la fuite.

— 244 v°. Sheiks et jeunes gens à la porte d'une maison, arbres et fleurs.

Fol. 249 v°. Homme fendant un buffle en deux d'un coup de sabre.
Le sultan auteur du livre, le regarde. Officiers et autres
gens. Domestiques tenant par la bride le cheval du
sultan. Arbres et fleurs.

— 257 v°. — 258. Le sultan auteur du livre, assis sur tapis et
donnant une audience. Sheikhs, officiers et solda s,
domestiques portant des vases et des flacons en or,
jardin avec arbres et fleurs[1].

Supplément Persan 1151. — Le « *Mahboub-el-Kouloub* » « l'Aimé
des Cœurs ». Recueil de contes édifiants par Mirza Barkhourdar
Tourkoman Momtaz Ferahi. Manuscrit indien daté de 1147 hég.(?)
(1734 J. C.). Les peintures sont assez bonnes.

Fol.   1 v°. Encadrement en or et en couleurs.

— 58. Sheikh dormant sous un arbre sur une terrasse, un
roi se tient devant lui, domestiques.

— 61. Sheikh assis sur une peau, il tient un chapelet. Devant
lui un souverain avec sa suite.

— 63 v°. Roi assis sur le trône ; plusieurs personnages devant
lui.

— 66. Le prophète Salomon assis sur le trône ; devant lui les
démons qui lui étaient soumis. Plusieurs servantes.

— 68 v°. Un roi assis sur le trône, sous un dais, tient à la main
un faucon ; derrière lui un domestique qui tient un
chasse-mouches ; devant lui on aperçoit plusieurs
personnages dans une attitude respectueuse, les mains
jointes.

— 71. Le prophète Moïse avec les chefs des Israélites ; tous
sont agenouillés.

— 73. Roi assis sur le trône ; derrière lui des domestiques
se tiennent avec des chasse-mouches ; on lui amène
des prisonniers. Terrasse et campagne.

— 76 v°. Le sultan Shah-Rokh assis sur le trône ; plusieurs personnages se tiennent devant lui.

— 83. Iskender assis sur le trône entouré de sa cour, une vieille
femme vient se plaindre à lui ; par la fenêtre ouverte,
on voit un lac et deux palais.

---

1 Note. L'auteur de ces miniatures se nomme Mohammed Herati.

Fol. 85. Roi assis sur le trône, domestiques avec chasse-mouches, un enfant devant le trône, suite du souverain.

— 88. Roi assis sur le trône sous un dais ; personnages de sa suite, musiciens, devant lui un homme exposant une affaire.

— 91. Des hommes assis causent ; par la fenêtre ouverte, on aperçoit un lac et la campagne.

— 92. Roi assis sur le trône, derrière lui serviteurs et gens de la cour, un homme se tient agenouillé devant lui et lui parle.

— 93 v°. Deux personnages assis et deux debout près d'un fleuve, parmi eux un Arabe. Arbres.

— 95. Roi assis sur son trône, derrière lui domestiques avec chasse-mouches ; un homme se tient agenouillé devant lui ; flambeaux, galerie.

— 101 v°. Roi assis sur le trône sous un dais en or sur une terrasse, devant lui deux hommes dont un lui parle ; derrière lui deux domestiques. Jardin et fleurs.

— 103. Le roi Noushirvan à cheval, avec sa suite, un homme lui présente des fruits.

— 109. Singe vêtu comme un roi assis sur un arbre, plusieurs singes vêtus en hommes. Autres animaux.

— 114 v°. Homme et femme nus sur une terrasse ; piétons et cavaliers.

— 119 v°. Souverain assis avec sa femme sur une terrasse, deux petits tigres près d'une lance plantée sur la terrasse ; plusieurs personnages en bas.

— 122. Souverain et sa femme assis sur le trône, musiciennes, danseuses, etc. ; en bas dix démons.

— 141. Assemblée de personnages assis sur un tapis. Autres personnages debout.

— 146 v°. Femmes richement vêtues assises au bord d'un bassin, arbres avec oiseaux.

— 148 v°. Homme assis près d'un tas de pièces d'or ; autres personnages ; hommes tenant des chevaux.

— 150. Roi assis sur le trône ; devant lui un homme se tenant dans une attitude respectueuse ; prisonniers.

— 152 v°. Roi avec sa suite à cheval.

— 158. Roi sur le trône sous un dais ; plusieurs serviteurs.

Fol. 164 vᵒ. Roi sur le trône ; personnages de sa suite ; un homme
　　　　　lui parle.
— 173. Roi sur le trône, gens de sa suite ; hommes luttant.
— 179. Hommes tués au pied du mur d'une ville, ruisseau.
— 181. Roi à cheval avec sa suite au bord d'une rivière ; trois
　　　　hommes devant lui. Barques sur la rivière.
— 187 vᵒ. Roi assis sur le trône sous un dais, un homme lui
　　　　　parle ; soldats, arbres et fleurs.
— 191 vᵒ. Scène analogue.
— 196 vᵒ. Souverain à cheval avec sa suite, un homme lui pré-
　　　　　sente un coq.
— 203 vᵒ. Roi sur le trône sous un dais entouré de fées, qui font
　　　　　de la musique, etc. Fleurs, bassin.
— 205 vᵒ. Roi et prince sur le trône ; devant eux un paon ; gens
　　　　　de leur suite, plats et flacons.
— 211. Roi à cheval avec sa suite, devant lui plusieurs per-
　　　　sonnes se tiennent dans une attitude respectueuse.
— 214. Roi sur le trône sous un dais, princesse, soldats,
　　　　domestiques, copiste.
— 218. Femme sur un bûcher, roi et autres personnages.
— 224. Marchand dans une boutique, homme devant lui.
— 227 vᵒ. Souverain regardant à travers une porte ce que fait
　　　　　une femme. La femme à demi déshabillée a les mains
　　　　　jointes.
— 229. Souverain à cheval avec une escorte ; arbres et fleurs.
— 236. Souverain à cheval avec une escorte ; chasseur tuant
　　　　un lion.
— 241. Homme assis sous un arbre devant une caverne. Lion
　　　　et bêtes fauves.
— 255. Lion, renard, ours, cerfs, etc., dans une plaine ;
　　　　arbres.
— 258. Souverain assis sur un trône avec des personnes de sa
　　　　suite devant lui. Jardin avec bassin d'eau, arbres et
　　　　fleurs.
— 260 vᵒ. Le prophète David représenté sous forme d'un
　　　　　Sheikh qui tient un chapelet ; Salomon et une vieille
　　　　　femme venant l'implorer.
— 271. Souverain avec une femme ; devant eux un canard
　　　　mort et un perroquet dans une cage. Peintures murales,
　　　　sapin, bassin.

Fol. 274. Roi sur le trône, domestiques avec des moustiquaires ; des gens tenant des livres, devant le roi ; suite du roi. Peintures murales, jardin.

— 278. Roi assis sur le trône sous un dais ; suite du roi ; une femme lui parle. Peintures murales, jardin, etc.

— 281. Prince à cheval au bord de la mer, femmes dans un navire.

— 286. Jeune homme étendu sur un tapis, jeunes femmes richement vêtues autour de lui, maison persane avec deux coupoles.

— 290. Deux hommes et une femme sont attaqués par deux ours ; chevaux, arbres et fleurs.

— 292. Deux personnes assises sur une terrasse ; hommes armés ; peintures murales.

— 295. Deux personnages, un jeune homme et une jeune femme assis sur un tapis. Peintures murales, fleurs, bassin.

— 299. Femmes au bain ; devant elles on voit la mère du baigneur. Deux hommes.

— 303. Un charpentier et sa femme font violence à un kadi. Terrasse, maison, jardin avec bassin et fleurs.

— 305 vᵒ. Femme assise tendant à un kadi la clé d'un coffre. Maison, tapis, jardin avec bassin et fleurs.

— 307. Hommes, femmes ; gens de police, mur d'une ville.

— 312 vᵒ. Roi assis sur le trône sous un dais, derrière lui un homme avec un chasse-mouche ; devant lui plusieurs personnages, soldats ; hommes tenant deux prisonniers.

— 320. Prince et princesse à cheval et armés dans la campagne ; homme monté sur un poteau, au dernier plan, ville avec dômes, arbres, etc.

— 325 vᵒ. Une jeune femme tire de l'arc contre un esclave abyssin qui est monté sur un cheval blanc et brandit une lance, son cheval est à côté d'elle. Arbre.

— 328. L'esclave abyssin est emmené en prison, homme à cheval, piétons.

— 329 vᵒ. Un homme est monté sur un piquet, d'autres gens le regardent. Murs d'une ville, coupoles, arbres.

— 331. Prince et princesse armés, plusieurs personnages se tiennent devant eux dans une attitude de respect.

La reliure de ce manuscrit est en laque, elle représente des deux côtés un prince assis sur un trône et tenant une jeune femme dans ses bras. Deux servantes apportent l'une un talion, l'autre une tasse. Danseuses et musiciennes.

Supplément Persan 1169. — Traité de gymnastique ; ce manuscrit est daté de 1292 de l'hég. (1875. J. C.). Les peintures sont assez bien exécutées.

Fol. 5 v°. Lutteur.

— 6 v°. Lutteur au bain.

— 8 v°. Lutteur s'exerçant avec des massues, etc.

— 9 v°. 10 v°, 11 v°, 12 v°, 13 v°, 14 v°, 15 v°, 16 v°, 17 v°, 19 v°, 20 v°, 21 v°, 22 v°, 23 v°, 24 v°, 25 v°, 26 v°, 27 v°, 28 v°, 29 v°, 30 v°, 32 v°, 33 v°, 34 v°, 35 v°, 37 v°, 38 v°, 40, 41, 70, 71, 72. Exercices d'assouplissement.

— 42 v°, 43 v°. Exercices avec des poids.

— 45. Lutteur enlevant un poids sur lequel se trouve un enfant.

— 46 v°, 47 v°, 48 v°, 49 v°, 50 v°, 51 v°, 52 v°, 53 v°, 54 v°, 55 v°, 56 v°, 57, 58, 59 v°, 60 v°, 61 v°, 62 v°, 65, 66. Exercices avec des mails ou haltères.

— 63 v°. Lutteur enlevant deux enfants sur ses épaules.

— 67, 68, 69. Exercice à l'arc.

— 73, 74 v°, 75 v°, 76 v°, 78, 79, 80, 82 v°, 84 v°, 86, 87, 88 v°, 90, 91 v°, 93 v°, 95, 96, 98 v°, 102 v°, 104 v°, 107 v°, 108 v°. Lutte corps à corps.

Supplément Persan 1171. Recueil de modèles de calligraphie écrite par les meilleurs scribes de Perse, ou *Morakka*. Ce volume est orné de plusieurs peintures du XVI° ou XVII° siècle. L'exécution est très bonne.

Fol. 1 v°. Gens faisant la cuisine, jeune homme portant un plat de fruits ; homme armé ; arbre et pelouse.

— 2 Un jeune homme habillé en bleu et portant un turban, tient une coupe.

— 3 v°. Dessin au trait représentant un jeune homme versant une liqueur dans une coupe (signé Sâdik).

— 4 *Idem* représentant Medjnoun dans le désert, entouré d'animaux de tout genre.

Fol. 5 v°. Jeune homme portant un arc et une flèche.

— 9 v°. Dévot assis.

— 10. Jeune femme.

— 11 v°. Jeune homme vêtu d'une tunique bleue.

— 12 v°. Jeune femme assise jouant avec un chat.

— 13 v°. Dessin au trait représentant un homme attaqué par un dragon.

— 14 v°. Jeune homme embrassant une jeune femme sous un dais, devant eux plusieurs domestiques.

— 15 v°. Jeune garçon se tenant debout.

— 17 v°. Un homme à demi-nu avec une peau de bête sur les épaules, tient une lance.

— 18. Jeune homme armé d'un poignard, tenant une fleur.

— 20. Dessin au trait représentant un homme accroupi.

— 21. Jeune homme et jeune femme assis sur un tapis. Deux autres jeunes gens, bassin.

— 22 v°. Dessin au trait représentant un jeune garçon courant.

— 23. Jeune femme richement vêtue allaitant un enfant.

— 24 v°. Deux personnages dont l'un est un souverain, assis, suite, chevaux.

— 26 v°. Jeune archer.

— 27. Jeune femme tenant un livre et une coupe.

— 28 v°. Jeune homme accroupi tenant une coupe et une bouteille.

— 29. Jeune page poursuivi par un vieillard. (Signé Sàdik-bey).

— 30. Souverain à cheval, un homme lui présente un chevreau. Bergers avec chèvres, chiens, tente, femme trayant une vache.

— 31. Riche tente; jeune femme richement vêtue donnant un pain à un mendiant. Bergers et chèvres. Une femme fait la cuisine, une autre allaite un enfant.

— 32. Jeune femme tenant une branche de lys (Signé Sadik).

— 34. Prince assis, un jeune homme lui baise la main. Joueur de tambourin, domestique tenant un flacon, arbres et fleurs.

— 36 v°. Dessin au trait représentant un tigre.

— 37 v°. Sultan assis avec son épouse, plusieurs personnages, maison avec inscription, jardin.

Fol. 38. Cavalier tuant un lion, autre personnage à pied, arbre.
— 38 v° Jeune homme debout.
— 39 v°. Dessin au trait représentant un jeune homme accroupi ayant devant lui une bouteille (Signé Sâdik Bey).
— 40. Dessin au trait légèrement colorié ; feuilles et tête d'enfant.
— 40 v°. Jeune femme debout.
— 41. Dessin au trait représentant un arbre et différentes plantes.
— 42. Le char garni de flèches dans lequel sfendiar se plaça pour tuer le Simourgh ; le Simourgh vole au-dessus.
— 43. Jeune femme faisant sa toilette.
— 44 v°. Jeune homme accroupi sentant des fleurs (Signé Sâdik).
— 45. Dessin au trait représentant des feuilles.
— 45 v°. Dessin au trait représentant un cavalier chassant l'antilope.
— 47. Jeune femme assise tenant un fruit (Signé Sâdik).
— 49 v°. Dessin non terminé représentant une femme tenant une coupe (Signé Sâdik).

Les plats de la reliure qui est en laque représentent des Simourgh, des lions attaquant des cerfs, etc.

Supplément Persan 1 180. L'*Adjaib el Makhloukal* « Merveilles des choses créées » par Kazwini. Manuscrit indien daté de 1 200 de l'hég. (1785 J. C.). Exécution passable.

Fol. 26v°. La Lune, sous forme d'une femme assise.
— 32 La planète Mercure ; homme assis vêtu de rouge, tenant un papier. Une femme se tient devant lui avec un chasse-mouches ; derrière lui deux femmes nues.
— 33 La planète Vénus, sous la figure d'une musicienne.
— 35v°. La Lune mettant ses mains sur la tête de deux tigres.
— 37v°. La planète Mars, représentée sous la forme d'un guerrier tenant d'une main un sabre, de l'autre une tête coupée.
— 38 La planète Jupiter ; deux houris.
— 41v°. Représentation des différentes constellations.
— 69 Vaisseau.

Fol. 78v°. Plusieurs anges; homme; homme à tête d'oiseau;
       homme à tête de chien; tigre ailé.

—   79v°. Ange.

—   80v°. L'ange Asrafil.

—   82.   L'ange Djibrail.

—   83.   L'ange Mikaiil.

—   83.   L'ange Azrail.

—   86v°. Êtres surnaturels ailés, à corps d'homme et à têtes d'a-
       nimaux; oiseaux.

—   87.   Cheval ailé à deux têtes.

—   87v°. 87, 89. Êtres surnaturels; hommes et femmes ailés.

—   92v°. Harout et Marout.

—   125v°. Le prophète Khidr.

—   147.   Chat ailé, antilope.

—   147v°. Dragon à deux pattes; singe; sorte de chat.

—   148.   Femmes ailées dans un arbre.

—   149.   Femmes dans des arbres.

—   149v°. Rhinocéros et mouton.

—   150.   Princesse assise sur un trône elle est entourée de ses
       femmes.

—   150v°. Arbre.

—   151v°. Femmes assises sur un rocher; hommes à tête de chien;
       rhinocéros.

—   152.   Oiseau.

—   157.   Homme à tête de chien.

—   157v°. Homme debout entre deux rochers.

—   158.   Femmes au pied d'un rocher.

—   158v°. Dragon avec deux bœufs dans la gueule.

—   159.   Sorte de lièvre à cornes noires.

—   159v°. Poisson à tête d'homme.

—   164v°. Représentation du *Tannin;* dragon à long col.

—   165.   Grand poisson vert.

—   165.   Poisson monstrueux sans tête.

—   166v°. Oiseau colossal de la mer de Perse, entraînant un
       homme.

—   168v°. Trois poissons dont un à tête de chien.

—   170.   Forteresse; deux personnages assis.

—   171.   Hommes à tête de chien; arbres.

—   172v°. Homme sous un arbre; deux femmes assises.

Fol. 173. Poisson colossal.
— 173v°. Poisson.
— 175v°. Moutons ; arbres.
— 177. Homme tuant un poisson à plusieurs queues.
— 177v°, 178, 178v°, 180. Poissons.
— 179. Poisson ailé.
— 181v°. Dragon.
— 182v°. Être fabuleux ailé à corps de tigre et à tête de femme.
— 183v°. Le lièvre de mer. Le poisson *alhas*.
— 184. Les hommes d'eau ; hommes et femmes avec des queues.
— 184v°. Le taureau aquatique, animal ailé à cornes de cerf.
— 185v°. L'animal appelé *tammāh*.
— 187. L'animal nommé *alnin* ; serpent de mer à six têtes.
— 188r°-190r°. Divers poissons tous plus ou moins étranges.
— 190v°. Homme à dix jambes et deux bras sans tête, avec les
    yeux sur la poitrine.
— 191. Une méduse ou une pieuvre.
— 191v°. Le poisson nommé *sakankoûr*.
— 193. Grand lézard ayant sur le dos une carapace de tortue
    d'où sort un arbre.
— 194. Poissons.
— 194v°. Poisson et être à figure d'homme.
— 195 et 196. Animaux marins.
— 197. Cheval ailé.
— 198. Deux poissons.
— 198v°. Chiens ; colonnade.
— 199v°. Poisson.
— 200. Homme à tête de chien ; autre homme.
— 200v°. Poisson nommé *koudedj*.
— 359v°. Plantes, arbres, fleurs.
— 369. Cavalier armé.
— 426. Deux chevaux.
— 426v°. Cheval.
— 428. Onagre.
— 433. Zèbre.
— 434v°. Cerfs.
— 435. Buffle.
— 435v°. Antilope.
— 436v°. Moutons.

Fol. 438-463v°. Quadrupèdes domestiques et sauvages.
— 464v°. Oiseaux domestiques, sauvages et fabuleux.
— 493v°. Serpents.
— 495v°. Dragon.
— 496-504. Insectes.
— 504. Animaux fabuleux à quatre pattes avec une carapace de tortue.
— 504v°. Cheval ailé.
— 505v°-506v°. Différents quadrupèdes.
— 507-508v°. Insectes.
— 509v°-514. Différents quadrupèdes.
— 514-516. Insectes.
— 518v°. Deux femmes.
— 519. Femmes ayant des oreilles démesurées. Êtres humains habitant près du mur d'Iskender.
— 519v°. Êtres fabuleux à corps d'homme et ailés dans les arbres.
— 520. Hommes à tête de cheval sous un arbre.
— 520v°. Deux hommes assis.
— 521. Femmes ailées. Êtres fabuleux à córps d'homme, à tête de cheval portant des ailes. Êtres à deux têtes avec des queues.
— 521v°. Êtres fabuleux à deux têtes et à six jambes. Serpents à tête de femme.
— 522. Hommes sans tête ayant les yeux sur la poitrine. Être monstrueux à corps de quadrupède, portant une carapace de tortue sur le dos et ayant une tête de femme.
— 522v°-524. Différents animaux.
— 524v°. Oûdj enlevant un rocher pour le jeter sur l'armée de Moïse.
— 525. Portrait d'un Bulgare.
— 525v°. Femme portant un nain.
— 526. Personnage monstrueux composé de deux hommes unis par l'épine dorsale et ayant une tête au milieu du ventre.
— 526v°. Oiseau à tête de femme. Cheval ailé. Femme tenant sur ses genoux un enfant à deux têtes.
— 527. Cheval ayant une corne sur la tête.

Supplément Persan 1187. — Le *Boslan* de Saadi, manuscrit écrit à Bokhara par le célèbre calligraphe Mir Hosein el Hoséini, daté de l'an 994 de l'hégire (1585 J. C.). Les miniatures sont parfaitement exécutées; les types et les habillements sont mongols.

Fol. 1v°, 2. Pages encadrées en or et en couleur.

— 19v°. Le roi Dara à cheval, tenant un arc; un homme se tient devant lui dans une plaine traversée par un cours d'eau; chevaux.

Fol. 37v°. Le sot Nasir Khodja sciant la branche d'arbre sur laquelle il est monté; deux femmes au balcon d'une maison et un jardinier le regardent avec stupéfaction. Sur le fronton de la maison on lit une inscription arabe dont voici la traduction : *Dans les jours du règne de l'Empereur de l'époque, Aboul-Ghazi Naurouz Ahmed Behadour Khan.* 933 (1555 J. C.).

— 77. Vieillard dansant dans une rue; jeune homme; un homme qui fume sa pipe au balcon de sa maison regarde cette scène; une inscription identique à celle de la miniature du folio 37v°, court autour du fronton de la maison.

— 90. Melik Saleh assis sous un dais; deux derviches; personnages de la cour et soldats portant l'arc, le carquois et le sabre du sultan; jardin, ruisseaux et bassins. On lit au fronton du dais une inscription identique à celle de la miniature du folio 37v° avec cette différence que la date est remplacée par la formule « qu'(Allah) éternise son règne! »

Supplément Persan 1236. — Fragments d'un *Livre des Rois,* et d'un *Sam Nameh* « Livre de Sam » épopée conçue sur le plan du *Shâh Nameh.*

La partie qui est ornée de peintures remonte environ au milieu du xvii° siècle; les miniatures sont d'une exécution assez bonne.

Fol. 1. En tête en or et en couleurs.

— 2. Roustem monté sur son cheval Rakhsh tombe dans un puits où il s'enferre; avant de mourir il perce Shegad d'un coup de flèche.

Fol. 3. Lutte d'un cavalier iranien, renversé de son cheval,
avec un *div* (démon). Autres cavaliers armés d'arcs et
de sabres.

—   4. Sam à cheval fend d'un coup de sabre la tête du Khakan (l'empereur des Turks) fils du Faghfour (l'empereur de Chine) ; un autre cavalier iranien poursuit un
cavalier turc qui lui décoche des flèches.

—   5. Sam assène un coup de massue sur la tête du *div*
(démon) Nahangal ; deux autres divs ; deux cavaliers
iraniens, l'un armé d'un sabre, l'autre d'un arc.

—   6. Quatre hommes morts étendus dans des cercueils ; le
roi de Perse avec trois autres jeunes gens.

Supplément Persan 1280. — Le *Shah Nâmeh* ou « Livre des
Rois » avec une préface en prose. Exemplaire non daté, probablement de la fin du xv⁰ siècle. Les miniatures sont bien exécutées ; le type et les costumes sont mongols.

Fol. 1v⁰, 12 v⁰, 258 v⁰. Encadrements en or et en couleurs.

— 14v⁰. Le premier souverain du monde, Gayomart, assis sur
une peau d'ours dans les rochers ; un homme agenouillé
lui présente un faucon (*sonkor*). Autres personnages
apportant des plats d'or.

— 22. Féridoun assis sur le trône dans un jardin ; deux hommes
sont agenouillés devant lui ; un domestique lui présente
un plat. Deux musiciens. Arbres en fleurs.

— 28. Iridj est assassiné par Salm et Toudj, dans un pavillon
d'étoffe ; tapis.

— 38. Roustem assis sur un tapis à côté du roi de Perse ;
autres personnages ; deux domestiques tenant des
plats. Musiciens. Dans le fond on aperçoit un arbre.

— 48. Roustem à cheval enlève un cavalier de sa selle ;
d'autres cavaliers tiennent des drapeaux ; l'un sonne
de la trompette.

— 56v⁰. Roustem tue le div blanc dans une caverne ; Aulad est
enchaîné à un arbre auprès duquel se trouve un
cheval.

— 66v⁰. Combat entre des cavaliers iraniens et des cavaliers
touraniens armés de sabres, d'arcs et de boucliers ; gens
massacrés.

Fol. 79v°. Sohrab blessé mortellement est assis à terre ; Roustem déchire ses vêtements devant lui ; un domestique tient son cheval. Plusieurs cavaliers regardent cette scène ; quelques-uns tiennent des drapeaux.

— 107. Syavush est égorgé par ordre d'Afrasyab ; un soldat reçoit son sang dans un vase d'or ; des cavaliers regardent cette scène ; deux chevaux ; arbres.

— 113v°. Un cavalier touranien donne un coup de massue à Roustem. D'autres cavaliers tiennent des drapeaux et regardent. Hommes massacrés.

— 131. Combat entre Firoud et Zadasp ; tous les deux sont à cheval ; plusieurs cavaliers tenant des drapeaux et regardant ; homme tué.

— 156v°. Roustem tue Ashkebous d'un coup de flèche ; autres cavaliers regardant. Arbres.

— 167. Roustem, monté sur Rakhsh, entraîne avec son lasso l'empereur (le Khakan) de la Chine, qui tombe de son éléphant blanc. Soldats tenant des drapeaux.

— 176v°. Roustem tombé dans la mer, tue un poisson monstrueux. Son cheval se tient sur le bord de la mer. Arbre et rochers.

— 190. Roustem retire Bijen du puits où il avait été jeté ; il est chargé de chaînes au cou, aux bras et aux jambes. Une femme se tient au bord du puits ; cinq soldats.

— 215v°. Lutte de Piran et de Gouderz. Arbres et rochers.

— 227v°. Roustem et trois autres personnages agenouillés devant Kai-Khosrau assis sur son trône. Un domestique tient un parasol au-dessus de la tête de Kai-Khosrau. Table avec flacons de porcelaine.

— 229v°. Kai-Khosrau tue Shideh, fils d'Afrasyab ; Rehham tient son cheval ; cavaliers tenant des drapeaux et regardant.

— 248v°. Kai-Khosrau décapite Afrasyab ; le frère d'Afrasyab est amené chargé de chaînes ; un officier porte un sabre. Arbre.

— 258v°. Lohrasp assis sur le trône sous un dais d'étoffes. Personnages assis et debout autour du trône.

— 263v°. Gushtasp tue une licorne d'un coup de sabre. Cheval, arbres.

Fol. 285. Isfendiar jette son lasso au cou d'Arjasp et l'entraîne.
Cavaliers portant des drapeaux. Arbre.

— 293v°. Isfendiar tranche avec un coutelas la tête d'Ardjasp.
Cavaliers portant des drapeaux et regardant; chevaux,
arbres.

— 312. Roustem tue Isfendiar d'une flèche qui lui crève les
deux yeux; tous les deux sont à cheval ; des cavaliers
tenant des drapeaux regardent cette scène.

— 324v°. Darab assis sur le trône; un domestique à genoux lui
présente un plat; quatre autres personnages; table
avec flacons de porcelaine. Arbre.

— 331v°. Iskender à cheval suivi d'un de ses officiers, devant la
potence où sont pendus les meurtriers de Darab, l'un
par le cou, l'autre par les pieds. Des gens leur jettent
des pierres.

— 312. Keidafeh, reine de Berda, assise sur son trône; devant
elle Iskender tenant son propre portrait. Cinq autres
femmes.

— 365. Un cavalier jouant au *tchougan* (polo) avec trois autres
hommes à pied. Deux hommes les regardent. Arbre.

— 377. Le Kaisar de Roum assis sur son trône; trois de ses
officiers lui amènent Shapour qui a les mains liées
derrière le dos avec une corde. Un jeune homme tient
le sabre du Kaisar. Arbre.

— 386. Bahram Gour monté sur un chameau tue trois gazelles;
il vient de tuer la joueuse de luth Azadeh.

— 407. Bahram Gour à cheval tue un dragon monstrueux d'un
coup de flèche. Arbre et rochers.

— 465. Le Kaisar de Roum assis sur un tapis, un homme
tenant un coffret se trouve devant lui. Quatre autres
personnages; dont un officier tenant le sabre du
Kaisar.

— 491. Bahram Tchoubineh et sa sœur Gourdiéh sont assis
sur un tapis sous un dais et causent; quatre autres personnages.

— 500v°. Lutte de Bahram Tchoubineh et de Khosrau ; tous
les deux sont montés sur des chevaux caparaçonnés.
Cavaliers portant des drapeaux et regardant. Homme
tué.

Fol. 529. Khosrau Perviz assassiné par Shirouyyèh. Trois autres
hommes dont l'un tire son sabre du fourreau.
— 540ᵛ°. Bijen à cheval; devant lui on aperçoit Mahoui Sonrit
les pieds, les mains, les oreilles et le nez tranchés.
Quatre autres personnages regardant cette scène.
Arbre.

Indien 75. Adaptation en goudjarati du récit de l'ascension au ciel d'Arda Viraf. Manuscrit peu soigné du milieu du xviie siècle. Les peintures sont très grossièrement exécutées.

Fol. 1. Encadrement en or et en couleurs.

— 2 et 3v°. Un roi assis sur un trône, un domestique agite un chasse-mouches; deux personnages se tiennent devant lui dans une attitude respectueuse.

— 6. Un personnage assis sur une sorte de trône répand du grain que mangent des oiseaux.

— 6v°-7. Souverain à cheval accompagné de cavaliers armés de lances et précédé par deux hommes qui portent des drapeaux.

— 7v°. Combat entre Iskender et un autre cavalier. Des officiers tiennent des drapeaux.

— 8. Iskender agenouillé auprès d'un cavalier mort (Dara); des officiers tiennent leurs chevaux; arcs, masses d'armes, sabres et casques dispersés sur le sol.

— 11. Plusieurs personnages portant une sorte de petit palanquin dans lequel se trouve un enfant; homme portant des drapeaux; maison.

— 14v°. Ardeshir assis sur le trône; un domestique agite un moustiquaire; trois hommes se tiennent devant lui dans une attitude respectueuse.

— 16. Ardeshir assis sur le trône; un domestique agite un moustiquaire; un mobed assis sur un trône tient un écrit à la main.

— 17v°. Deux mobeds sacrifiant au feu; pyrée.

— 22. Arda Viraf et ses sept sœurs, qui étaient en même temps ses sept femmes.

— 24v°. Arda Viraf assis sur un trône, un homme lui présente une coupe de narcotique; cinq autres personnages.

Fol. 25v°. Arda Viraf étendu sur un lit; cavalier, plusieurs personnages armés d'arcs, de massues, d'autres tiennent des papiers.

— 32. Arda Viraf asis sur un trône; un scribe écrit sous sa dictée; deux autres mazdéens.

— 33. Gens faisant la cuisine et donnant à manger à Arda Viraf; deux scribes.

— 34v°. L'ized Srosh fait passer le pont Cinvat à Arda Viraf; deux hommes tombent dans l'enfer. Rashn et un autre ized. La balance de Rashn.

— 41, 45v°, 46v°, 60, 61, 63, 65v°, 70v°, 73, 132r° et v°, 133r° et v°, 134v°, 135, 136. Divers personnages.

— 41v°. Arda Viraf guidé par Srosh voit dans le paradis des âmes dont le front est entouré d'une auréole.

— 42v°. Le trône d'Ormazd; Arda Viraf, guidé par Atar et Srosh se prosterne devant lui.

— 43v°. Les deux izeds qui pèsent les actions des âmes dans une balance.

— 47v°. Le char de la Lune; Arda Viraf et Srosh regardent. Six personnages assis.

— 49. Le char du Soleil; *id.*

— 50. Le trône d'Ormazd; une femme tend une coupe à un homme; Arda Viraf et Srosh regardent. Six personnages assis.

— 53-54. Six personnages assis, le front entouré d'auréoles; Arda Viraf et Srosh regardent.

— 56. Scène analogue.

— 58v°. Neuf femmes assises sur des sortes de trônes; deux musiciennes.

— 61v°. Char attelé de deux chevaux, cavalier; quatre personnages dans une maison.

— 67v°. Deux cavaliers armés de lances; quatre personnages assis, un musicien.

— 71v°. Jet d'eau, oiseaux, fleurs.

— 78. Arda Viraf, l'ized Atar et l'ized Srosh.

— 81, 92 v°, 94 v°, 96 v°, 97 v°, 100 v°, 101 v°, 102 v°, 104 v°, 106, 107 v°, 109, 110, 111, 113, 114, 115, 116, 117, 118, 121, 122 v°, 123 v°, 125 v°, 126, 128, 128 v°. Supplices infligés par les démons aux âmes des réprouvés. Dans ces peintures on voit Arda Viraf et l'ized Srosh qui regardent.

Fol. 87. Chien colossal et démons, le pont Cinvat. Arda Viraf et Srosh regardant.

— 90. Damnés tombant du pont Cinvat dans l'enfer ; l'ized Rashn avec sa balance. Démon.

— 131. Arda Viraf s'incline devant le trône d'Ormazd ; trois izeds, la tête ceinte d'auréoles.

Indien 76. — Le même ouvrage que le précédent ; manuscrit soigné du milieu du XVIIᵉ siècle. Les miniatures sont passables.

Fol. 1vᵒ. Encadrement en couleurs.

— 4. Un roi assis sur le trône, un domestique agite un moustiquaire ; deux autres personnages.

— 5. Un homme assis sur des coussins répand des graines que mangent des oiseaux ; un jeune homme se tient devant lui ; fleurs.

— 6vᵒ. Souverain à cheval, couvert d'une cuirasse et armé d'une lance ; il est suivi d'une escorte de cavaliers et précédé par deux hommes qui portent des drapeaux.

— 7vᵒ. Lutte de deux cavaliers armés d'arcs, de masses d'armes et de sabres ; officiers tenant des drapeaux.

— 9vᵒ. Iskender, un autre cavalier étendu par terre ; soldats tenant des drapeaux et leurs chevaux.

— 11. Hommes portant un palanquin dans lequel se trouve un enfant ; des hommes portent des lances au bout desquelles sont des serpents.

— 12. Iskender assis sur le trône ; homme tenant un chasse-mouches ; un troisième personnage écrivant.

— 13. Ardavan assis sur un trône, devant lui se tiennent deux personnages qui parlent ; deux hommes assis tiennent des livres ; jet d'eau et fleurs.

— 14. Le roi Ardeshir assis sur un trône sous un dais ; homme tenant un chasse-mouches ; trois personnages devant lui.

— 15vᵒ. Ardeshir et un mobed tenant un écrit à la main assis sur des trônes ; domestique tenant un chasse-mouches.

— 19. Deux hommes sacrifiant au feu ; pyrée.

Fol. 24. L'ized Srosh conduit Arda Viraf sur le pont Cinvat;
âmes de damnés tombant dans l'enfer; les deux izeds
qui pèsent dans une balance les actions des hommes.

— 27v°. Hommes et femmes assis sur des trônes; musiciens.
Arda Viraf et Srosh regardent.

— 29v°, 41, 43, 44v°, 45v°, 46v°, 50v°, 51v°, 55, 59, 133v°, 134,
134v°, 135, 135v°, 137, 137v°, 138v°, 142, 142v°, 143.
Personnages, hommes et femmes. Arda Viraf, Srosh et
Atar regardant.

— 30v°. Arda Viraf, conduit par Srosh, se prosterne devant le
trône d'Ormazd.

— 32v°. Arda Viraf assis sur un trône; derrière lui se lient un
domestique qui agite un chasse-mouches.

— 34. Un homme tend une coupe de narcotique à Arda
Viraf assis sur un trône; cinq autres personnages.

— 35. Arda Viraf endormi; plusieurs personnages le gardent;
un cavalier.

— 37. Personnage assis sur un trône.

— 40. Le trône d'Ormazd; trois personnages et une jeune
fille.

— 47v°. Femmes au bord d'un bassin dans lequel nagent des
poissons.

— 48. Les izeds qui font la pesée des âmes dans une balance;
quatre personnes devant eux.

— 53. Le char de la Lune; cinq personnages assis; l'ized
Srosh et Arda Viraf regardant.

— 54. Le char du Soleil, quatre personnages assis; id.

— 57v°. Cinq personnages assis sous un arbre près d'un ruisseau, dans le paradis; Arda Viraf, Srosh et Atar regardant.

— 60v°, 61v°, 63v°, 64v°, 66, 71, 72. Scènes analogues; musiciens, etc.

— 67v°. Homme assis sur un trône près d'un ruisseau; un cavalier, une musicienne. Arda Viraf, Srosh et Atar regardant.

— 70. Deux hommes assis sur un trône près d'un ruisseau;
les mêmes regardant.

— 72v°. Jardin avec jets d'eau; plantes, oiseaux.

— 78v°. Viraf, les deux izeds Srosh et Atar; trois trônes; plusieurs oiseaux.

Fol. 79v°. Chien monstrueux, démons et damnés. Arda Viraf et l'ized Srosh regardant.

— 81v°, 85, 88, 89, 90, 91v°, 92v°, 93v°, 94v°, 96, 98, 100, 101v°, 102v°, 103v°, 104v°, 105v°, 106v°, 107v°, 108v°, 109v°, 110v°, 111v°, 112, 113v°, 114v°, 116, 117, 117v°, 119v°, 120, 120v°, 121, 122, 122v°, 123, 124, 125v°, 126, 126v°, 127, 127v°, 128, 129v°. Démons infligeant des supplices aux damnés. Arda Viraf et l'ized Srosh regardent.

— 132v°. Arda Viraf et l'ized Srosh devant le trône d'Ormazd.

— 136. Le pont Cinvat.

— 141v°. Hommes faisant la cuisine et donnant à manger à un troisième.

Indien 98. — Recueil d'aquarelles représentant les « Castes et Professions de l'Inde. » Ces aquarelles sont en général soignées, mais l'exécution en est maladroite, elles sont datées de 1831.

Fol. 1. Un homme de la 1re caste primitive de l'Inde, celle des Brahmanes, il tient le Véda sous le bras. Dans le fond, deux pagodes.

— 2. Un homme de la seconde caste primitive de l'Inde. celle des Kchattriyas ou guerriers, il tient un sceptre d'une main, et dans l'autre un arc.

— 3. Un homme de la troisième caste primitive de l'Inde, celle des Vaishya ou marchands. Dans le fond une ville.

— 4. Un homme de la quatrième caste primitive de l'Inde, celle des Soudras, cultivateurs et paysans; il porte un instrument aratoire sur l'épaule.

— 5. Un brahmane vichnouïte.

— 6. La femme du précédent.

— 7. Un brahmane du nord de l'Inde, descendu de la première caste primitive.

— 8. Sa femme.

— 9. Brahmane *Koulchilia* de la première caste, exerçant le métier d'orfèvre.

— 10. Sa femme.

— 11, 12. Un écrivain brahmane et sa femme.

— 13, 14. Brahmane qui tire l'horoscope des enfants, et sa femme.

Fol. 15, 16. Brahmanes ermites qui passent pour savoir faire de
l'or, mais dont le métier est de mendier. Ils sont
complètement nus et ne portent qu'une peau de tigre
sur leurs épaules.

— 17, 18. Malabar de caste *Vellaja*, portant une petite statue
de Vichnou dans une niche; sa femme.

— 19, 20. Prêtre des tisserands de race *Cannadien*, et sa
femme; tous les deux portent un lingam.

— 21, 22. Religieux malabar qui voyage en demandant l'aumône
accompagné de sa femme; tous les deux tiennent un
faisceau de plumes de paon, oiseau consacré au fils de
Siva.

— 23, 24. Pèlerin et sa femme se rendant au Gange et voyageant en mendiant; ils portent deux paniers d'osier
suspendus à une barre de bois.

— 25. Pèlerin malabar, portant sur l'épaule le *cavadi* dans
lequel sont renfermés les présents qu'il offre à sa
divinité. Il tient à la main une spatule avec laquelle il
se frappe.

— 26. Son disciple portant un faisceau de plumes de paon,
une spatule et un timbre sur lequel il frappe.

— 27, 28. *Tambiran* ou religieux mendiant et son disciple; tous
les deux tiennent sous le bras des manuscrits écrits
sur olles.

— 29, 30. Un telinga de caste *cavaré* perçant des perles; sa
femme.

— 31. Tisserands malabars faisant de la toile.

— 32. Tisserand malabar fabriquant un pagne.

— 33, 34. Tisserand malabar fabriquant un pagne; sa femme
dévide du fil.

— 35, 36. Malabar de caste *cavaré* peignant sur toile; sa femme
étend une toile peinte à terre pour la faire sécher.

— 37, 38. Marchand d'étoffes de caste *chelly* et sa femme.

— 39, 40. Malabar marchand d'étoffes de caste *coumoutt* et sa
femme.

— 41, 42. Un Telinga de caste *Palenoulcara*, tisserand; sa
femme dévide du fil.

— 43. Un changeur de caste *chelly*; il écrit sur une olle avec
un poinçon d'acier, à côté de lui plusieurs tas de pièces
de monnaie.

Fol. 44. Sa femme tenant un paquet d'oles et un poinçon à écrire renfermé dans son étui.

— 45. Un marchand de verroterie *telinga* de race *batinjava-rou*.

— 46. Sa femme avec un enfant.

— 47. Malabar porteur de torche devant les palanquins; il tient à la main une torche et une aiguière.

— 48. Sa femme tenant sur sa tête un plat de chaux préparée pour le betal.

— 49, 50. Un *Bohta* tenant une lance; sa femme.

— 51, 52. Marchand d'huile malabar et sa femme.

— 53, 54. Vieillard malabar de caste *choulia* vendant de la mercerie; sa femme.

— 55. Malabar fleuriste de caste *salany*.

— 56. Sa femme préparant des guirlandes de fleurs.

— 57, 58. Tailleur malabar de caste *vellaja* et sa femme.

— 59, 60. Marchand d'épice de caste *comoully* et sa femme.

— 61, 62. Boucher malabar et sa femme.

— 63, 64. Repasseur malabar aiguisant un sabre sur une meule; sa femme tenant un poignard et un sabre.

— 65, 66. Chaudronnier de caste *cammalar* et sa femme.

— 67, 68. Orfèvre de caste *cammalar* et sa femme.

— 69, 70. Forgeron de caste *cammalar* et sa femme.

— 71, 72. Tailleur de pierre de caste *cammalar* et sa femme.

— 73, 74. Charpentier de caste *cammalar* et sa femme.

— 75, 76. Blanchisseur de caste *vellaja*, il porte un gros ballot de linge sur le dos.

— 76. Sa femme portant un panier sur la tête.

— 77. Potier malabar de caste *cousavar* fabriquant un vase à la roue.

— 78. Sa femme.

— 79, 80. Peintre telinga de caste *mouchi* et sa femme.

— 81, 82. Telinga de caste *mouchi* exerçant la profession de sellier et sa femme.

— 83. Malabar de caste *palli* faisant danser une couleuvre au son d'une espèce de hautbois appelé *magoudi*.

— 84. Sa femme tenant un *magoudi* et une poupée.

— 85. Chanteur Indou qui danse et récite des vers indous-tanis.

Fol. 86. Timbalier indoustani.

— 87. Musicien malabar jouant de la cornemuse.

— 88, 89. Bayadère.

— 90. Musicien malabar qui fait danser les bayadères au son des cymbales.

— 91. Joueur de flûte malabar qui accompagne les bayadères.

— 92. Musicien malabar jouant du tambourin pour accompagner les bayadères.

— 93, 94. Bayadère de caste maure, richement vêtue.

— 95. Chanteur de caste maure, jouant du *Caïlalom*, sorte de castagnettes.

— 96. Musicien de caste maure, jouant du tambourin.

— 97. Musicien indoustani jouant d'une sorte de lyre.

— 98. Joueur de cymbales indoustani.

— 99-100. Joueur de flûte malabar et sa femme.

— 101. Musicien de caste maure jouant du tambourin.

— 102. Femme de caste maure se tenant en équilibre au haut d'un bambou.

— 183. Musicien de caste maure jouant d'une sorte de trompette.

— 104. Sauteur de caste maure.

— 105-106. Idem et sa femme.

— 107. Escamoteur de caste maure tenant une épée à la main.

— 108. Musicien maure tenant un tambour.

— 109. Jongleur telinga se traversant le cou avec un sabre; il porte un fouet autour du cou.

— 110. Femme du précédent portant sur la tête une petite niche dans laquelle se trouve la déesse Parvati, divinité protectrice des jongleurs.

— 111. Jongleur de caste maure.

— 112. Sa femme allaitant un enfant.

— 113-14. Cordonnier telinga et sa femme.

— 115. Malabar qui extrait la sève du cocotier; cette sève après fermentation donne la liqueur connue sous le nom de *kalou*.

— 116. Sa femme portant un pot de *kalou* sur la tête.

— 117. Malabar dont le métier est d'extraire la sève du palmier, qui donne après fermentation le *Padany*.

Fol. 118. Sa femme portant sur la tête un pot de *padany*.

— 119-120. Un cultivateur de *bétel* et sa femme.

— 121. Cultivateur de caste *paller* labourant avec une charrue traînée par deux buffles.

— 122. Sa femme plantant l'herbe *nély*.

— 123. Cultivateur semant le *nély*.

— 124. Cultivateur moissonnant le *nély*.

— 125-126. Cultivateur battant le *nély* à coups de fléau en présence du maniagar et de plusieurs mirardars. Leurs femmes vannent la graine.

— 127. Homme pilant du *nély* pour en faire du riz.

— 128. Sa femme faisant cuire le *nély* pour le préparer à être pilé. Trois marmites sur un fourneau.

— 129. Jardinier malabar dans son jardin; il tient à la main une corbeille de fruits.

— 130. Sa femme portant un panier de légumes sur la tête.

— 131. Maraîcher malabar.

— 132. Sa femme filant du coton avec un rouet.

— 133. Femmes malabares venant puiser de l'eau à un puits.

— 134. Battage du *nély*; ce battage se fait à l'aide de buffles.

— 135-136. Barbier *telinga* et sa femme.

— 137-138. Barbier malabar et sa femme.

— 139-140. Cuisinier de caste *paria* et sa femme.

— 141. Vannier de caste *corava*.

— 142. Sa femme vendant des paniers; elle porte un enfant sur son dos.

— 143-144. Marchand d'herbe de caste *paria* et sa femme.

— 145-146. Marchand de bois malabar et sa femme.

— 147. Pêcheur de caste *pallanaver* tenant un filet et une raie à la main.

— 148. Sa femme portant un plat de poissons sur la tête.

— 149. Porteur d'eau malabar de caste *telinga*.

— 150. Courrier de la poste; dans le fond un village avec une pagode.

— 151. Un *toti* de caste *paria* et sa femme.

— 152. Briqueterie malabare,

— 153. Lieu où l'on brûle le cadavre des malabars; un *toti* attise le feu.

Fol. 151. Femme *parchi* pétrissant avec ses pieds un mélange de bouse de vache et de paille pour en faire des galettes qui, séchées au soleil, servent ensuite de combustible.

— 155. Femme malabare sur le seuil de sa maison.

— 156. Femme malabare faisant des crêpes de farine de riz; plusieurs enfants.

— 157. École malabare.

— 158. Pressoir à huile mis en mouvement par deux buffles.

— 159. Porteur d'eau malabar conduisant un buffle sur le dos duquel se trouve une outre.

— 160. Sa femme portant un seau de cuir pour puiser l'eau.

— 161-162. Malabar montrant un bœuf à cinq pieds. Sa femme.

— 163-164. Devin malabar et sa femme.

— 165-166. Mendiant qui se blesse pour exciter la pitié. Sa femme.

— 167-168. Fakir musulman et sa femme; tous les deux fument le kalioun.

— 169-172. Fakirs.

— 173-174. Malabars vendant des médicaments contre la morsure des bêtes venimeuses. Tous deux se font mordre par des scorpions pour montrer la vertu de leurs drogues.

— 175. Mendiant *corava* qui élève des cochons pour les vendre.

— 176. Sa femme portant un enfant sur son dos.

— 177-182. Mendiants *letinga* et leurs femmes.

— 183-184. Malabar exerçant la profession de musicien aux enterrements et sa femme.

— 185-186. Marchand malabar et sa femme.

— 187. Prêtre des divinités malfaisantes portant une sorte de mitre appelée *karagou*.

— 188. Musicien de caste malabare jouant de l'instrument appelé *oudouqué*.

— 189-190. Sorcière malabare se prétendant inspirée par une déesse; elle porte un vase plein de feu sur la tête. Un Malabar jouant du tam-tam l'accompagne.

— 191-192. Un Malabar de caste *paria*, prêtre et médecin, et sa femme.

— 193. Berger malabar portant un pot de lait sur sa tête.

Fol. 194. Sa femme portant un plat sur la tête.

— 195-196. Kadi musulman lisant le Coran et sa femme.

— 197-198. Malabar et sa femme habitant dans les montagnes ; ils sont vêtus de feuillage.

— 199. Parsi en voyage ; il tient une canne et une ombrelle.

— 200. Femme parsie se promenant dans un jardin.

— 201-202. Chasseur malabar et sa femme.

— 203-204. Terrassier *tellnga* et sa femme tenant un petit cochon à la main.

Indien 99. — Divinités, souverains et types de l'Inde ; exécution assez bonne, peintures datées de 1831.

Fol. 1. La trinité indoue ou Trimourti ; Brahma, Vishnou et Siva réunis.

— 2. La Trimourti sous forme de *lingam*.

— 3. La Trimourti sous forme de *lingam* et la déesse Parvati, femme de Siva.

— 4. Vue de la pagode de Taïmanesamy.

— 5. Brahma.

— 6. Sarasvati assise sur un trône.

— 7. Brahma monté sur un cygne.

— 8. Sarasvati, montée sur un lion, tient d'une main le Véda, de l'autre un chapelet.

— 9. Le dieu Vishnou monté sur Garouda.

— 10. Lakhshmi, femme du précédent.

— 11-12. Deux gardiens du palais de Vishnou.

— 13. Le premier avatar de Vishnou, sous forme d'un poisson (*Matsya avatara*).

— 14. Le géant Hyagriva qui avait enlevé les quatre Védas.

— 15. Second avatar de Vishnou, sous forme d'une tortue qui soutient le monde (*Kurma avatara*).

— 16. La terre sous forme d'une tortue qui porte la montagne Mahamerou.

— 17. Troisième avatar de Vishnou sous forme d'un sanglier. (*Varaha avatara*).

— 18. Le géant Hiranayakhsha tué par Vishnou.

— 19. Quatrième incarnation de Vishnou en lion (*Nara sinha-avatara*).

Fol. 20. Le géant Hiranyakasipou vaincu par Vishnou.

— 21. Cinquième avatar de Vishnou en Brahmane (*Vamana avatara*).

— 22. L'empereur Maha Beli vaincu par Vishnou.

— 23. Sixième avatar de Vishnou sous forme d'un solitaire vêtu d'une peau de tigre (*Parasou Rama avatara*).

— 24. Un souverain de la race solaire (*Souryavamsa*).

— 25. Septième avatar de Vishnou sous forme de Rama, pour combattre le géant Ravana (*Rama avatara*).

— 26. Le géant Ravana avec dix têtes et vingt bras, vaincu par Vishnou.

— 27. Huitième avatar de Vishnou sous forme d'un roi qui enseigne l'agriculture aux hommes (*Bala Rama avatara*).

— 28. Champ cultivé par Vishnou.

— 29. Dixième avatar de Vishnou sous forme de Krishna.

— 30. Kansa, oncle de Vishnou.

— 31. Neuvième et dernier avatar de Vishnou (*Kalki avatara*). Il a une tête de cheval et porte un sabre et un bouclier.

— 32. Vishnou sous forme d'un enfant assis sur une feuille et suçant son pied.

— 33. Statue de Vishnou.

— 34. Les deux femmes de Vishnou.

— 35. Statue de Vishnou.

— 36. Ses deux femmes assises sur un trône.

— 37. Statue de Vishnou, représenté couché sur le serpent Anantanaga.

— 38. Lakhshmi, épouse de Vishnou.

— 39-40. Statue de Vishnou et de ses deux femmes.

— 41. Le dieu Siva monté sur un taureau blanc.

— 42. La déesse Parvati, femme de Siva, montée sur un cygne.

— 43-44. Statue de Siva et de sa femme dans le temple de Bénarès.

— 45. Siva assis sur un trône, sous un arbre.

— 46. Arddhanari Isvara, réunion de Siva et de sa femme Parvati.

— 47. Siva sur le sommet de la montagne Pajani; il est armé de la lance et de la massue d'or.

Fol. 48. Sankaranarayana, réunion de Siva et de Vishnou.

—   49. Siva avec un collier de têtes de morts demande l'aumône.

—   50. Un de ses disciples tenant un crâne sur sa tête.

—   51. Siva sous la forme de Mouni Isvara, assis sur un tigre.

—   52. Le divinité nommée Vira-badra.

—   53. Siva accompagné de son chien demande l'aumône.

—   54. Vishnou tel qu'il est adoré par les basses classes de sa secte.

—   55. Siva terrassant un géant.

—   56. Parvati, femme de Siva.

—   57. Siva et sa femme Parvati.

—   58. Parvati, femme de Siva ; femme tenant un éventail.

—   59. Siva adoré sous la forme d'un *lingam*.

—   60. Parvati, femme de Siva, assise sur un trône.

—   61. Siva sous forme d'un *lingam* à face humaine.

—   62. Parvati, femme de Siva, assise sur un trône.

—   63. *Lingam* gardé par un éléphant blanc.

—   64-66-70. Parvati, femme de Siva.

—   65. *Lingam* gardé par quatre éléphants blancs.

—   67. Le brahme Mrikandi embrassant le *lingam* d'où sort Siva.

—   68. La mort, montée sur un buffle, est renversée par Siva.

—   69. Siva sous forme d'un *lingam* à face humaine; chasseur s'arrachant un œil.

—   70. Parvati, femme de Siva, tenant une fleur de nénuphar.

—   71. Parvati tue d'un coup de trident le géant Maïchâsoura qui avait pris la forme d'un buffle.

—   72. Le géant Maïchâsoura tenant d'une main un trident, de l'autre une massue.

—   73. Madamat, le dieu de l'amour, fils de Vishnou, armé d'un arc formé d'une canne à sucre et de flèches de fleurs ; il a un perroquet pour monture.

—   74. Radi, son épouse, armée de même et montée sur un cygne.

—   75. Ganesha, fils aîné de Siva et de Parvati, sous forme d'un éléphant; il est monté sur un rat; et accompagné d'une de ses femmes.

—   76. Soupramani, le second fils de Siva, monté sur un paon

12

qui écrase un serpent ; il est accompagné de ses deux femmes.

Fol. 77. Parvati, épouse de Siva, assise sur un trône.

— 78. Parvati sous la figure de Kali, déesse à seize bras.

— 79. Catavaraya, fils de Parvati, qui fut condamné à être pendu par les épaules.

— 80. Ses deux femmes.

— 81. Vira, fils de Parvati, adoré par les basses castes.

— 82. Ses deux femmes.

— 83. Sourya ou le soleil.

— 84. Les deux femmes du soleil, Samoukkyadevi et Sayadevi.

— 85. Le dieu Candra ou la Lune.

— 86. Rogani, femme de Candra.

— 87. Indra, gardien de l'Orient, sous forme d'une divinité à quatre bras, montée sur un éléphant blanc à quatre défenses.

— 88. Indrani, sa femme; elle a également quatre bras.

— 89. Agni, divinité du feu, chargée de la garde du Sud-Est du monde, sous forme d'une divinité à quatre bras, montée sur un bélier noir.

— 90. Ses deux femmes, Sudadevi et Sadadevi.

— 91-92. La divinité de la Mort, montée sur un buffle, chargée de la garde du Sud du monde, et son épouse.

— 93-94. Niroudi, divinité qui préside au Sud-Ouest du monde, montée sur les épaules d'un géant, et Moudévi, son épouse.

— 95. Varouna, divinité chargée de la garde de l'Ouest du monde. Il est à cheval sur un crocodile.

— 96. Varouni, son épouse.

— 97. Le dieu du vent, monté sur un cerf; il garde le Nord-Ouest du monde.

— 98. Son épouse.

— 99. Kouvira, le trésorier des dieux, qui a la garde du Nord du monde ; il est monté sur un cheval blanc.

— 100. Sa femme.

— 101. Siva monté sur un taureau blanc; il a la garde du Nord-Est du monde.

— 102. Sa femme Parvati.

Fol. 103. Draupadi, la femme des cinq Pandavas.

— 104. Le Pandava Dharmaraja, armé d'une hache et d'une flèche.

— 105. Le Pandava Bhima; il est armé d'une massue et d'un arc.

— 106. Le Pandava Arjouna, armé d'un arc et d'un sabre.

— 107. Le Pandava Nakoula, tenant un fouet à la main.

— 108. Le Pandava Sahadeva, armé d'un sabre, d'un bouclier et d'un arc.

— 109-110. Un héraut malabar et sa femme.

— 111. Soldat telinga tenant une lance et armé d'un poignard.

— 112. Sa femme jouant de la guitare dans un jardin.

— 113-114. Soldat musulman et sa femme.

— 115-116. Lutteur maharatte et sa femme.

— 117-118. Sheïkh guerrier et sa femme.

— 119-120. Poudalien ou soldat indien, habillé à peu près à la française, et sa femme.

— 121-122. Soldat maure et sa femme.

— 123-124. Archer indien et sa femme.

— 125-126. Cipaye anglais armé d'un fusil à pierre et sa femme.

— 127-128. Capitaine de cipayes anglais et sa femme.

— 129-130. Cipaye français et sa femme.

— 131-132. Capitaine de cipayes français et sa femme.

— 133-134. Nabab et son épouse en tenue de gala.

— 135-136. Le roi et la reine du Tanjaour.

— 137-164. Types de Malabares employés par le gouvernement français dans les colonies de l'Inde, de commerçants, etc.

— 165. « Vue de la grande picote du jardin du gouvernement à Karikal, en face de la treille »; machine élévatoire.

— 166. Un jeune berger malabare faisant paître son troupeau.

— 167-169. Vues prises dans le jardin du gouvernement à Karikal.

— 170. Cerf sous un appentis.

— 171. Maison indoue avec varangue; un homme monté sur un escabeau nettoie les globes des lampes.

— 172. Indous faisant la cuisine.

— 173. Intérieur d'église chrétienne; un homme enseigne le catéchisme à six enfants.

Fol. 174. Le révérend père Fernandez, prêtre de Goa, mission-
naire apostolique, desservant de l'église Notre-Dame
de Karikal.

— 175. Vue de la prison de Karikal.

— 176. Vue du passage du bac de Karikal au confluent des
deux rivières.

— 177. Vue d'une maison malabare; des enfants jouent dans
la rue.

— 178. Intérieur de la même maison.

— 179. Malabar d'une haute caste, porté par six hommes dans
un palanquin.

— 180. Malabar de haute caste voyageant dans un *gadi*, sorte
de char à deux roues traîné par deux buffles.

— 181. Vue d'une mosquée de Karikal, bâtie dans le style des
temples indous.

— 182. Femme malabare voilée.

Indien 100. — Représentation des dieux du Brahmanisme;
manuscrit du xviiie siècle; belle exécution[1].

Fol. 1. Siva et sa femme Parvati.

— 2. Vishnou sous forme de poisson; sa première incarnation.

— 3. Vishnou sous forme de tortue; sa seconde incarnation.

— 4. Vishnou ayant un museau de porc.

— 5. Vishnou ayant une tête de lion (*Narasingha*).

— 6. Vishnou sous la forme d'un Brahmane; il tient d'une
main un parasol, de l'autre un vase.

— 7. Parasou-Rama, un des avatars de Vishnou; il tient une
hache à la main.

---

1. Les numéros que nous indiquons ne se rapportent pas aux feuillets du manuscrit,
mais représentent le numéro d'ordre des peintures. On lit en tête du manuscrit un
court avertissement au lecteur, qui commence ainsi : « Par le présent Œuvre, je
prétends vous déclarer les noms des diuinitez que les gentils adorent, et quelque
petite chose au bout. Mais pour vous en donner l'explication, chacune en particullier,
cela ceroit impossible, parce que il ny a aucun auteur quy puisse en faire la rellation
sans dire des choses qui choquent l'ouie, c'est pour quoy je me contenteray de faire la
description en peu de mots selon que les Brames et les Gentils mont informé... »

Fol. 8. Rama-Tchandra, autre avatar de Vishnou ; il tient un arc et des flèches à la main.

— 9. Bala-Rama, autre avatar de Vishnou.

— 10. Krishna sous forme humaine.

— 11. Krishna avec une tête de cheval.

— 12. Indra, monté sur un éléphant, tenant deux glaives dans deux de ses mains.

— 13. Le dieu du feu Agni.

— 14. Le dieu Yama Dharmaradja.

— 15. Le dieu Varouna monté sur un daim.

— 16. La déesse Varouni, qui règne sur les eaux ; elle est montée sur un crocodile.

— 17. Le dieu Siva ou Mahadeva ; deux djoguis.

— 18. Vishnou sous la forme de Narayana ; deux djoguis.

— 19. Vishnou dans son quatrième avatar, sous la forme de Narasingha.

— 20. Le dieu de la danse ayant sa femme sur la tête.

— 21. La déesse Parvati ou Kamashya, femme de Siva ou Isvara.

— 22. Vishnou dans un de ses avatars, connu sous le nom de Ballaji (dans le Carnatic, Terpati).

— 23. La déesse de la peste.

— 24. Le dieu qui protège les voyageurs dans les forêts ; il est monté sur un cheval.

— 25. Un des musiciens célestes.

— 26. La déesse Calratri ; à côté d'elle, un homme nommé Kanapa, tenant une lance pour se crever un œil.

— 27. Le dieu Adhumbara ; à côté de lui, deux femmes élèvent leurs mains jointes au ciel.

— 28. Le singe Hanouman.

— 29. Garouda, monture de Vishnou.

— 30. *Lingam*, à tête humaine, adoré par deux femmes.

— 31. *Lingam*, embrassé par Markandeya ; Yama l'attache avec une corde.

— 32. Le dieu Isvara écrasant un monstre.

— 33. La déesse Maheshvari écrasant un monstre à tête de bœuf.

— 34. Le dieu Vishnou.

— 35. Le dieu Krishna.

Fol. 36. Le dieu Vishnou couché sur la mer dans un bateau fait d'un serpent à cinq têtes; le dieu Brahma dans les airs.

— 37. Le dieu Krishna sous forme de Gopala, dieu des mendiants.

— 38. Narayani, avatara de Lakshmi; elle est assise sur une feuille et met un pied dans sa bouche.

— 39. Nareda, fils de Brahma, dieu de la musique.

— 40. Dieu à tête de cheval jouant d'une sorte de guitare.

— 41. Dieu à museau de bœuf, portier du ciel.

— 42. Mahadeva Pancamukhi, autre nom de Siva.

— 43. La déesse Durga ou Devi, épouse de Siva.

— 44. Le dieu Ganesha, avec sa tête d'éléphant.

— 45. La déesse Maha-Kali, la même que Durga, femme de Siva, avec un collier de crânes humains et un chien.

— 46. La divinité appelée Arḍha-nari, moitié mâle et moitié femelle.

— 47. Divinité hermaphrodite.

— 48. La déesse de l'immoralité; deux parias combattant à coups de sabres et de poignards.

— 49. Runeka, femme de Jamadagni, décapitée par son fils Parasu-Rama.

— 50. Parasu-Rama venant rendre compte à son père Jamadagni de l'exécution de sa mère.

— 51. Vishnou représenté comme dieu des bergers; vache.

— 52. Vishnou étendu sur un lit formé d'un serpent à cinq têtes, l'Anantanaga; de son sein sort la tige de lotus où naquit Brahma.

— 53. Le même; il devrait y avoir dans cette peinture Brahma sortant du nombril de Vishnou, Lakhshmi et Satyayama.

— 54. Siva et sa femme Parvati montés sur le nandou.

— 55. Siva.

— 56. Dharmaraja[1], assis, tenant un glaive.

— 57. Bhimasena[1], assis, tenant une masse d'armes.

— 58. Ardjuna[1], assis, tenant un arc.

— 59. Nakoula[1], assis, tenant un arc.

— 60. Sahadeva[1], assis, tenant un glaive.

---

1. L'un des cinq Pandavas, héros du Mahabharata.

Fol. 61. Draupadi, la femme des cinq Pandavas; un oiseau mange une fleur qu'elle tient à la main.

— 62-63. Un *lingam*.

— 64. Ganesha.

— 65. Siva et Parvati.

— 66. Kartikeya, divinité à six têtes et à douze bras, montée sur un paon.

— 67. Sarpa-Roushi, divinité moitié homme, moitié serpent.

— 68. Le dieu Purousha-Maheska; il est tigre à partir de la ceinture.

— 69. Le dieu Ruchi Siñha.

— 70. Ardjuna en prières; il demande à dieu des armes pour le rendre invincible.

— 71. Divinité nommée Bache-quaren (?).

— 72. Le dieu Brahma, fils de Vishnou.

— 73. La déesse Sarasvati, femme de Brahma.

— 74. La déesse Maha Lakhshmi, femme de Vishnou.

— 75. Divinité nommée Namala, assise sous un arbre.

— 76. Raghu, sous forme d'un guerrier tenant un bouclier et un sabre.

— 77. Déesse représentée sous forme d'une femme toute nue.

— 78. Plante placée sur une estrade et adorée par deux indous.

— 79. Le dieu de la médecine, représenté sous forme d'un serpent à cinq têtes placé sous une sorte de dais et adoré par deux indous.

— 80. Vishnou domptant le serpent Anantanaga.

— 81. Vishnou couché sur le serpent Anantanaga.

— 82. La divinité appelée Vishnou Sakti[1].

— 83. La divinité Siva Sakti[2].

— 84. Le dieu Isvara.

— 85. Le dieu Ekapada Trimourti; c'est le Dieu Isvara représenté se tenant sur un seul pied, ayant dans ses bras Vishnou et Brahma.

---

1. Voici la notice qui accompagne cette peinture : « Vichenou Satty, sans père ni mère, enjendrée della mesme, mechante divinité, bien aprehandée des jentils. »

2. Chera Satty, deesse quy préside à touttes les pagodes quant on les sor dehors. Elle est comme la précédente. »

Fol. 86. La déesse Caudra (la lune), représentée dans un char traîné par deux chevaux.

— 87. Le dieu Surya (le soleil), représenté dans un char traîné par deux chevaux.

— 88. Vishnou adoré par un éléphant.

— 89. Divinité tenant à la main une tête coupée[1].

— 90. Le Vishnou de la pagode de Jaggernath.

— 91. Rama et Lakhshmana, fils de Dasaratha, roi d'Ayodeha, tuent un démon à quatre bras qui a la tête dans la poitrine.

— 92. Rama et Lakhshmana tuent à coups de flèches un démon qui enlève la femme de Lakhshmana.

— 93. Le singe Vali, fils d'Indra et chef de toutes les tribus des singes, tué par Rama.

— 94. Le singe Sugriva, frère de Vali.

— 95. Le roi des ours Jambuvau.

— 96. Le singe Hanouman.

— 97. Le fils de Vali.

— 98. Ravana.

— 99. Kumbhakarna, frère de Ravana.

— 100. Combat des deux singes Vali et Sugriva.

— 101. Vali tué par Lakhshmana d'une flèche dans la poitrine; devant lui, sa femme Tara.

— 102. Rama et son frère Lakhshmana armés d'arcs.

— 103. Lakhshmana répandant un vase de lait sur la tête de Sugriva.

— 104. Lakhshmana répandant un vase de lait sur la tête de Krishna.

— 105. Krishna dans un arbre; il a dérobé les vêtements de cinq déesses qui les lui demandent.

— 106. Isvara tuant un éléphant monstrueux.

— 107. La déesse Kauveri.

— 108. Krishna étendu sur le serpent Anantanaga; la déesse Kauveri, déesse d'un des quatre grands fleuves du monde.

— 109. Vishnou soutient une montagne avec son doigt; deux indous et trois bœufs.

1. Pot Rage, divcinité quy destruit les monstres.

Fol. 110. *Lingam* dans une pagode.

— 111. Krishna luttant avec un serpent monstrueux; les deux femmes de ce serpent.

— 112. Vishnou dans une pagode entourée de plusieurs montagnes.

— 113. Vishnou debout sur une seule jambe et tenant Brahma sur l'autre pied.

— 114. La déesse Sarasvati; au dessus de sa tête, deux serpents.

— 115. Vishnou sous forme d'un homme à tête de sanglier.

— 120. Narasiñha.

— 121. *Lingam* adoré par un indou; des colombes volent alentour.

— 122. Isvara étendu sur une peau de tigre; plusieurs indous. Autre divinité tenant un bâton.

— 123. Isvara assis sous un arbre sur une peau de lion; un indou s'incline devant lui.

— 124. Vishnou étendu sur le serpent Anantanaga dans une pagode.

— 125. Vishnou dans une pagode formée d'un char.

— 126. *Lingams* adorés par des Indous.

— 127. La déesse Parvati, épouse de Siva, dans une pagode; elle est adorée par deux Indous.

— 128. *Lingam* dans une pagode.

— 129. La déesse Parvati dans une pagode; elle est adorée par deux Indous.

— 130. Devaki allaitant Krishna.

— 131. Krishna tuant un Rakshasa monté sur un char.

— 132. Krishna tuant un Rakshasa métamorphosé en oie.

— 133. Krishna tuant un démon sous forme d'un taureau.

— 134. Le dieu de l'amour, fils de Vishnou, monté sur un perroquet et tenant un arc.

— 135. La déesse de l'amour, femme du précédent, tenant un arc.

— 136. *Lingam* dans une pagode au milieu de la mer; Vishnou étendu sur le serpent Anantanaga, dans une pagode.

— 137. Pagode contenant le *lingam* d'Ishvara et une représentation de Vishnou.

— 138. Vishnou représenté au centre du monde.

Fol. 139. Vishnou monté sur l'oiseau Garouda.

— 140. Pagode avec un *lingam* et une statue. Plusieurs indous.

— 141. Vishnou monté sur Hanouman.

— 142. Vishnou dans une pagode portée par des Indous.

Indien 101. — Album de 18 vues de l'Inde, assez finement peintes et datées de 1831.

Fol. 1. Obsèques d'une femme malabare que l'on porte au bûcher dans un palanquin. Son fils porte l'eau lustrale dans un vase. Des hommes tiennent des feuilles de palmiers. Musiciens.

— 2. L'Hôtel du gouvernement français à Karikal. Hommes portant des palanquins. Factionnaire à la porte. Jardin avec palmiers.

— 3. Vue d'une poterie; des artisans indous façonnent des vases de terre. Arbres.

— 4. Vue d'un village malabare.

— 5. Pagode de Covilpattou, près de Karikal, dédiée au dieu Siva. Palmiers et autres arbres.

— 6. Célébration par les musulmans de la fête Achoura, commémorative de la mort d'Hossein et d'Hasan, fils d'Ali. Des gens traînent un chariot sur lequel se trouve un bateau gréé à l'européenne.

— 7. Suite de la même scène; les musulmans tirent des pièces d'artifice.

— 8. Malabares vishnouïtes célébrant la fête de la *Ourladi Tirounali* (au mois d'août).

— 9. Malabares célébrant la fête de *Padinellamperoucou*, au mois de juillet. Gens traînant un char sur lequel se trouve une petite pagode.

— 10. Malabares célébrant la fête de *Shiva*, au mois de mai; hommes traînant une énorme pagode sur roues; des gens la font avancer par derrière à l'aide de leviers.

— 11. Malabares célébrant la fête d'*Adipouram* (au mois de juillet), en l'honneur du mariage de Parvati et de Siva. Char contenant la statue de Parvati et traîné par une longue file d'hommes.

— 12. Fête de *Neroupoultrounale* ou du feu, qui se célèbre

tous les ans en l'honneur de Draupadi, femme des cinq Pandavas. Plusieurs français et françaises regardent la scène.

Fol. 13. Fête de *Sédil* ou des accrochés, célébrée par les pêcheurs. Grande bascule à laquelle on accroche les gens en leur enfonçant des crocs dans la chair. Dans le fond, une pagode entourée de palmiers.

— 14. Cérémonie du *Varlé* qui se célèbre à l'époque de la nubilité d'une fille malabare et au cours de laquelle on lui fait des présents. Hommes et femmes portant des paquets d'étoffe, etc.

— 15. Cérémonie du mariage malabare; les deux mariés sous un dais; autour d'eux, les amis et parentes de la mariée. Musiciens et Brahmanes.

— 16. Cérémonie qui se célèbre le quatrième jour après le mariage malabare. Le marié est monté sur un éléphant avec un de ses amis, et la jeune femme est portée dans un palanquin avec une de ses compagnes. Musiciens et artificiers.

— 17. Cérémonie nommée *Ounjale*, qui a lieu le lendemain d'un mariage malabare. Des bayadères balancent les mariés. Musiciens.

— 18. Le char du Soleil, attelé de sept chevaux, chacun d'une des couleurs primitives de la lumière, volant dans les nuages.

Indien 108. — Recueil de 27 dessins grossièrement enluminés, représentant des Rakhshasas accompagnés de leurs noms en caractères singhalais (xix° siècle).

Indien 109. — Recueil de neuf dessins peints en couleur et d'une exécution passable, accompagnés d'une légende en caractères singhalais.

Fol. 1. Iru, divinité tenant un sablier et accompagnée d'un cheval; arbre.

— 2. La planète Vénus; arbre.

— 3. Kudja, divinité tenant un croc à la main, et accompagnée d'un paon; arbre.

Fol. 4. Divinité tenant un siège à la main et accompagnée d'un éléphant; arbre.

— 5. La planète Saturne; arbre.

— 6. Rahu, le démon de l'éclipse; il a une tête de serpent et tient un poisson à la main; il a un cheval près de lui; arbre.

— 7. La planète Mercure; arbre.

— 8. Brihaspati, ou la planète Jupiter; arbre.

— 9. Ketou, divinité mi-partie homme mi-partie serpent, assise à côté d'un arbre.

Indien 113. Les douze signes du Zodiaque, exécution médiocre. XIX⁰ siècle.

Indien 215. L'histoire de Khaver Shah, roman en vers mesnevis, écrit en langue indoustanie par Mirza Madhi Ali Khan Ashik, de Dehli. Manuscrit d'exécution très soignée, avec une belle reliure dorée, non daté, de la fin du XVIII⁰ siècle, ou plus probablement du commencement du XIX⁰ siècle. Miniatures très finement peintes.

Fol. 5v⁰. Religieux dans une cellule; devant lui, un jeune prince accompagné de deux autres personnages.

— 8v⁰. Jeune femme tenant un enfant dans ses bras; trois musiciennes sur une terrasse.

— 9v⁰. Souverain assis sur un tapis; quatre serviteurs; terrasse avec édifice.

— 12. Le prince Bahlafa dormant sur une terrasse; un ange auprès de lui.

— 29. Bahlafa tombant du haut d'une montagne; jeune fille assise.

— 34. Homme assis sur un trône; homme monté dans un arbre; un jeune homme et une jeune femme dans une maison.

— 117v⁰. Quatre hommes causant dans une maison.

— 119. Jeune femme étendue sur un lit et pleurant; auprès d'elle un jeune homme portant une couronne; trois autres femmes. Terrasse.

— 131v⁰. Combat entre deux cavaliers armés de sabres et entre un cavalier et un homme à pied.

Fol. 138v°. Prince assis sur un trône ; des serviteurs tiennent des
moustiquaires.

— 169v°. Prince assis sur un tapis ; hommes et femmes. Ange
ailé monté sur un âne.

— 205. Prince portant la couronne ; femmes et houris.

— 214. Souverain assis sur un trône ; un jeune homme s'incline
devant lui ; deux serviteurs. Dans le fond, on aperçoit
un édifice.

Indien 220. — Traduction en vers mesnevis et en langue hin-
doustani du Bhagavata Pourana. Ce manuscrit qui est très soigné
n'est point daté, il est probablement du xviie siècle. Belles miniatures très finement peintes.

Fol. 1. Le dieu Ishvara assis sur une peau de tigre, sous un
arbre ; devant lui deux personnes dans une attitude
respectueuse ; domestique avec chasse-mouches.

— 2v°. La déesse Sarasvati montée sur une oie ; arbres en
fleurs.

— 4. Vishnou sortant de la gueule d'un poisson monstrueux.

— 5v°. Le barattement de la mer par les Dieux et les Asuras
pour en tirer l'*amrita*. Les trois dieux de la Trimourti,
Brahma, Vishnou, Siva et trois asuras tiennent le
serpent Anantanaga qui s'enroule autour du tronc d'un
palmier placé sur le dos d'une tortue. Au-dessus
Vishnou.

— 6v°. Vishnou avec une tête de sanglier, tenant sa femme
Lakhshmi dans ses bras ; il a le pied posé sur la poitrine
d'un démon.

— 8. Narasinha plongeant ses griffes dans la poitrine d'un
homme ; Siva, Vichnou et Brahma.

— 9. Trois dieux dans une maison indienne ; une autre divinité en dehors.

— 10v°. Combat de Rama et de Ravana.

— 12. Vichnou et le singe Hanouman.

— 13v°. Krishna allaité par Devaki ; trois autres personnages
dont deux sont armés de boucliers, de lances et d'arcs.

— 15. Parvati assise dans une sorte de petite chapelle ; Vishnou
et Siva.

Fol. 16 v°. Un roi assis sur un tapis tient un sabre et un bouclier; deux arbres et deux sabres. Cheval ailé.

— 18 v°. Vishnou, Laksmi et Ganesha.

— 23 v°. Brahma et le nandou. Arbre, dans le fond un édifice.

— 26 v°. Vishnou étendu sur le serpent Anantanaga, avec sa femme Lakhsmi; devant lui Brahma et deux Asuras avec le nandou; arbre; dans le fond, édifices.

— 31 v°. Homme tenant une jeune femme par les cheveux et brandissant un glaive; au-dessous, un char attelé de deux chevaux. Arbre et édifice.

— 33 v°. Un prince et une jeune femme assis l'un en face de l'autre sur un tapis; deux soldats armés d'arcs, de flèches et de lances.

— 37 v°. Vishnou assis sur un trône est adoré par un prince et sa femme; deux soldats armés comme les précédents.

— 43. Krishna allaité par Dévaki, devant lui un souverain qui joint les mains en signe de respect; deux soldats armés.

— 44 v°. 46. 47 v°. Analogue à 37 v°.

— 51. Souverain habillé avec le costume des grands Mongols, traversant une rivière en tenant Vishnou dans ses bras; un serpent.

— 52 v°. Krishna nourri par Dévaki; homme portant un petit enfant dans ses bras au milieu d'un fleuve; palais.

— 54 v°. Krishna; homme frappant d'un coup de sabre un démon qui tient un enfant.

— 55 v°. Krishna nourri par Dévaki; un homme et une femme; palais.

— 57. Krishna allaité par Dévaki; un homme et trois femmes; palais.

— 58 v°. Krishna allaité par Dévaki; palais, trois hommes se présentent à la porte.

— 62. Souverain assis sur le trône; un serviteur l'évente avec un moustiquaire; trois autres personnages.

— 63. Krishna allaité par Dévaki; servante tenant un flabel-bellum; deux autres femmes.

— 64 v°. Femme assise sur un trône; deux autres femmes lui parlent; servantes. Krishna et deux autres femmes.

— 66. Souverain assis sur un tapis dans l'intérieur d'un palais;

un homme assis devant lui, lui parle. Soldats armés de
sabres et de boucliers.

Fol. 67v°. Krishna assis sur les genoux d'un prince; un homme
assis devant lui lui parle. Deux femmes.

— 70. Krishna, Dévaki, un ermite et un quatrième personnage.

— 71v°. Les mêmes.

— 74v°. Krishna couché sur une sorte de trône; quatre femmes
dont l'une semble tenir un oiseau à la main.

— 79. Krishna tombant d'un nuage; femme assise sur un
trône dans l'intérieur d'un palais; trois autres femmes.

— 80v°. Krishna, Brahma et trois femmes dans un palais.

— 84. Krishna; quatre femmes; au dernier plan, un palais
avec des arbres.

— 86. Femmes allumant le feu; Krishna se tient auprès de
l'une d'elles.

— 91v°. Vichnou, Siva et Brahma; autres personnages; plusieurs nandous.

— 95. Krishna tenu sur les genoux de Dévaki qui est assise
sur un trône; cinq autres femmes dont deux servantes.
Palais avec arbres.

— 96v°. Krishna et Dévaki assis sur des trônes dans l'intérieur
d'un palais; trois autres femmes.

— 99. Devaki manœuvrant l'appareil pour se procurer du
feu; Krishna auprès d'elle; trois autres femmes;
arbre.

— 102. Krishna et trois femmes; dans le fond un palais avec
des arbres.

— 103v°. Krishna suspendu à deux arbres; deux personnages le
considèrent avec des gestes de respect.

— 106v°. Scène analogue; trois femmes en plus.

— 110. Quatre personnages assis dans une salle d'un palais et
discutant.

— 111v°. Vichnou, Siva et Indra dans une montagne; quatre
nandous.

— 115. Vishnou retire une femme du bec d'un oiseau monstrueux. Quatre personnages regardent; deux nandous.

— 117. Les trois mêmes divinités qu'au folio 111 v°; trois
femmes dans un palais; trois nandous.

Fol. 118v°. Vishnou tenant écartées les mâchoires d'un poisson gigantesque.

— 121v°. Vishnou et plusieurs autres divinités assis sur l'herbe et mangeant.

— 125. Vishnou et plusieurs autres divinités; dans le fond, un palais avec quatre nandous.

— 130. Les mêmes avec deux nandous.

— 135. Vishnou et plusieurs autres divinités dont l'une est montée dans un arbre et cherche à capturer deux oiseaux.

— 139. Un homme et quatre femmes au pied d'un arbre; gens étendus morts sur le bord d'un fleuve dans lequel on voit un poisson à plusieurs têtes.

— 144. Vishnou tue un démon; les dieux sont montés les uns sur les autres.

— 145 v°. Vishnou (le même que Krishna) et deux autres divinités : un homme et deux femmes leur parlent.

— 150. Cinq femmes au pied d'un arbre au bord d'un cours d'eau.

— 152v°. Krishna joue de la flûte dans un arbre dans lequel il est monté après avoir dérobé les vêtements des déesses.

— 157. Le même jouant de la flûte au pied de l'arbre.

— 160. Krishna auprès d'un arbre, devant lui deux femmes portant des plats sur leur tête; souverain assis sur un tapis.

— 168. Vishnou soutenant la terre du bout du doigt; quatre autres divinités l'aident; cinq nandous.

— 169 v°. Vishnou, une autre divinité, et trois personnages assis sur un tapis et causant.

— 172v°. Vishnou dans un pavillon; devant lui un souverain se tient les mains jointes; un éléphant porte un pavillon sur son dos; cinq nandous.

— 176. Vishnou assis dans une salle d'un palais; devant lui un homme et une femme dans une posture respectueuse; palais; nandou.

— 179. Vishnou assis sur un lotus; deux personnages devant lui; homme dans une rivière.

— 182. Vishnou assis dans un pavillon; devant lui plusieurs autres personnages assis et debout.

Fol. 188 v°. Plusieurs femmes dont l'une manie l'appareil à allumer le feu.

— 191. Vishnou assis sur des coussins; devant lui quatre femmes; arbres et fleurs.

— 196 v°. Tableau représentant au centre, Krishna jouant de la flûte, et à la circonférence plusieurs divinités accompagnées de leurs femmes et dansant.

— 201. Krishna et une autre divinité armés de massues poursuivent un démon qui tient quatre femmes dans ses bras.

— 208. Krishna saisissant un nandou par les cornes; trois autres divinités. Arbres et fleurs.

— 210. Femme assise sur un trône dans un palais; devant elle deux personnages, dont l'un est assis; trois autres personnages.

— 214. Vishnou saisissant un cheval par la bouche; sa femme est à côté de lui. Quatre autres personnages.

— 217. Krishna jouant de la flûte au pied d'un arbre; Siva sous la figure d'un mendiant; autres divinités; dans le fond on voit un palais.

— 221 v°. Rama et Sita dans un char traîné par deux chevaux blancs; dans le fond un palais.

— 226. Rama et Krishna s'embrassant; Sita; char traîné par deux chevaux blancs.

— 231. Krishna assis à côté d'une femme dans un char.

— 236. Krishna assis sur un trône; de sa tête s'échappent toutes sortes d'êtres; devant lui se tiennent deux autres divinités, dont l'une est Brahma et l'autre Parvati.

— 240 v°. Krishna et cinq autres personnages, dont une femme dans un jardin; dans le fond on aperçoit un palais.

— 244. Krishna et plusieurs femmes; gens tués au bord d'une rivière; palais et arbres.

— 247 v°. Un souverain couché sur un divan; un serviteur se trouve derrière lui avec un chasse-mouches; un homme se tient devant lui dans une posture respectueuse et lui parle.

— 250. Krihsna frappant un éléphant à coups de massue; plusieurs princes et princesses; pavillons dans un parc.

— 253 v°. Le même frappant à coups de massue sur la tête d'un homme; femme, pavillon avec trône dans un parc.

Fol. 257v°. Le même, assis avec son épouse et deux autres personnes sur un trône; trois autres personnages; palais au bord d'une rivière.

— 261v°. Le même avec les trois mêmes personnages, assis devant un autel sur lequel brûle le Feu sacré; un Brahmane; trois femmes prosternées devant la déesse Kali, qui est assise sur un trône.

— 263. Le même, avec quatre jeunes femmes; tenant des feuilles écrites à la main devant un homme assis sur un trône; kiosques dans un jardin.

— 266. Le même, assis sur un trône, sous un dais, auprès d'une rivière; cinq femmes et un homme se tiennent devant lui dans une position respectueuse.

— 268. Le même, causant avec un homme; tous les deux sont assis sur un trône dans un pavillon auprès d'un fleuve; six femmes se tiennent devant eux dans une posture respectueuse.

— 280. Prince assis sur un tapis sous un pavillon; huit femmes.

— 288. Krishna assis sur un tapis; une femme se tient derrière lui avec un chasse-mouches; il cause avec un personnage assis devant lui; deux autres femmes.

— 291. Le même, assis avec sa femme dans un palais; deux hommes lui parlent.

— 299. Le même, assis sur un trône sous un arbre; sa femme prend le cou d'un homme dans une sorte de cangue; gens, montés à cheval, sur un éléphant, sur un char. Arbres et fleurs.

— 309v°. Le même, couché sur un divan dans un pavillon qui se trouve dans un jardin; autre individu étendu sur un divan; un homme tenant deux épées à la main.

— 313. Le même, assis sur un trône dans une sorte de caverne; un personnage couronné se tient devant lui. Jardin avec arbres.

— 317v°. Siva et une femme assis sur un trône dans un pavillon; une femme leur parle; un nandou près d'une rivière.

— 324. Krishna assis avec une femme dans un pavillon; un homme assis devant eux leur lit une lettre; trois autres personnages; arbres.

— 332. Ravana assis sur un trône dans un pavillon; trois

jeunes femmes devant lui; deux hommes à cheval, et
trois autres portant des mousquets.

Fol. 338. Krishna assis sur un tapis avec sa femme et deux
autres personnages; trois hommes assis sur un tapis
devant un personnage qui tient un vase à la main.

— 343. Krishna assis sur un tapis dans un pavillon, au milieu
d'un jardin; devant lui, se trouvent trois jeunes
femmes, dans une posture respectueuse.

— 348v°. Krishna assis sur un tapis, dans une grotte, devant lui
Sita et le singe Hanouman. Palmier près de la mer.

— 361. Krishna et sa femme montés sur les ailes de l'oiseau
divin Garouda. Femme tenant un vase. Jardin avec
arbres.

— 370. Le même, assis sur un tapis sous un dais; trois femmes
se tiennent devant lui; jardin avec arbres.

— 380. Le même sur un tapis dans un pavillon, devant lui
Parvati; le Gange tombe de la chevelure de cette
déesse. Jardin avec arbres.

— 383v°. Le même, assis sur un trône dans un jardin; trois
hommes et un chien devant lui.

— 393v°. Le même, assis dans un char avec deux femmes; le char
est traîné par deux chevaux blancs.

— 406. Le même, assis sur un tapis dans un pavillon; trois
hommes, dont deux assis devant lui dans une posture
respectueuse.

— 415. Scène analogue.

— 419v°. Le même, au pied d'un arbre avec trois autres personnages et une femme; jardin, avec des arbres et des
kiosques.

— 424v°. Scène analogue à celle représentée par la miniature
du f. 406.

— 464v°. Le même, assis avec sa femme sur un trône dans un
pavillon; sept autres personnages, dont cinq couronnés
se tiennent devant eux dans une posture respectueuse.

— 479v°. Le même, avec un personnage agenouillé devant lui
dans un pavillon qui flotte sur les eaux.

— 429v°. Krishna et Ravana assis sur des lotus au pied d'un
arbre, l'un en face de l'autre; dix autres personnages,
dont plusieurs femmes, et un homme dans un char
traîné par deux chevaux blancs.

Français 24 219.

Abrégé historique des souverains de l'Indoustan ou empire Mogol par le colonel Gentil, 1772[1]. Manuscrit orné de nombreuses peintures très finement exécutées dans la seconde moitié du xviiie s.

d Portrait de l'empereur Shah Alem II. L'empereur Shah Alem II à cheval tenant un faucon sur le poing, passe en revue une compagnie française que lui présente le colonel Gentil.

d vo Portrait de l'historien Mohammed Kasim.

Fol. 1. Noé dans l'arche.
— 2. Scène du déluge; Manou dans un bateau traîné par un dieu métamorphosé en poisson.
— 3. Sem et ses deux fils, Archad et Arfakhshad; Japhet et ses trois fils, Turk, Rouss et Tchin.
— 4. Caïn et ses onze fils.
— 5. Ind, fils de Caïn; un rossignol.
— 6. Pouroub tenant un trident; enfants sous un appentis. Singe, hyène, tigre, antilope, serpent, deux arbres.
— 7. Krishna tenant une massue; Krishna sur un éléphant; un Brahmane et sa femme; perdrix.
— 8. Maharadj, fils aîné de Krishna; constructions représentant la ville de Bear. Homme de la secte de Senassi, un djogui. Le peintre Mani faisant le portrait d'un enfant.
— 9. Moultchand, général de Maharadj; hommes à cheval et à pied.
— 10. Kissouradj, successeur de Maharadj. Indiens tenant un nandou.
— 11. Portrait de Férosraï, fils du précédent; le même adorant le feu.
— 12. Portrait de Souridje; statues de Brahma, de Vishnou et de Siva.
— 13. Deux singes.
— 14. Portrait de Djadjoustar; pagode indienne.
— 15. Portrait de Beradj; prince indou mangeant, servi par deux domestiques.
— 16. Portrait de Kaïdar; officier mongol à la chasse.

---

1. Composé en grande partie d'après la Chronique de Mohammed Kasim.

Fol. 17. Portrait de Changal; femmes avec une idole.

— 18. Gens jouant aux échecs. Portrait de Rat.

— 19. Portrait de Maharadj. Des femmes se brûlent sur un bûcher; cortège funèbre,

— 20. Portrait de Kauradj. Scènes funéraires.

— 21. Portrait de Djetchand. Souverain et sa femme assis sur un trône, différents personnages devant eux. Brahma avec sa femme Sarasvati et son flamant. Deux indous le vénèrent.

— 22. Portrait de Delou. Cavaliers et différents animaux. Vishnou avec sa femme Lakhshmi et Garouda. Indous en prière.

— 23. For (Porus); représentation de la bataille entre ses troupes et celles d'Alexandre.

— 24. Portrait d'Iskender tenant une hache. Ganesha et Mahadeva.

— 25. Portrait de Kaltchand, Bidji et Beder, successeurs de Porus. Trois villes.

— 26. Portrait de Sinartchand. Sinartchand implore Iskender assis sur son trône. Chevaux, éléphant : Bhavani avec un tigre; indou en adoration.

— 27. Portrait de Djouna. Djouna à cheval est entouré de soldats. Indou offrant le sacrifice à une idole.

— 28. Portrait de Kaliantchand. Kaliantchand est assassiné par ses sujets. Indou offrant le sacrifice à une idole.

— 29. Portrait de Bikermadjit (Vikramaditya); le même sur le trône.

— 30. Portrait de Salbahan et de Bodje. Grande balance gardée par deux hommes. Maison.

— 31. Portrait de Bazodeo (Vasudeva). Bahram, roi de Perse et Bazodeo. Éléphant.

— 32. Le sacrifice du cheval ou asvamedha.

— 33. Portrait de Ramdev; le même sur le trône.

— 34. Portrait de Partavchandr; soldats et cavaliers.

— 35. Portrait d'Amandev, soldats et cavaliers. Indou adorant le soleil et le feu.

— 36. Portrait de Maldev; campagne avec divers personnages.

— 37. Portrait de Kora; ville dans la campagne. Portrait d'un indou et de sa femme assis.

Fol. 38. Portrait de Bassepal.

— 39. Portrait de Ramdat, souverain d'Adjmir. Portrait d'un indou et de sa femme.

— 40. Portrait de Tchandradev, souverain du Gouzerate.

— 41. Portrait de Batchari.

— 42. Portrait de Kalitchandr.

— 43. Portrait do Natchek; Agarpal. Indou et sa femme assis et buvant.

— 44. Portrait de Malab, général musulman. Portrait du général musulman Valid. Musulman récitant son chapelet et faquir.

— 45. Portraits des généraux musulmans Anaf et Abder Rahman. Scènes de combat.

— 46. Portrait de Daher et du général musulman Mohammed Kasem. Des soldats Arabes circoncisent les Indous et égorgent un mouton suivant leur rite. Deux dévots.

— 47. Portrait d'Abou Tamim Ansari et de deux zemindars. Soldats.

— 48. L'émir Nasir ed Din Sebektigin; soldats.

— 48. Petit éléphant tétant sa mère.

— 50. Sultan Mahmoud le Ghaznévide. Le même jurant sur le Koran. Djipal se brûlant sur un bûcher.

— 52. Le radja Batcheradje se frappe d'un coup de poignard pour échapper aux soldats de Mahmoud.

— 54. Bataille entre les troupes d'Anandapal et celles de Mahmoud le Ghaznévide. Soldats montés sur des éléphants.

— 56. Les soldats de Mahmoud le Ghaznévide enlèvent de Dehli l'idole Djaguisoum.

— 57. Scène de massacre.

— 60. Mahmoud le Ghaznévide brise l'idole de Soumenat. Plusieurs armes et instruments de musique.

— 64. Panoplie d'armes.

— 65. Portrait du sultan Mohammed, fils de Mahmoud. Portrait d'un seigneur indou.

— 66. Portrait du sultan Masoud, fils de Mahmoud. Le même faisant crever les yeux à son frère Mohammed.

— 68. Portrait du sultan Mohammed aveugle. Masoud jeté dans un puits. Indous jouant aux échecs; l'un des échiquiers est en forme de croix.

Fol. 69. Portrait du sultan Ahmed, fils de Mohammed ; le même sur son trône recevant trois personnages. Léopard mené dans une charrette traînée par deux buffles.

— 70. Portrait du sultan Maudoud ; homme assassiné par des soldats.

— 71. Un Patan et un Mongol.

— 72. Portrait du sultan Djafer Masoud ; Abou-l-Hasan Ali tue ses partisans. Portrait du sultan Abou-l-Hasan Ali ; le même avec ses femmes.

— 73. Portrait du sultan Abd-er-Reshid. Soldats. Sorte de cheval appelé *gourkan*.

— 74. Portrait du sultan Toghrul ; de chaque côté du médaillon où son portrait est dessiné, on voit un homme à demi nu et coiffé de feuillage.

— 75. Portraits du sultan Ferroukhzad, du sultan Zahir ed Dauleh Ibrahim ; troupes d'hommes à pied et à cheval.

— 76. Indou accroupi sur une natte et tenant un chapelet ; un serviteur lui présente un plat de fruits et une femme lui apporte une pipe.

— 77. Portrait du sultan Ala-ed-Dauleh Massoud. Temples d'idoles en ruines. Portrait du sultan Shirzad ; le même assassiné par un de ses officiers.

— 78. Portrait du sultan Arslan-Shah. L'entourage de cette peinture est imité d'un dessin européen. Lutte de deux éléphants.

— 79. Portrait du sultan Behram-Shah. Homme assis sur un tapis avec des livres et ce qu'il faut pour écrire.

— 80. Chameaux.

— 81. Portrait du sultan Khosrev Shâh, fils de Behram-Shah. Deux hommes luttant. — Portrait de son fils Khosrev-Malek. Cavaliers et soldats.

— 82. Mosquée.

— 83. Portrait du sultan Shihab-ad-Din-Ghouri ; le même est tué par un de ses officiers.

— 85. Portrait du sultan Kotb-ad-Din-Bek. Des cavaliers jouent au polo.

— 86. Portrait du sultan Aranshah ; un caïman.

— 87. Portrait du sultan Tadj-ed-Din-Youldouz et de Nasir-ed-Din-Kotbshah. Homme monté sur un rhinocéros.

Fol. 88. Portrait d'Ikhtiyar-ed-Din-Kildji gouverneur du Bengale ; du sultan de Gwalyor, Béha-ed-Din-Toghrul et du sultan Mohammed-Izz-ed-Din-Shirvan-Shah.

— 89. Portrait d'Ali-Mardan-Khan-Kildji, d'Hosam-ed-Din-Kildji et du sultan Shems-ed-Din-Iltamish.

— 92. Portrait du sultan Rokn-ed-Din-Firouzshah. — Un chat et une souris.

— 93. Portrait de Razia, sœur de Rokn-ed-Din.

— 95. Portrait du sultan Moezz-ed-Din-Behram-Shah. — Scène de bataille. Soldat mongol avec tout son équipement.

— 96. Portrait du sultan Ala-ed-Din-Masoud-Shah fils de de Rokn-ed-Din-Firouzshah. — Homme enfermé en prison et gardé par des soldats. — Eléphant de guerre caparaçonné.

— 97. Portrait du sultan Nasir-ed-Din-Mahmoud. — Soldats commandés par un officier.

— 98. Buffle nandou.

— 99. Portrait du sultan Ghyas-ed-Din-Balaban.

— 100. Combat de deux chèvres.

— 101. Portrait du sultan Moezz-ed-Din-Kai-Kobad. — Le même ; un Indien se prosterne devant lui ; soldats et hommes tués.

— 102. Portrait de Shems-ed-Din-Kai-Kobad dans un cartouche de fleurs. Eléphant portant un palanquin.

— 103. Portrait du sultan Djelal-ed-Din-Kildji. — Soldats et hommes massacrés.

— 107. Portrait du sultan Rokn-ed-Din-Ibrahim et du sultan Ala-ed-Din-Kildji ; troupe de soldats.

— 114. Portrait du sultan Shihab-ed-Din. — Homme dans une prison, gardé par un soldat.

— 115. Portrait du sultan Kotb-ed-Din-Moubarek-Shah. — Le même assis sur le trône ; des soldats et un accusé devant lui.

— 117. Portrait du sultan Nasir-ed-Din ; le même faisant massacrer plusieurs personnages.

— 119. Portrait du sultan Ghyas-ed-Din-Toukloukshah. Le même assis sur un trône. Cavaliers.

— 123. Portrait du sultan Mohammed ; cavaliers et fantassins.

Fol. 128. Quatre lutteurs (*pehlevans*).

— 129. Portrait du sultan Firouzshah ; soldats, monuments.

— 137. Caïman.

— 138. Portrait des sultans Mohammed-Shah, Ghyas-ed-Din-Toukloukshah et Abou-Bekr-Shah.

— 141. Portrait du sultan Ala-ed-Din-Sikender-Shah. — Du sultan Nasir-ed-Din-Mahmoud-Shah.

— 152. Portrait du sultan Khidr-Khan et de Daulet-Khan.

— 153. Éléphant caparaçonné monté par un grand personnage.

— 154. Portrait du sultan Moubarek-Shah.— Troupe d'hommes en marche; gens massacrés.

— 155. Portrait du sultan Mohammed-Shah ; hommes construisant une ville.

— 156. Éléphant de parade.

— 157. Portrait du sultan Ala-ed-Din. — Le même assis sur le trône; ayant devant lui des femmes et des musiciens.

— 158. Épée indienne.

— 159. Portrait du sultan Behlul Lodi ; troupe de cavaliers et de fantassins.

— 162. Éléphant monté par deux personnages tenant des étendards faits, l'un d'un poisson gigantesque, l'autre d'un animal à trois têtes, de lion et de loup.

— 163. Portrait du sultan Sikender-Shah; hommes assis et discutant. Soldats.

— 165. Éléphant portant des musiciens.

— 166. Portrait du sultan Ibrahim, fils de Sikender-Shah; troupe de cavaliers et de fantassins.

-- 167. Éléphant monté.

— 168. Portrait de Tamerlan ; le même assis sur le trône et entouré de soldats. Édifice indien.

— 175. Le soleil allumant le feu sur un autel.

— 176. Portrait de Ghyas-ed-Din Djihangir, fils de Timour et de ses deux fils Mohammed Sultan et Pir Mohammed. Trophée d'armes.

— 177. Portrait de Mirza Omar Sheikh, — de Djelal-ed-Din Miran-Shah, tous deux fils de Timour.

— 178. Portrait de Shah-Rokh.

— 179. Scribe écrivant.

— 181. Trophée d'instruments de musique.

Fol. 182. Religieux tenant un chandelier et une canne.

— 186. Portrait de Mirza Sultan Mohammed, petits-fils de Shah Rokh.

— 187. Portrait de sultan Abou-Saïd, fils de Mirza Sultan Mohammed.

— 188. Cheval caparaçonné.

— 189. Portrait du sultan Omar Scheïkh Mirza, fils d'Abou-Saïd.

— 190. Portrait du sultan Baber. Troupe de cavaliers et de fantassins.

— 201. Portrait du sultan Houmayoun. Troupe de fantassins, deux cavaliers.

— 202. Riche indienne fumant le *hokka* ; elle est servie par deux domestiques.

— 203. Portrait du sultan Shir-Shah. Chasse au lion.

— 207. Portrait de son fils Selim-Shah. Troupe de cavaliers et de soldats.

— 211. Portrait du sultan Firouz-Shah, fils de Selim-Shah. Le même montant sur son trône ; éléphant monté par un prince.

— 213. Portrait du Sultan Mohammed Adel-Shah ; homme coupé en deux.

— 215. Portrait du Sultan Ibrahim Shah ; groupe de cavaliers et de fantassins. Éléphant de guerre portant un canon.

— 216. Portrait du Sultan Sikender Shah. Hommes massacrés, soldats.

— 217. Éléphant monté par deux personnages qui tiennent des drapeaux.

— 218. Portrait du sultan Houmayoun.

— 219. Indien attaché à la bouche d'un canon.

— 221. Éléphant portant un palanquin pour les femmes.

— 222. Portrait d'Akbar. Troupe de cavaliers et de fantassins.

— 224-225. L'empereur Akbar recevant les princes ennemis qu'il avait vaincus.

— 229. Éléphant chargé de marchandises.

— 229 *bis*. Vue de la forteresse d'Agra.

— 229 *ter*. Plan de la citadelle d'Allahabad.

— 231. L'empereur Akbar et sa cour.

— 232. Éléphant richement caparaçonné et monté par un prince.

Fol. 233. Portrait du sultan Djihangir.

— 235. Les douze signes du zodiaque.

— 236. Nour Djihan Begoum, femme du sultan Djihangir.

— 238. L'empereur Djihangir faisant passer son fils devant les cadavres empalés de ses partisans.

— 239. Portrait de Shah Djihan; deux officiers dont l'un tient un faucon.

— 240. Shah Djihan faisant crever les yeux à Shehriyar, petit-fils de Djihangir, qui s'était révolté contre lui à Lahore.

— 241. Massacre des enfants de Danyal et de Khosrau.

— 242. Shah Djihan monté sur un éléphant et accompagné d'une escorte jette des pièces d'or au peuple.

— 243. Scribe écrivant, personnages devant lui.

— 245. Shah-Djihan assis sur le trône tenant sa cour; musiciennes.

— 247. Shah-Djihan regardant d'une fenêtre de son palais le combat d'un éléphant et d'un cheval.

— 249. Le Trône du Paon.

— 281. Portrait du sultan Alemgir; deux officiers.

— 329. Portrait du sultan Azem shah (à Ahmednagar).

— 331. Portrait du sultan Shah Alem; troupe de fantassins commandée par un cavalier; deux hommes massacrés.

— 346. Portrait des deux empereurs Djihandar Shah et Ferrukhsiyyar. Combat de trois chiens.

— 357. Éléphant tétant sa mère.

— 358. Portrait de l'empereur Rafideredjeh (Shah-Djihan II); le même couché, hommes et femme.

— 359. Portrait de l'empereur de Dehli Rafi-ed-Daulah ou Shah-Djihan II — de l'empereur Nikousiyyar.

— 361. Portrait des deux empereurs Mohammed Shah, et d'Aboul-Mozaffer Nasir ed Din. Les mêmes sur le trône, troupes de cavaliers.

— 368-369. Bataille sur les bords du Gange.

— 381. Portrait du roi de Perse Nadir Shah (Tahmasp Kouli Khan).

— 410-411. Portraits de souverains.

— 412. Portrait de Nizam el Mulk accompagné de deux eunuques.

Fol. 421.　Portrait de l'empereur Alemgir II et d'un nabab.
— 422.　Portrait de l'empereur Alemgir II (Aziz-ed-Daulah).
— 431.　Portrait de l'empereur Shah Djihan II.
— 432.　Portrait de l'empereur Aligohar; fils d'Alemgir II.
— 439.　Portrait de l'empereur Abdali assis sur une peau de lion et tenant à la main un chapelet et une hache.

Français 24 220.

Gentil. — *Divinités des Indoustans tirées des Pourans ou Livres historiques en Samskretan* à Faisabad, 1774. Bonne exécution [1].

Fol.　3.　Les deux divinités Mahamahya et Mahavedia.
— 4.　Double page représentant Jivalamoukhi sortant des flammes. Elle est figurée par une déesse à 16 bras montée sur un éléphant blanc. Autour d'elle sont les dieux suivants : Brahma, Mahadeva, Vishnou, Indra, Agni, Yama, Varouna, Surya, Candra Bavani, Vayu, la Lune (Candra), la Terre, Kouvira, Makala, Koumara, Prajapati, Visvakarma.
— 6.　La déesse Souradivi.
— 7 et 8.　Continuation de la planche 4. Maheshvara métamorphosé en buffle noir lance des montagnes contre Jivalamoukhi, qui les brise à coups de flèche et finit par le tuer. Les Dévatas jettent des fleurs sur Jivalamoukhi.
— 9 et 10.　Le Djamboudvipa (l'Inde); les Dévatas implorent la protection de Divi qui se trouve sur l'Himalaya. Cette montagne est représentée sous forme d'une femme.
— 11.　Trois Rakshasas dont les noms sont donnés ainsi : Rakatbidje, Soumb et Nessoumb.
— 12.　Maitreya, mère de tous les Dévatas, entourée des femmes des grands Dévatas à cheval, sur les montures de leurs époux, à savoir Chevadeti (*sic*), Brammani, Maheshvari, Vishnavi, Indrani, Koumari, Varahi, Narassemi (*sic*).
— 13.　La déesse Kali ; rakshashas tués.

---

1. Au folio 1 verso : Manuscrit contenant cent soixante-et-quinze divinités des Indoustans, peintes avec les caractères, les couleurs et les physionomies bizarres qui leur sont propres, indépendamment des animaux qui y sont représentés.

Fol. 15. La déesse Souradivi assise sur un trône; arbres nés des gouttes du vin que laissèrent tomber les Dévatas.

— 19. Disposition du sacrifice appelé djague radjesseri (*sic*).

— 20. Brahma, Vishnou, Mahadeva et d'autres Dévatas sont changés en arbres.

— 25. Brahma ayant quatre visages de quatre couleurs différentes est monté sur une oie.

— 26. Vishnu.

— 27. Mahadeva sur une montagne; le Gange sort de ses cheveux.

— 28. Génie à tête de salamandre nommé Mendekaprava; — jaune monté sur un cheval; — rouge monté sur un cheval rouge. — Louëta (*sic*) de différentes couleurs.

— 29. Génie à tête de tigre, tenant une lance; — à tête de sanglier, tenant un sabre; — à tête de cerf, tenant une faux.

— 30. Génie à tête de chien, à tête de chameau, à tête de cheval, à tête d'hémione.

— 31. Génie à tête de grue, à tête de corbeau, à deux visages, sans tête.

— 32. Génie à cinq mains. — Sans mains. — Sans pieds. — A trois pieds.

— 33. Génie à un seul pied. — A un seul œil. — A quatre yeux.

— 34. Ganesha sous forme d'un homme à tête d'éléphant, monté sur deux tigres.

— 35. Hanouman; cet esprit qui est généralement représenté sous forme d'un singe, l'est ici sous forme d'un homme à cinq têtes, de singe, de porc, de tigre, de perroquet et de cheval, toutes avec trois yeux.

— 36. Indra, monté sur son éléphant blanc avec sa femme Indrani; devant lui des musiciennes et des danseuses.

— 37. Agni, dieu du feu.

— 38. Yama, fils du soleil, monté sur un buffle.

— 39. Penga, roi des Rakshasas, monté sur un homme, plusieurs rakshasas.

— 40. Vayu, souverain de l'atmosphère, monté sur un cerf.

— 41. Varouna monté sur un poisson monstrueux.

— 42. Koumara, général des troupes de Mahadeva, monté sur un paon.

— 43. Kouvira, dieu des richesses, monté sur un bélier; il tient un drapeau rouge sur lequel est peint un tigre.

Fol. 44. La déesse Ganga, personnifiant le Gange; elle est représentée assise sur un énorme poisson.

— 45. La déesse Djoumna représentée montée sur un énorme poisson.

— 46. La déesse Mahakali, assise sur un cadavre.

— 47. Lakhshmi, déesse des richesses, montée sur un éléphant blanc.

— 48. La déesse Vinddhyavasin, autre nom de Durga.

— 49. Sandea Bavani (*sic*)[1] déesse du crépuscule elle a cinq têtes et six bras, elle est montée sur une oie.

— 50. Le génie Ananda bairon (*sic*) à cinq visages et à dix-huit bras, monté sur un buffle.

— 51. Makala assis sur un cadavre.

— 52. Kamadeva, dieu des amours, porté sur un nuage que pousse le vent du Nord.

— 53. Les Fils de la cruche.

— 54. Le Soleil sous forme d'une femme montée sur un char traîné par sept chevaux et conduit par un perroquet. La planète Saturne, homme monté sur un sanglier.

— 55. La planète Vénus, femme montée sur un chameau et tenant un livre à la main. — Jupiter, homme monté sur un éléphant noir.

— 56. La planète Mercure, homme monté sur un oiseau. — Mars, homme rouge tenant un sabre et monté sur un cheval également rouge.

— 57. La Lune, femme à quatre bras montée sur une gazelle.

— 58. Le rakshasa Rasa, qui cause les éclipses.

— 60. La déesse Sarasvati, femme à huit mains montée sur une oie blanche.

— 61-66. Différentes formes que peuvent prendre les rakshasas.

— 67. Le trône porté par quatre anges qui sert à transporter les Saints au Ciel.

— 68. Les 28 filles de Prajapati qu'il donna à la Lune et dont chacune préside à un jour du mois.

---

1. Ces noms sont des déformations tamoules des noms sanscrits primitifs.

MANUSCRITS SANSKRITS

ÉCRITS EN CARACTÈRE DÉVANAGARI

Sanskrit-Dévanagari 1. — Le « Bhagavata Pourana » Rouleau de papier de treize centimètres de largeur et de 23 m. 30 de long. Ce manuscrit est d'une très belle exécution et peut être regardé comme l'un des plus beaux spécimens de l'art indou. Nous désignerons les peintures par des numéros d'ordre inscrits au verso de ce manuscrit.

Fol. 1. En tête en or et en couleurs.

— 2. Ganesha, dieu à tête d'éléphant, derrière lui se tient une femme avec un moustiquaire, devant lui une musicienne.

— 3. Brahma, ses quatre têtes sont nimbées; un homme et une femme sont assis de chaque côté.

— 4. Vishnou monté sur Garouda, qui est représenté sous la forme d'un homme ailé avec une tête et des pieds de perroquet; sa femme Lakhshmi. Deux autres personnages assis devant lui.

— 5. Mahadeva ou Siva avec sa femme Parvati et Kartikéya; auprès d'eux le nandou.

— 6. La déesse Sarasvati; deux éléphants blancs et deux hommes plongés jusqu'à mi-corps dans un cours d'eau.

— 7. Vishnou représenté sortant de la gueule d'un poisson; deux hommes dans l'eau jusqu'à mi-jambe. Cette peinture représente l'un des avatars de ce dieu.

— 8. Le barattement de l'Océan. La Trimourti et trois Apsaras tenant le serpent Ananta-Naga qui est enroulé autour d'un tronc de palmier, placé sur le dos d'une tortue. Vishnou est assis sur la partie supérieure de ce tronc; éléphant à trois trompes ; le soleil.

— 9. Vishnou sous forme d'un sanglier, c'est l'un de ses avatars connu sous le nom de Varaha.

Fol. 10. Vishnou sous l'avatar de Nara Sinha.

— 11. Krishna; un prince assis sur le trône; une femme derrière lui joint les mains; dans le fond, arbres et palais.

— 12. Combat de Rama contre le génie à douze bras, Ravana; dans le fond un palais au milieu des arbres.

— 13. Combat de Rama et d'Hanouman contre Ravana. Sita, la femme de Rama est assise dans l'herbe; dans le fond on aperçoit les murailles d'une ville.

— 14. Krishna transporté dans un panier à travers un fleuve; au second plan, un palais.

— 15. Vishnou ou Krishna (son avatar) sous un portique entre deux hommes.

— 16. Vishnou ou Krishna (son avatar) et un cheval qui a la partie inférieure du ventre et les jambes rouges.

— 17. Un roi assis sur son trône écoute le récit du Bhagavata Pourana. Un serviteur porte un flabellum; deux autres personnages; dans le fond un jardin.

— 18, 23, 25, 31, 34, 37, 41, 45, 49, 61, 70, 72, 78. Un prince et un dieu assis sur une terrasse.

— 19, 27, 32, 35, 59, 73. Prince assis sur un trône sur une terrasse.

— 20. Vishnou et Lakhsmi (ou Siva et Parvati).

— 21. La déesse Sarasvati; deux éléphants blancs.

— 22, 24, 30, 36, 40, 44, 48, 50, 53, 62, 71, 77. Souverain assis sur un trône, s'entretenant avec une divinité assise sur une peau de tigre. Serviteur avec flabellum; deux autres personnages. Terrasse avec arbres.

— 26, 42. Prince avec un buffle.

— 28. Siva et sa femme Parvati, à côté d'eux le nandou.

— 29-38-74. Divinité assise sur une peau de tigre.

— 33. Le dieu Brahma.

— 39-52. Siva et sa femme, Parvati à côté d'eux; le nandou.

— 43. La déesse Sarasvati; deux éléphants blancs.

— 46-54-56. Vishnou et sa femme Lakhshmi assis sur une terrasse; dans le fond, un jardin avec fleurs.

— 47. Le dieu Brahma; terrasse dans le fond; jardin avec fleurs.

— 49-55. Vishnou monté sur Garouda. Garouda est représenté sous forme d'un homme à tête de perroquet. Terrasse, jardin avec fleurs.

Fol. 51. Un prince et une jeune femme assis sur une terrasse. Au dernier plan, un jardin avec des arbres.

— 57. Rama assis sur un trône sur une terrasse; devant lui le singe Hanouman.

— 60. Deux femmes assises sur une terrasse et causant; dans le fond jardin avec fleurs.

— 63. Krishna dans un arbre vient de dérober les vêtements des déesses qui se baignaient.

— 64. Vishnou soutenant une montagne à la main.

— 65. Vihsnou étendu sur le serpent Ananta Naga; Brahma.

— 66-67. Vishnou et sa femme.

— 68. Vishnou tue un serpent qui voulait dévorer un éléphant.

— 69. Vishnou; un homme mort devant lui.

— 75. Vishnou et un prince assis sur une terrasse et causant; dans le fond arbres avec fleurs.

— 76. Vishuou sur une terrasse; dans le fond, un jardin avec des fleurs.

Sanskrit Dévanagari 4. — Poëme sur l'expédition de Râma contre Râvana, roi de Lankâ (Ceylan). Ce poëme est écrit dans un des dialectes de l'Inde, probablement dans celui de Mathoura; il est rimé comme la plupart des poëmes composés dans les dialectes dérivés du Samskrit (*Catalogue des Manuscrits Samskrits de la Bibliothèque Impériale*. Paris, 1807, p. 17).

Manuscrit du milieu du siècle dernier, assez bonne exécution.

Fol. 1 v°. Rama et Sita assis sur un trône; le singe divin Hanouman se tient devant eux.

— 10. Rama et Sita.

— 17. Rama monté sur un éléphant; derrière lui le singe Hanouman; il est précédé de deux autres singes dont l'un porte un étendard.

— 23. Rama assis sur un coussin; deux autres personnages.

— 34. Rama et Sita assis en face l'un de l'autre. Deux serviteurs.

— 39. Rama, un autre personnage porte une lance derrière lui.

— 48. Rama et Sita.

Fol. 56 v°. Rama assis sur un trône, devant lui le singe Hanouman.

— 58 v°. Rama et Sita assis sur un trône, devant eux le singe Hanouman.

— 61 v°. Identique à 39.

— 71 v°. Rama et Sita assis sur un trône, devant eux le singe Hanouman; derrière un serviteur.

— 75. Rama assis sur un trône, homme devant lui joignant les mains.

— 76. Idem.

Sanskrit Dévanagari 7.

La Bhagavat-Gita et le Vishnou-Sahasra-Nama. Manuscrit de la fin du siècle dernier ou du commencement de ce siècle ; deux petites peintures passablement exécutées.

Fol. 1 v°. Arjouna et Krishna dans un char traîné par deux chevaux.

— 151 v°. Siva et Parvati portés sur les ailes d'un ange.

Sanskrit Dévanagari 8.

La Bhagavat-Gita, avec cinq autres fragments du Mahabharata; manuscrit de la fin du siècle dernier ; assez bonne exécution.

Fol. 1 v°. Ardjouna et Krishna sur un char.

— 181 v°. Vishnou étendu sur le serpent Anantanaga; sa femme Lakhshmi; Brahma est assis sur un lotus dont la tige sort du nombril de Vishnou.

— 225 v°. Vishnou assis sur un trône; un homme tirant de l'arc; homme étendu sur des pointes de lance.

— 257 v°. Vishnou, sous la forme de Narayana, est assis sur un trône; un souverain est agenouillé devant lui.

— 276 v°. Vishnou assis sur un trône; devant lui un éléphant blanc qui a un pied pris dans la gueule d'un crocodile.

Sanskrit Dévanagari 9.

Djvala Moukhi (la bouche embrasée)[1], extrait du Roudra Yamala Tantra; copie moderne d'une exécution médiocre.

---

1. Compilation rédigée en forme de dialogue entre Siva et Dourba. On y trouve l'explication de l'origine fabuleuse des volcans et des puits ardents, des détails sur les

Fol. 1 v°, 13 v°, 38 v°, 43 v°, 62 v°. Vishnou monté sur un lion.

Sanskrit Dévanagari 16.

Ganésha Stotra ou Louanges du dieu Ganesha ; moderne, exécution très médiocre.

Fol. 1 v°, 15 v°, 39 v°, 46 v°, 78 v°. Ganesha avec ses deux femmes.

Sanskrit Dévanagari 19.

Stuti Kousoumandjali, ouvrage contenant des hymnes à Siva et à Dourga ; composé par Djagatdhera, pandit du Kashmir [1]; manuscrit du siècle dernier; exécution passable.

Fol. 1 v°. Arddha Nari, divinité composée de Mahadeva, autre nom de Siva, et de Parvati.
— 14 v°. Arddha Nari (Siva et Parvati), Vishnou et Brahma.

Sanskrit Dévanagari 32.

« Rouleau contenant un horoscope tiré en l'an 1704, de l'ère sambat, qui correspond à 1570 de l'ère sâka, c'est-à-dire de celle du râdjah Sâlibâhâna (1648 de J.-C.) [2]. »
En tête et fleurons grossièrement dessinés.

Sanskrit Dévanagari 38.

« Horoscope d'un enfant né en 1796 de l'ère sambat, ou du Râdjah Vikramaditya, qui correspond à l'an 1661 de l'ère saka (du Râdjah Salibâhana, 1739 de J.-C.) [3]. » On lit sur ce rouleau les deux lignes suivantes qui me semblent de la main d'Anquetil : « Horoscope faite par un brame, à la naissance d'un fils d'un riche banian de Karabal. » Exécution très grossière.
En tête, Ganesha avec sa tête d'éléphant, tenant le trident et une coupe ; puis viennent des enluminures représentant :

cérémonies religieuses qu'on doit observer dans ces lieux de dévotion, et des chants en l'honneur de la déesse Dourgâ sous la forme de *Djvalâ Moukhi Devi*. Catalogue des manuscrits sanskrits de la Bibliothèque Impériale. Paris, 1807, page 20.

1. *Catalogue des Manuscrits samskrits de la Bibliothèque Impériale.* Paris, 1807, p. 21.
2. *Ibid.*, p. 23.
3. *Ibid.*, p. 27.

Le Soleil (Surya) dans un char traîné par sept chevaux.

Un homme monté sur un éléphant, un cheval sellé et bridé, un homme conduisant un char.

Sanskrit Devanagari 247. — La Bhagavatgita et extraits du Ramayana. Manuscrit du xviii° siècle, exécution médiocre; les miniatures sont fortement endommagées.

Fol. 17 v°. Vishnou assis sur un trône; devant lui un personnage dans une attitude respectueuse.

— 30v°. Vishnou sous forme de poisson; son premier avatar (*Matsya-avatara*).

— 50v°. Vishnou sous forme de sanglier; son troisième avatar (*Varaha avatara*).

— 59v°. Vishnou sous forme d'un lion; son quatrième avatar (*Narasinha avatara*).

— 70v°. Râma assis sur un trône, tenant une aiguière d'or; deux autres personnages.

— 83v°. Combat de Râma et de Ravana.

— 104v°. Rama et Sita; deux autres personnages.

— 109. Divinité adorée par deux personnages (Rama et Sita).

— 135. Vishnou étendu sur le serpent Anantanaga; son épouse Lakhshmi; Brahma assis sur un lotus dont la tige sort du nombril de Vishnou.

— 186. Deux souverains accroupis sur un tapis.

— 199. Vishnou, Garouda; devant Vishnou, on voit un éléphant qui a une patte prise dans la gueule d'un énorme poisson.

Tibétain 10. — Bkah-hgyour-cher mo « le grand Kandjour ». Recueil d'un certain nombre d'ouvrages extraits du Kandjour et d'autres opuscules.

Manuscrit non daté qui paraît du XVIIe siècle, mais qui est peut-être antérieur; très belle exécution.

Fol. 1 A. Titre enluminé; à gauche, une miniature qui représente la Prajña Paramita; on lit en bas *Youm tchen mo la namo :* « adoration à la Grande Mère[1] »; et à droite, le Bouddha Sakya-Mouni.

— 2 Av°. A gauche, miniature représentant la divinité appelée Gourou mangma byung gnas. — A droite, miniature représentant la divinité appelée Tche dmag med.

— 3 Av°. A gauche, miniature représentant Gter bsten gourou tchos dmar. — A droite, Ye shes mtcho rgya.

— 4 A. A gauche, miniature représentant la divinité nommée Mar mé mdjad; à droite, Byams ma mgon bho.

— 5 A. A gauche, peinture représentant la divinité nommée A djem btad; à droite, celle appelée Nor rgyu ma.

Tibétain 13. — Fragments de la traduction tibétaine du Dharma sanskrit intitulé *Prajña Pârâmita.* « La Sagesse transcendante. » Tiré du Kandjour.

Manuscrit du XVIIe siècle; assez bonne exécution.

Fol. 48v°. Le Bouddha Sakya-Mouni. — Deux autres divinités auprès d'un tchaitya dans une forêt.

— 49v°. Le Bouddha; plusieurs tchaityas.

— 50v°. Le Bouddha.

Tibétain 131. — Tableau peint sur papier et collé sur une feuille de soie noire, représentant le Bouddha Sakya Mouni; au-dessus

---

1. Il est douteux que ce soit la mère du Bouddha, Maya.

de lui les autres Bouddhas, au-dessous le Bouddha Maitréya, avec ses deux disciples. Assez bonne exécution, probablement du xvii° siècle.

Tibétain 146. — Traduction du traité sanscrit connu sous le nom de « Padma Sambhava ».

Au verso du premier folio, se trouvent deux petites peintures assez bien exécutées, dont l'une, celle de gauche, représente le Bouddha Sakya Mouni. Ce manuscrit, qui n'est point daté, est probablement de la fin du xvi° siècle ou du commencement du xvii°.

MINIATURES

DU DÉPARTEMENT DES ESTAMPES

OD 32.

Recueil de peintures indiennes d'une exécution passable.

A. 8 miniatures représentant les incarnations de Vishnou.

B. Officier de la cour du Grand Mongol armé d'un poignard.

Fol. 1. Sultan Azem Shah, fils aîné d'Aurengzib.
— 2. Général indien armé d'un bouclier et d'un sabre.
— 3. L'empereur Aurengzib.
— 4. Général indien.
— 5. Shah Shoudja, fils de Shah Djihan, frère d'Aurengzib.
— 7. Mohammed Emin, fils d'Aurengzib.
— 8. Nabab tenant un sabre à la main.
— 9. Officier de la cour des Grands Mongols, armé d'un sabre et d'un bouclier.
— 10. Prince indien vêtu d'une robe transparente et armé d'un sabre ; il est donné comme le dernier fils de l'empereur Aurengzib.
— 11. L'empereur Akbar.
— 12. L'empereur Djihangir.
— 13-14. Généraux indiens de la cour des Grands Mongols.
— 15. L'empereur Shah Djihan.
— 16. Dara, frère aîné d'Aurengzib.
— 17-18. Officiers de la cour des Grands Mongols.
— 19. Officier général indien, armé d'un sabre, d'un bouclier et d'un poignard.
— 20. Sultan Shagar, frère d'Aurengzib ; il tient un faucon à la main.

OD 32 a.

Recueil de dessins indous d'une assez bonne exécution.

Femmes indiennes assises sur une terrasse et buvant ; plusieurs musiciennes. — Empereur Mongol de l'Indoustan porté dans un palanquin ; nabab et sa suite parlant à l'empereur. — Prince indien tirant un coup de fusil sur la terrasse d'une citadelle. — Voiture indienne traînée par deux nandous.

OD 41. rés.

Fol.	2.	Religieux et jeune homme ; arbres, dessin au trait.
—	3-4.	Empereur de l'Hindoustan, avec la tête nimbée, armé d'un sabre.
—	5.	Prince indien, vêtu d'un costume doré, tenant un sabre.
—	6.	Jeune indoue tenant un perroquet.
—	7.	Dame indoue richement vêtue, tenant une biche.
—	8.	Oiseau sur une branche en fleurs ; deux abeilles et un papillon, datée de 1043 H.
—	9.	Empereur mongol de l'Inde assis sur un trône d'or, il a la tête nimbée.
—	10.	Prince indien ayant la tête nimbée, sous un dais en brocard d'or, dans un pavillon. Autre personnage.
—	11.	Empereur mongol de l'Inde, ayant la tête nimbée, en grand costume, sur un cheval richement caparaçonné ; il tient un faucon. Plaine avec arbres.
—	12.	Dragon.
—	13.	Dessin au trait représentant deux anges sous un arbre.
—	14.	Dessin au trait représentant un page versant une liqueur dans un verre.
—	15.	Dessin au trait représentant un cavalier jetant un lasso au cou d'un second cavalier.
—	16.	Dessin au trait représentant un homme qui dort sous un arbre ; un laboureur, un ânier, etc. Dans le fond, édifices indous.
—	17.	Homme assis avec un livre à côté de lui.
—	17v°.	Homme coiffé d'un turban, assis sur un tapis sous un arbre et tenant un livre.
—	18.	Jeune homme tenant par une corde un bouc qui cherche à s'enfuir.

Fol. 19. Démon monté sur des échasses, coiffé d'un turban formé d'un serpent. Il tient un serpent dans ses bras, ainsi qu'une cruche dans laquelle se trouve un homme.

— 20. Dessin au trait représentant un religieux tenant un livre.

— 21. Homme assis.

— 22. Bonze jouant avec un chat.

— 23. Medjnoun dans le désert, entouré de toutes sortes d'animaux, une femme se tient devant lui ; chameau accroupi (tirée d'un *Medjnoun u Leïla* persan).

— 23v°. Une fleur.

— 24. Dévot dans une attitude de méditation, tenant un livre.

— 25. Bonze ayant une sorte de cangue au cou (signé Ibrahim).

— 26. Ascète au pied d'un rocher ; on voit un lapin et une biche à côté de lui. — Chasseur armé d'un fusil, d'un sabre et d'un poignard, tenant un cerf sur ses épaules.

— 26v°. Miniature au trait non terminée représentant deux personnages assis près de rochers et tenant à la main des faucons.

— 27. Homme assis drapé dans un manteau.

— 28. Page tenant un faucon à la main (travail persan).

— 29. Kai-Kaous traversant le Djihoun (l'Oxus) avec sa mère.

— 30. Scène de bataille, tirée comme la précédente miniature d'un *Shah-Nâméh* persan.

— 31. Homme battant un âne ; un autre homme le regarde ; arbres et fleurs (travail persan).

— 32. Deux cavaliers jouant au polo ; trois autres cavaliers les regardent (travail persan).

— 33. Jeune homme richement vêtu portant quatre tasses ; la miniature est signée Mohammed-Kasem; elle a été exécutée à Bagdad.

— 34. Une galère avec un pavillon.

— 35. Le sultan de Constantinople, Mohammed II el Fatih.

— 36. Le même.

— 37. Portrait de femme.

— 38. Jeune homme tenant une coupe et un flacon.

— 39. Souverain assis sur un tapis dans un jardin avec quatre femmes ; serviteurs, vases et flacons (travail persan).

Fol. 40. Medjnoun dans le désert, assis au pied d'un arbre ; deux hommes se tiennent devant lui (travail persan).

— 41. Le sultan Soleïman el Kanouni, à cheval.

— 42-43. Portraits de trois sultans osmanlis dont le nom n'est point indiqué.

— 44. Jeune homme tenant une fleur à la main (travail turc).

— 44v°. Jeune homme assis.
        Dévot agenouillé (travail turc).

— 45v°. Abraham, la figure voilée comme Mahomet et la tête entourée de flammes, s'apprête à sacrifier Isaac (dessin au trait).

— 46. Trois personnages indous, dont deux sont armés.

— 46v°. Portrait d'un enlumineur de miniatures.

— 47. Darius assassiné, Alexandre le Grand lui soutient la tête ; plusieurs cavaliers et fantassins ; deux hommes enchaînés ; cette miniature doit être tirée d'un Nizami. Il se pourrait qu'elle représentât Sohrab tué par Roustem ou Isfendiar tué par le même. (travail persan).

— 48. Miniature tirée d'un *Iskender naméh* de Nizami (?) représentant Alexandre le Grand à la fenêtre d'une maison ; trois personnages au pied de la maison ; arbres et différents animaux (travail persan).

— 49. Bahrâm Gour assis avec une de ses favorites sous la coupole noire. Cette miniature est tirée du *Heft peïker* de Nizami (travail persan).

— 50. Rencontre de Khosrav Anoushirvan et de Shirin (travail persan).

— 51. La vieille femme qui vient demander justice au sultan Sindjar ; trois cavaliers, dont l'un porte un parasol au-dessus de la tête du sultan (travail persan).

— 52. Alexandre dans un bateau aborde sur une rive où se trouvent quatre personnages (travail persan).

— 53. Domestiques préparant un repas ; plusieurs autres personnages (travail persan).

— 54. Plusieurs personnages et trois ânes.

— 55. Shirin et Khosrav (?); tous les deux sont à cheval.

— 56. Animal apocalyptique, ayant une queue de paon ; ses pattes de devant sont formées par des bras d'homme, ses pattes de derrière par des pattes de chèvre ; il a une tête de coq et une défense de rhinocéros.

OD 42 (Réserve). — Recueil de peintures indoues, en général d'une admirable exécution.

Fol. 1. Souverain indou assis sur un tapis; il fume le kalioun; un serviteur se tient derrière lui avec un chasse-mouches.

— 3. Femme assise sur des coussins brochés sur une terrasse; elle porte une robe transparente.

— 5. Portrait en médaillon d'une jeune indienne, signé Bokhtor (?)

— 7. Papillon.

— 8. Indou assis sur une terrasse.

— 9. Jeune femme vêtue d'un pantalon d'étoffe d'or et d'une robe de gaze; elle est appuyée à un arbre (signé Bounkeran).

— 10. Souverain assis au bord d'une source, il tient un faucon à la main; plusieurs serviteurs et un chien.

— 11. Souverain coiffé d'un turban d'or et tenant une grande épée à la main.

— 12. Prince indou dans une escarpolette; quatre jeunes indoues le balancent; une autre joue du tambour; trois paons (signé).

— 13. Portrait d'un empereur mongol (signé).

— 14. Jeune indienne assise, jouant de la guitare.

— 15. Danseuse indienne vêtue d'une robe verte et rouge (signé).

— 16. Jeune indienne suspendue à un arbre.

— 17. Portrait de souverain indien.

— 18. Jeune indienne vêtue d'un pantalon en étoffe d'or et d'une robe de gaze; elle se tient près d'un arbre et joue avec un oiseau.

— 20. Princesse indoue assise sur une terrasse; une femme portant un chasse-mouches se tient derrière elle; quatre musiciennes.

— 21. Portrait de danseuse indoue (signé).

— 22. L'empereur Shah Djihan et le prince héritier; plusieurs officiers indous en grande tenue.

— 24. La Vierge, l'Enfant-Jésus et les Anges (signé).

— 25. Musicienne indoue (signé).

Fol. 26. Homme chassant au coucher du soleil; il est armé d'un fusil; chiens et antilopes (signé : Nadir bulend ikbal).

— 27. Vieillard à longue barbe tenant un livre à la main; quatre femmes indiennes assises et tenant également des livres (signé).

— 28. Indoue tendant un vase d'eau à un cavalier; quatre femmes indoues tirent de l'eau d'un puits (signé).

— 29. Portrait d'empereur indou monté sur un cheval richement caparaçonné; il tient un faucon à la main; cavaliers et soldats montés sur des éléphants.

— 30. Combat de deux éléphants, au trait.

— 31. Séance plénière tenue à Lahore par l'empereur Alemgir; le prince royal en grande tenue, salue l'empereur; officiers indous.

— 32. Portrait d'une jeune européenne.

— 33. Portrait de l'empereur Alemgir.

— 34-35. Jeune indienne tenant un oiseau à la main (signé).

— 36. Jeune indienne tenant un moustiquaire en plumes de paon et une sorte de trident à la main (signé).

— 37. Portrait d'un souverain indou (signé).

— 38. Portrait de deux danseuses indoues richement parées.

— 39. Deux papillons (signé).

— 40. Deux voyageurs à cheval dans une forêt (cette miniature semble copiée sur une gravure européenne).

— 41. Portrait d'un empereur mongol.

OD 43 (Réserve). — Recueil de peintures indoues d'une magnifique exécution, probablement du xviie et du xviiie s.

Fol. 1. Souverain indou assis sur le trône sur une terrasse; il fume le *kalioun*; devant lui plusieurs jeunes femmes qui lancent des fusées et des gerbes d'artifice; dans le fond, on aperçoit un fleuve traversé par un pont.

— 2. Sheïkh assis sous un arbre; un archer se tient devant lui; dans le fond, on aperçoit une maison avec une femme qui manœuvre un rouet.

— 3. Prince indien assis sur des tapis sur une terrasse; auprès de lui son bouclier et son sabre.

Fol. 4. Portrait d'un prince.

— 5. Princesse couchée entourée de femmes.

— 6. Musicienne indienne richement vêtue d'une robe d'or et tenant une guitare incrustée de nacre.

— 7. Même sujet que OD 42, n° 28.

— 8. Prince à cheval fumant le *kalloun* et accompagné de deux domestiques. Une note manuscrite lui donne le nom de Djessingue.

— 9. Combat d'un buffle et d'un lion.

— 10. Plusieurs personnages, parmi eux quelques religieux fumant le *kalloun*.

— 11. Jeune indienne tenant des fleurs.

— 12. Prince indien armé se promenant sur une terrasse.

— 13. Prince indien armé.

— 14. Jeune homme et jeune femme indous.

— 15. Indous réunis par la poitrine.

— 16. Lutteurs.

— 17. Indous faisant de l'escrime au sabre.

— 18. Prince indien richement vêtu se promenant sur la terrasse d'un palais en fumant un *kalloun* que tient un serviteur, un autre domestique porte un moustiquaire (signé).

— 19. Souverain indien assis et fumant un *kalloun*; devant lui se tiennent trois femmes et deux musiciennes.

— 20. Prince indien tenant un faucon à la main.

— 21. Les deux *sheikhs* Nizam-ed-Din et Férid-ed-Din, assis sur une terrasse.

— 22. Ascète nu assis sur une peau de bête à l'ombre d'un arbre; dans le fond, on aperçoit un fleuve traversé par un pont.

— 23. Huit religieux assis sur une terrasse qui domine un fleuve. Voici leurs noms : Moin-ed-Din, Kotb-ed-Din, le *sheikh* Férid-ed-Din- (Attar), Nizam-ed-Din, Mohi-ed-Din, Ibrahim Evhem, Shah-Sheref-ed-Din- Kalend(er), Mohammed Ghaous Kavaleri.

— 24. Un prince et un sheikh assis sur une terrasse.

— 25. Prince indien en grande tenue (suivant une note, ce personnage est Kandouran, général d'armée).

— 26. Sheikh assis, tenant un livre et un chapelet.

Fol. 27. L'empereur Mohammed Shah assis sur le trône; devant lui un serviteur.

— 28. Le nabab Shah Asta Khan passant la revue de son armée; son cheval se cabre (signé).

— 29. Souverain assis sur un éléphant.

— 30. Peinture représentant une incantation; un vieillard fait descendre un *Simotorgh* du ciel.

— 31. Dame indienne nommée Mogolani tenant une cruche à la main.

— 32-33. Prince Uzbek assis.

— 34. Dessin au trait représentant une dame indienne à sa toilette avec deux servantes.

— 35. Ascète assis sur une peau de bête près d'une cabane; il tient un chapelet à la main (signé).

— 36. Portrait de l'épouse du raja Katan Singh, Padmavati, richement vêtue; buffets avec fruits et flacons.

— 37. Deux dévots assis sur une terrasse et tenant des chapelets; ils se nomment Hadji Kadar et Pir Dastgir.

— 38. Prince assis sur des coussins; il est entouré de femmes et de musiciennes; dans le fond, on aperçoit un palais au milieu des arbres.

— 39. Femmes au bain et hommes à cheval.

— 40. Homme à cheval tenant un faucon; trois femmes lui apportent des plats.

— 41. Prince assis; une musicienne se tient devant lui, ainsi que plusieurs jeunes femmes très richement vêtues.

— 42. Souverain indou à cheval; il tient une lance à la main.

— 43. Éléphant.

— 44. Cheval sellé et harnaché.

OD 44 (réserve). — Recueil de peintures indiennes généralement d'une fort belle exécution.

Fol. 1. L'empereur Behadour Shah à la chasse; il appuie un mousquet sur les épaules de deux domestiques; un autre tient un mousquet en réserve; dans le lointain, un corps d'armée.

— 2. Portrait de l'empereur Shah-Djihan.

— 3. Dames indiennes richement vêtues se balançant à une escarpolette suspendue à un arbre.

Fol. 4. Dame indienne sur une terrasse avec des servantes et une musicienne; bassin avec jets d'eau; dans le fond on aperçoit un palais.

— 5. Dame indienne à sa toilette et fumant le *kalloun*; une servante lui présente un miroir; bassin avec jets d'eau; dans le fond un palais.

— 6. Plusieurs dames indiennes réunies sur une terrasse avec des servantes.

— 7. Combat de deux éléphants.

— 8. Chameau magique portant sur son dos un pavillon dans lequel se trouve une houri qui joue de la harpe. Le corps du chameau est composé d'hommes et de plusieurs animaux.

— 9. Souverain assis près d'une jeune femme couchée; servantes.

— 10. Déesse avec quatre femmes.

— 11. Portrait d'une dame portugaise.

— 12. Portrait de Nourdjihan.

— 13. Prince indou assis sur une terrasse et protégé par un dais; une femme assise devant lui, lui présente une coupe; domestiques et musicienne.

— 14. Prince indou assis avec son épouse sur une terrasse; devant eux plusieurs hommes, dont plusieurs, qui sont contrefaits, chantent.

— 15. Cortège d'une mariée; cavaliers, chameaux, éléphants avec des *houdoudj*.

— 16. Le prophète Joseph à cheval, accompagné d'une escorte de cavaliers et de fantassins.

— 17. Portrait d'un souverain assis sous un dais; des musiciennes se trouvent devant lui; on lit au bas « Mametkan Banguiche ».

— 18. Dames indiennes assises sous un dais; deux musiciennes.

— 19. Miniature indienne représentant le Christ et Marie Magdeleine (ou la vierge Marie) et K?is adorant un crucifix placé dans un arbre.

— 20. La Vierge Marie.

— 21. Deux femmes assises sur des peaux de bêtes, près d'un arbre.

Fol. 22. Femme tenant un chapelet, assise sous un arbre; devant elle plusieurs musiciennes; fleuve avec un pont et un bateau.

— 23. Souverain persan ayant devant lui un joueur de guitare.

— 24. Portrait du roi de Perse Shah Abbas Iᵉʳ; devant lui un faucon.

— 25. Splendide peinture représentant un jeune homme et une jeune femme à cheval; un homme caché dans un buisson tient un flambeau (signé Feiz-Allah).

— 26. Femme indienne assise devant une hutte; deux musiciennes.

— 27. Portrait de l'empereur Shah Djihan.

— 28. Portrait de l'empereur Mohammed Shah (Mamet Cha); lutte de deux éléphants.

— 29. Splendide miniature représentant l'ange Gabriel venant trouver Mahomet dans la nuit de l'Ascension (?). Deux anges ou houris dans le ciel.

— 30. Empereur indien couché avec une jeune femme sur la terrasse d'un palais; feu d'artifice.

— 31. Princesse conduite par ses servantes au lit nuptial.

— 32. Zuleïkha recevant le prophète Joseph; ses femmes se coupent les doigts avec leurs couteaux.

— 33. Sheikhs assis sous une tente; plusieurs femmes.

— 34. Dame indienne assise sur des tapis brodés, entourée de ses servantes et de musiciennes.

— 35. Identique à OD 42, nº 28. C'est peut-être l'épisode d'Eliezer et de Rebecca.

— 36. Souveraine indoue assise dans un pavillon porté par deux chameaux; elle est accompagnée de femmes montées à cheval et sur des éléphants.

— 37. Sheikhs musulmans, derviche et femmes priant.

— 38. Le sheikh Saadi tenant un livre; plusieurs femmes.

— 39. Dévot, nommé Ibrahim Edhem, servi par quatre houris.

— 40. Indra, souverain du ciel, entouré d'apsaras; les unes dansent, les autres font de la musique.

— 41. Siège d'une ville forte par l'empereur Alemgir; soldats montant à l'assaut; l'empereur est porté dans une litière.

Fol. 42. Seigneur persan à cheval luttant contre un dragon ;
dans le fond, sur une colline, on aperçoit une église
chrétienne. D'après une note écrite au verso, c'est le
portrait de Dieudonné de Gozon, chevalier de Malte,
déguisé en persan.

— 43. Empereur indou embrassant une jeune femme ; serviteurs et musiciennes.

— 44. Empereur indou assis avec sa femme sous un pavillon ;
il fume le *halloun* ; musiciennes et femmes se lançant
de l'eau.

— 45. Empereur en grand costume, monté sur un éléphant
richement caparaçonné ; domestique et cornac.

— 46. L'empereur Alemgir monté sur un éléphant passe ses
troupes en revue devant une ville assiégée.

— 47. Homme blessé et plusieurs femmes.

— 48. Jeune femme indienne tendant un vase d'eau à un
prince vêtu comme les empereurs Mongols ; trois
autres femmes.

— 49. Impératrice indienne assise sous un dais et fumant le
halloun ; un homme emporte une jeune fille endormie
dans une sorte de châsse ; domestiques et musiciennes ;
scène de nuit.

— 50. Empereur Mongol avec une jeune femme richement
vêtue ; domestiques et musiciennes. Pavillon.

OD 45 (Réserve)[1].

Voyage de Manucci. Recueil de peintures indiennes d'une splendide exécution ;

Fol. 1. Portrait de l'auteur.

— 2. Portrait de l'auteur de l' « Histoire du Mogol ».

— 3. Tamerlan en grand costume, tenant un mousquet et
visant un lion. Autour de lui, plusieurs personnages
habillés à l'indienne et armés de sabres et de mousquets.
Ce décor est le même pour tous les portraits qui vont
suivre.

---

1. Suivant une note placée en tête de ce volume, ces peintures ont été exécutées par
un nommé Mir Mohammed, de la cour de Shah Alem ; elles ont été copiées sur les origi-
naux conservés dans le trésor royal.

Fol. 4. Mirza Miran Shah, fils de Timour, assis sur le trône.

— 5. Sultan Abou Saïd, assis sur le trône.

— 6. Sultan Sheïk Omar.

— 7. Sultan Mahmoud.

— 8. Bâber, monté sur un éléphant richement caparaçonné.

— 9. L'empereur Houmayoun, vêtu d'un habit doré et armé
d'un bouclier et d'un sabre; il est porté dans un palanquin.

— 10. L'empereur Akbar, monté sur un éléphant richement
caparaçonné.

— 11. L'empereur Djihangir, idem.

— 12. Dessin au trait, non colorié représentant l'empereur
Shah Djihan et ses fils Dara, Shodja, Aurengzib, et
Mouradbakhsh; ils sont montés sur deux éléphants
richement caparaçonnés.

— 13. L'empereur Aurengzib à cheval, tenant un livre à la
main; serviteur avec un parasol.

— 14. Aurengzib assis sur le trône, il tient un sabre à la
main; un homme nommé Nazir lui apporte la tête de
son frère Dara dans un plat.

— 15. Bolaqui ou Khosrou, fils aîné de Djihangir, assis sur
des coussins d'or; il est entouré de femmes, de danseuses et de musiciennes.

— 16. Mouradbakhsh, combattant du haut d'un éléphant couvert d'une cuirasse; il est percé de flèches.

— 17. Sultan Mahmoud, fils aîné d'Aurengzib, en habit de
gala, à cheval, il tient une lance à la main.

— 18. Shah Alem, deuxième fils d'Aurengzib à cheval, tenant
un arc et des flèches, dans le fond un indou lâche un
guépard sur des antilopes.

— 19. Sultan Azem Shab, troisième fils d'Aurengzib, monté
sur un cheval au galop richement caparaçonné; des
valets tiennent des chiens et portent des faucons.

— 20. Sultan Akbar, quatrième fils d'Aurengzib; il est à
cheval et tient un sabre à la main.

— 21. Sultan Kambakhsh, cinquième fils d'Aurengzib; il est
porté dans un palanquin; un homme porte un faucon
sur un *desikhiz*.

Fol. 22. Sultan Solëiman, fils de Dara, assis sur un trône ; un homme porte un parasol au dessus de sa tête.

— 23. Sultan Moizz ed Din, fils aîné de Shah Alem, assis sur le trône ; un homme lit une lettre devant lui ; un serviteur porte un parasol.

— 24. Sultan Azim ed Din, vice-roi du Bengale, assis sur un trône orné de pierreries ; un homme porte un parasol pour l'abriter.

— 25. Sultan Iskender assis sur le trône ; un homme porte un parasol au dessus de sa tête ; un autre tient un faucon sur le poing ; jet d'eau.

— 26. Shaisteh-Khan, assis sur un tapis et entouré de personnages de la cour ; dais, bassin avec jet d'eau.

— 27. Yakout Singh, prince indien à cheval, avec une escorte d'indous armés de lances et de boucliers.

— 28. Le raja Yasingh, à cheval, tenant une lance à la main ; il est escorté par une troupe de soldats qui portent des sabres sur leurs épaules.

— 29. Mirza Molla, vice-roi du Karnatik, à cheval ; il est escorté par des hommes armés de mousquets, de sabres et de poignards.

— 30. Behadour-Khan, frère de lait d'Aurengzib, à cheval, escorté comme le précédent.

— 31. Dalikhan à cheval ; il tient un arc et une flèche. Idem.

— 33. Le prince Shihab ed Din à cheval, armé et escorté comme le précédent.

— 32. Azak-Khan, gouverneur du Karnatic, dans un palanquin ; même escorte que les précédents.

— 34. Le kadi Abd el Wahhab, assis sur un tapis devant un monument ; devant lui plusieurs personnages dont trois femmes.

— 35. Mohammed Emin Khan, général de la cavalerie d'Aurengzib et vice-roi du Gouzerate ; il est monté sur un éléphant ; même escorte que les précédents.

— 36. Ali Merdankhan, vice-roi de Lahore et du Kashmir à cheval ; il tient un grand sabre.

— 37. Tableau représentant les princes de la dynastie des Kotbshahs ; à savoir : Behram Ali Kotbshah, gouverneur de Golconde ; Sultan Djemshid Kotbshah ; Sultan Ibrahim Kotbshah, fils du précédent ; Sultan Mohammed Kouli Kotbshah, son fils ; Sultan Mohammed Kotbshah, son fils ; Sultan Abdallah Kotbshah, son fils ; Sultan Abd el Hasan Kotbshah. Autres personnages et domestiques.

Fol. 38. Tableau représentant les princes de la dynastie des Adelshahs; à savoir : Yousouf Adelshah, roi de Visapour, tenant à la main une clef, emblème de sa charge de trésorier; Ashraf Adelshah, son fils; Ibrahim Adelshah, son fils ; Mohammed Adelshah, son fils ; Ali Adelshah, son fils ; Mohammed Adelshah, son fils ; Ali Adelshah, fils adoptif de Mohammed Adelshah ; Iskender Adelshah, fils du précédent. Quelques-uns de ces princes portent des armures.

— 39. Le raja Savadji à cheval, tenant un sabre; même escorte que 34, 35, etc.

— 40. Sardje Khan à cheval, revêtu d'une armure et tenant un sabre; même escorte que le précédent.

— 41. Madana, premier ministre du roi de Golconde, porté sur un palanquin; idem.

— 42. Mohammed Ibrahim, général de l'armée du roi de Golconde, à cheval ; idem.

— 43. Le palanquin nommé *shâh dohol*, destiné aux reines et aux princesses du sang; escorte.

— 44. Le palanquin nommé *anbari*, destiné aux dames de distinction ; il est porté par un éléphant.

— 45. Palanquin destiné aux concubines du sultan des Indes; il est porté par des hommes.

— 46. Petit palanquin nommé *dholi* porté par des hommes.

— 47. Servante des femmes du sultan des Indes à cheval; elle a le visage voilé et est escortée d'hommes armés.

— 48. Fakirs musulmans.

— 49. Souverain s'adressant au *gourou* ou chef d'une troupe d'ascètes nommés *djogis*.

— 50. Princesse indienne faisant le *suttee* (se jetant dans les flammes d'un bûcher).

— 51. Combat de deux éléphants montés.

Fol. 52. Éléphant de guerre caparaçonné et monté par deux hommes; plusieurs cavaliers.

— 53. Chasseur portant un léopard sur la croupe de son cheval; homme tenant un chien en laisse.

— 54. Femmes indiennes du Dekkan, de Visapour et de Golconde; elles sont richement vêtues de robes d'or; l'une d'elles tient un petit enfant dans ses bras.

— 55. Femmes de l'Indoustan en grande toilette assises sur la terrasse d'une maison; musiciennes.

— 56. Palanquin porté par un chameau escorté par des hommes armés de bâtons et de poignards.

OD 45 a (Réserve). Recueil de peintures indiennes d'exécution passable.

Fol. 1-2. Prince indou armé.

— 3-4. Portrait de l'empereur Aurengzib.

— 5. Portrait de l'empereur Djihangir.

— 6. Portrait du prince indou Khan Djihan Khan Loudi.

— 7. Portrait de l'empereur indien Ferrukh Siyyar.

— 8. Portrait d'un jeune prince.

— 9-10. La déesse Kali.

— 11-12. Divinités indiennes.

— 13. Lutte de deux génies qui cherchent à s'arracher un serpent; ils sont montés sur deux éléphants dont le corps est composé d'autres animaux.

— 14. Le paradis des Indous.

— 15. Dame indienne accompagnée de ses femmes et de musiciennes.

— 16. Dessin au trait représentant un prince assis sur un divan avec une femme. Une servante tient un moustiquaire à la main.

— 17. Scène de chasse nocturne (signé).

— 18. Un religieux tout nu, devant lui se tiennent deux femmes dont l'une tient un enfant dans les bras.

— 19. Deux femmes sous un arbre.

— 20. Divinités indiennes.

OD 45 a (Réserve). Sans cote, dans un petit cadre.

Un portrait authentique de Tahmasp Kouli Khan, plus connu sous le nom de Nader Shah; il est assis sur une terrasse garnie de tapis et tient son sabre à la main. Ce portrait est d'exécution indienne et bien fait. Il est certifié authentique par le docteur Bazin, médecin de confiance de Nader Shah.

MANUSCRITS PERSANS ET TURCS DE LA COLLECTION SCHEFER

Arabe 6074. — Recueil de peintures et de dessins du xviᵉ siècle avec des modèles d'écritures; très belle exécution.

Fol.   1. Jeune homme tirant de l'arc (au trait).

—   1 vᵒ. Jeune homme assis tenant un sonkor; il est ganté d'un destkhiz (au trait).

—   2. Jeune homme assis sous un arbre faisant la collation (au trait).

—   2 vᵒ. Portrait d'un jeune homme tenant à la main une feuille de papier (au trait).

—   3 rᵒ. Portrait d'une jeune femme vêtue d'une pelisse de brocart fourrée (au trait).

—   3 vᵒ. Femme agenouillée présentant une coupe à un jeune prince assis entre deux arbres (à demi colorié).

—   4. Homme agenouillé présentant une coupe à un prince séfévi (lavé); signé Melik Hoseïn Isfahani.

—   4 vᵒ. Femme richement vêtue tenant à la main une coupe et un flacon (au trait).

—   5. Un homme et une femme s'embrassant (au trait).

—   5 vᵒ. Jeune homme tenant une rose à la main (au trait).

—   6. Dévot en prières (au trait).

—   6 vᵒ. Deux dragons (au trait).

—   7. Un dragon (teinté).

—   7 vᵒ. Jeune homme ivre.

—   8. Archer vérifiant une flèche.

—   8 vᵒ. Jeune homme à cheval dans une forêt; il est armé d'un arc et d'un carquois (au trait).

—   9. idem, armé d'un poignard et d'une masse (au trait).

—   9 vᵒ. Portrait d'un dévot et d'une jeune femme (le premier est peint).

—   10. Copie par un artiste persan de trois dessins chinois : le premier représente un héron saisissant un poisson (signé Sultan Ali Shusteri) ; le second un archer et le troisieme un pêcheur (?). Ces trois dessins sont au trait.

Fol. 10 v°. Individu assis dans un jardin et tenant un livre à la main (mauvaise exécution).

— 11. Dévot en prières au pied d'un arbre (au trait).

— 11 v°. Génie ailé et couronné de feuilles d'arbre, tenant un enfant couronné dans ses bras (probablement la copie de quelque dessin indou ou européen).

— 12. Menuisier sciant une planche (mauvais).

— 13. Combat de Roustem et de Rakhsh contre le dragon.

— 13 v°. Le prophète Joseph portant une aiguière d'or, entre dans une salle où se trouve Zuleïkha avec les dames du Caire.

— 14. Jeune femme agenouillée versant du vin dans une tasse.

— 14 v°. Jeune homme debout près d'un arbre.

— 15. Jeune homme endormi (signé Aga Riza).

— 20. Jeune homme assis tenant une fleur à la main.

— 20 v°. Chasse à la panthère ; un cavalier lui décoche une flèche, pendant qu'un autre tire son sabre pour la frapper ; gazelles ; chasseur avec un chien (signé Behzad).

— 21. Homme tirant un lion avec un lasso.

— 21 v°. Prince assis sur des coussins ; un domestique lui présente une coupe de vin.

— 22 v°. Une bartavelle.

Reliure en laque peinte avec des dragons.

Arabe 6075. — Recueil de peintures indiennes, turques et persanes du XVIe-XVIIIe siècle.

Fol. 1 v°. Haroun ar Rashid, Mamoun et les Barmékides, assis sur la terrasse d'un palais indou ; cette peinture, d'une magnifique exécution, est signée Behzad, le peintre qui illustra le divan d'Hoseïn Baïkara (style indien).

— 2. Portrait d'Akbar Shah par le même Behzad[1] ; l'empereur est représenté dans sa première jeunesse, assis sur un tapis et fumant le *hokka* (indien).

---

1. Je ne sais jusqu'à quel point il faut ajouter une grande confiance à ces indications qui peuvent avoir été écrites bien après coup et par conséquent ne pas avoir la moindre valeur.

Fol. 2 v°. Lion enchaîné, signé Behzad (indien).

—   3 v°. Lion enchaîné dévorant la tête d'un veau, signé Behzad (persan avec influence chinoise).

—   3 v°. Éléphant blanc tacheté, monté par un homme armé
d'un poignard, signé Behzad.

—   4. Éléphant blanc tacheté, monté par un *mahout* et un
homme portant un drapeau, signé Mani.

—   4 v°. Jeune homme assis sur le bord de la mer tenant à la
main un livre et une coupe; on voit à quelque distance
du rivage une caravelle européenne. Il est donné comme
étant le prince héritier du Badakhshan.

—   5. Homme jouant avec un chat, il est donné comme représentant Gayomart, signé Mani.

—   5 v°. Prince assis, tenant une coupe; il est donné comme
étant Tahmouras.

—   6. Portrait d'une princesse qui joue avec un chat; elle est
donnée comme étant la fille de l'empereur grec (Kita-
boun).

—   6 v°. Dévot assis entre deux arbres; il est donné comme
étant le supérieur des derviches Nakhshbendis.

—   7. Portrait d'un derviche.

—   7 v°. Officier armé d'une masse d'armes (*topouz*), d'un sabre,
d'un arc et de flèches; il est donné comme étant Afrasiab.

—   8. Homme jouant de la cornemuse.

—   8 v°. Jeune homme vêtu d'une robe de brocard d'or tenant
un arc et une flèche; cette peinture est signée Behzad.

—   9. Portrait d'Haroun ar Rashid par Behzad; il est représenté sous les traits d'un tout jeune homme, armé de pied
en cap.

—   9 v°. Portrait d'une jeune femme qui tient une coupe à la
main et qui est donnée comme étant Shirin (Signé
Shapour).

—   10. Portrait d'un homme tenant une fleur à la main et donné
comme étant Khosroès Perviz.

—   10. v° 11. v° Portraits de deux jeunes princes qui sont donnés
comme étant Alp Arslan et Shah Tahmasp.

—   11 v°. Berger faisant paître ses troupeaux au pied de deux
arbres; une note marginale y voit Moïse.

Fol. 12. Portrait d'un individu qui est donné comme étant Hoseïn Pehlwan Shami; dans le fond, trois vaisseaux sur la mer (turc).

— 12 v°. Jeune fille turque.

— 13. Turc jouant de la flûte.

— 13 v°. Un *abdal* vêtu de peaux de bêtes (turc).

— 14. Portrait d'un derviche nommé Seid Mohammed Djélali (turc).

— 14 v°. Portrait d'une servante de bains turcs.

— 15. Portrait d'un religieux turc, portant un gros manuscrit sous le bras.

— 15 v°. Prince persan assis au pied d'un arbre et fumant le *kalloun*; il est donné comme étant Kénaan Khan.

— 16. Portrait d'un joueur de guitare qui porte un vêtement albanais et qui d'après une note serait le prince héritier de Crimée.

Arabe 6076; le même ouvrage.

Fol. 1 v°. Prince assis au pied d'un arbre et tenant une coupe à la main; il est donné comme étant Ahmed-Shah.

— 2. Portrait d'une femme qui joue de la cithare.

— 20 v°. Peinture signée Mani, représentant une princesse nue jusqu'à la ceinture et étendue sur un tapis, à laquelle un jeune homme présente une coupe; d'après une notice, ces deux personnages la princesse Gohershah et Ardéchirshah

— 3. Une princesse et un jeune homme étendus l'un à côté de l'autre et lisant un livre; ils sont donnés comme étant Firouzshah et la princesse Zarakèhshah.

— 4 v° et 5. Jeune homme tenant une bouteille et une coupe (signée Perviz et Kasem).

— 5 v°. Portrait d'un jeune homme portant un *sonkor* sur le poing et donné comme étant le sultan Mourad (signé Kasem).

— 6. Portrait du sultan Mohammed Ier.

— 6 v°. Jeune homme couché sur des coussins; on voit à côté de lui une aiguière dans un plat d'or; il est donné comme étant le khalife Mostaasembillah.

— 7. Jeune homme tenant un faucon sur le poing; une note

prétend que c'est le sultan Selim, mais cela est peu
vraisemblable, car cette peinture est persane.

Fol. 7 v°. Portrait d'une princesse qui est donnée comme Banou-
shah, fille de l'empereur Akbar.

— 8. Portrait d'une princesse séfévie ou timouride qui est
donnée comme la sœur d'Afrasiab ; cette peinture est
attribuée au célèbre miniaturiste Behzad.

— 8 v°. Portrait d'une princesse nommée Ziya el Saltanèh et
exécuté par un nommé Kudret Allah.

— 9. Portrait d'une princesse qui est donnée comme étant
la nièce du prince mozafféride, Shah Shodja ; signé
Asad.

— 9 v°. Portrait d'un kadi (?) turc qui regarde l'heure à sa
montre.

— 10. Princesse endormie auprès d'une fenêtre ; bassin avec
jet d'eau.

— 10 v°., 11, 11 v°., 12. Portrait de quatre jeunes femmes turques
richement vêtues de robes brodées d'or se promenant
dans la campagne.

— 12 v° Portrait d'un jeune homme qui verse du vin dans une
coupe, et qui est donné, très vraisemblablement à tort,
comme étant sultan Bayézid, car la facture est persane.

— 13. Jeune homme jouant avec une balle (?) ; il est donné
comme étant le prince séfévi Abbas Mirza.

— 13 v°. Deux princes séfévis assis sur un trône.

— 14. Portrait de deux jeunes gens, vêtus comme à l'époque
des Séfévis, tenant un flacon et une coupe.

— 14 v°. Jeune homme richement vêtu d'une robe bleue brochée
et caressant un sonkor qu'il tient sur le poing ; il est
donné comme étant le sultan Hosein.

— 15. Portrait d'un jeune homme qui est indiqué comme
étant Nader Shah (cette attribution paraît douteuse).

— 15 v°. Portrait d'un jeune homme revêtu d'un manteau broché
d'or et tenant un arc ; il est donné comme étant Sultan
Selim.

— 16. Portrait d'un jeune homme qui examine une flèche ; il
est donné comme étant Yousouf Shah (de la dynastie
turkomane du Mouton blanc ?)

Arabe 6077. — *Idem.*

Fol. 1 v°. Portrait d'Ertoghrul, peint par Béhzad[1], il est représenté assis au pied d'un arbre et tenant une coupe à la main (type séfevi).

— 2. Portrait d'Haïder Mirza, par Hosein Touti.

— 2 v°. Portrait de Mourad-Khan, par Behzad (type séfevi).

— 3. Portrait d'une princesse nommée Noush Banou qui joue avec un instrument nommé *resman*, signé Mani.

— 3 v°. Portrait d'un derviche nommé Seyyid Ali Sultan; il souffle dans une corne d'antilope.

— 4. Portrait d'un derviche nommé Virani Sultan; il tient d'une main un manuscrit et de l'autre un vase de métal suspendu à un cordon.

— 4 v°. Portrait d'une princesse ottomane assise au pied d'un arbre; dans le fond on aperçoit un paysage avec des montagnes.

— 5. Portrait d'une jeune femme agenouillée et tenant à la main un tambour de basque (type séfevi).

— 5 v°. Portrait d'un eunuque turc portant une tasse d'or, même décor qu'au fol. 4 verso.

— 6. Portrait d'une princesse ottomane fumant une longue pipe; décor analogue à celui de la peinture précédente.

— 6 v°. Portrait d'une princesse ottomane richement vêtue; elle tient une rose à la main.

— 7. Personnage turc portant un faucon sur le poing.

— 7 v°. et 8 Un jeune homme et une jeune femme (type séfevi).

— 8 v°. Portrait d'un jeune prince donné comme étant Selimkhan; cette attribution est très douteuse, car il est vêtu comme les Grands Mongols de l'Indoustan.

— 9. Portrait d'un derviche bektashi; suivant une indication écrite sur cette peinture, ce personnage serait Hadji Béiram Vali Bektashi.

— 9 v°. Sergent d'infanterie turc chargeant son fusil; dans le fond on aperçoit des rochers et des arbres.

— 10. Porteur d'eau turc, même décor qu'au folio 9 v°.

---

1. Ces attributions ayant pu être ajoutées après coup, il convient de ne pas leur attribuer une valeur absolue.

Fol. 10 v°. Portrait de deux officiers séfévis; l'un d'eux est armé d'un sabre et d'un arc.

— 11. Officier indien de l'époque des Grands Mongols.

— 11 v°. Portrait d'un prince ottoman.

— 12. Portrait d'un *molla*, nommé Mourad, fumant une longue pipe.

— 12 v°. Derviche fumant un kalioun dans une plaine.

— 13. Individu fumant une longue pipe et buvant du café; deux personnages, un homme et une femme le regardent avec stupéfaction.

— 13 v°. Femme turque voilée se promenant avec un petit garçon.

— 14. Officier osmanli, il est vêtu d'une redingote et d'un manteau à brandebourgs et tient un sabre; il est donné comme étant le bourreau du sultan.

— 14 v°. 15. Ascètes indiens; ces peintures sont attribuées à Mani et à Behzad, ce qui est peu vraisemblable, car elles sont très médiocres.

— 15 v°. Échanson turc, tenant une carafe de porcelaine à la main.

— 16. Personnage de la cour des sultans osmanlis.

Arabe 6078. — Recueil de peintures indiennes et persanes des XVIᵉ — XVIIIᵉ siècles.

Fol. 1 v°. Prince et princesse indiens sur la terrasse d'un palais; le serviteur du prince tient un cheval par la bride.

— 2. Divinité indienne assise sur un trône suspendu à une sorte de portique; femmes avec des torches et des moustiquaires; terrasse d'un palais.

— 2 v°. Une femme couchée dans l'intérieur d'un palais, une autre est assise sur un tapis; enfants.

— 3. Un prince et une princesse assis devant un palais; deux femmes agitent des éventails; soldats et éléphants.

— 3 v°. Idem dans l'intérieur d'un palais; des femmes agitent un éventail et une *punka*.

— 4. Prince indien et sa favorite assis sur des coussins sur la terrasse d'un palais et jouant aux échecs; des servantes tiennent des flabellums.

Fol. 4 v°. Peinture divisée en deux parties; dans la partie supérieure, on voit un prince qui allume un flambeau à celui
que tient une jeune femme; des servantes font de la
musique. — Dans la partie inférieure, on voit le même
prince avec sa suite entrant avec la jeune femme
dans un palais.

—   5.   Un prince et une princesse assis dans un édicule sur la
terrasse d'un palais; deux femmes agitent un éventail
et une *punika*.

—   5 v°. Idem: individu assis sur une sorte de trône; plusieurs
femmes.

—   6.   Prince assis sur un trône sous l'auvent d'un palais;
une jeune femme lui présente un bouquet sur un plat
d'or; musiciennes.

—   6 v°. Prince assis avec une jeune femme sur un tapis près
d'un palais; une servante agite un moustiquaire.

—   7.   Prince caressant un de ses chevaux, une femme le suit
en tenant un plat d'or; palais sur une terrasse.

—   7 v°. Femme assise sur un tapis et tenant un enfant dans ses
bras; rue plantée d'arbres, dans laquelle se promènent
des individus costumés à l'européenne.

—   8.   Miniature vraisemblablement détachée d'un *Médjalis-
el-oushhaq* d'Hoséin Baïkara et représentant deux soufis
en train de discuter; à côté d'eux, un autre sheikh lit
un livre à d'autres personnages.

—   8 v°. Miniature dans le genre de celles du *Shah-Nameh*,
mais appartenant certainement à un autre ouvrage,
représentant un jeune homme (Barzou?) tuant le div
noir d'un coup de flèche dans une caverne. Autres divs
et cavaliers iraniens (persan)[1].

—   9.   Miniature du même type représentant le même jeune
homme et le div noir tombant du haut de l'éléphant de
guerre sur lequel il était monté. Autres divs et cavaliers iraniens (type persan)[1].

—   9 v°. Miniature représentant un prince et une princesse
habillés à la mode des séfévis (Khosrau et Shirin, ou

---

1. Les fragments de texte qui accompagnent ces peintures montrent qu'elles sont
tirées d'un ouvrage en prose.

Brahram Gour et une de ses favorites?) dans un jardin sous un kiosque. Musiciennes et servantes[1] (type persan).

Fol. 10. Souverain assis sur un trône parlant à un personnage debout devant lui ; serviteurs (type persan)[1].

— 10 v°. Miniature tirée d'un ouvrage en prose et représentant un jeune homme qui retire une jeune femme d'un puits où elle se trouve renfermée (style persan).

— 11 v°. Serpents sortant d'une caisse ; un roi les regarde avec stupéfaction (style persan).

— 11 v°. Un jeune prince et une princesse se tiennent enlacés ; servantes et autres personnages, vêtus à la mode des Séfévis (style persan).

— 12. Un prince tenant un faucon sur le poing, s'avance vers une jeune femme ; plusieurs suivantes ; tous les personnages sont vêtus à la mode des Séfévis. Jardin avec arbres et fleurs.

— 12 v°. Un jeune prince endormi sur un tapis dans un jardin ; arbres et fleurs (style persan).

— 13. Un homme et une femme discutant (style persan).

— 13 v°. Miniature indienne d'une exécution extrêmement fine, représentant des derviches occupés à faire la cuisine, à fumer, à faire de la musique, etc. devant un temple situé à la lisière du bois ; une note indique que ce sont des pèlerins auprès du temple d'Orengbakhsh dans le canton de Bénarès.

— 14. Kalenders avec des femmes ; peinture très médiocre exécutée en Perse, vers le commencement du xix° siècle.

— 14 v°. Un prince et une princesse indiens chassant l'antilope ; tous les deux sont à cheval.

— 15. Deux princesses indiennes à cheval.

— 15 v°. Princesse indienne accoudée à un arbre et fumant le *hokka* ; deux suivantes.

— 16. Scène analogue, une seule suivante.

— 16 v°. Un prince et une princesse assis sur des tapis sur la terrasse d'un palais jouent aux échecs ; deux femmes les regardent.

— 17. Miniature indienne à demi exécutée, mais d'une très

---

1. Malgré son style, cette peinture n'est certainement pas tirée d'un *Shah Nameh*.

grande finesse représentant l'empereur Ferrukh siyyer et une jeune femme assis sur un trône sur la terrasse d'un palais ; des servantes tiennent un flabellum, une glace et un tambour.

Fol. 17 v°. Peinture indienne très finement exécutée, représentant plusieurs personnages de la cour des Mongols.

— 18. Deux personnages jouant à la paume a cheval (style persan).

Supplément Persan 1307. — Le Livre des Rois de Firdousi, exemplaire copié en Perse en l'année 1023 de l'hégire, soit 1614 J.-C. Malgré cette date, les peintures de ce manuscrit, qui sont très finement exécutées, présentent la facture et les types qu'on remarque dans celles qui ornent les manuscrits copiés sous le règne des Kadjars, particulièrement sous celui de Feth Ali Shah.

Fol. 2 v°. Gayomart assis sur un trône ; un autre personnage qui est également assis sur un trône lui parle.

— 8 v°. Zohak et trois autres personnages assis sur un trône. Officier portant un sabre.

— 11. Zohak amené prisonnier devant Féridoun, qui est monté sur son cheval, ainsi que Shahrenavaz. Troupe de cavaliers armés de lances.

— 16 v°. Iridj est assassiné par son frère Selm ; Toudj assis sur un trône regarde cette scène ; dans le fond, deux serviteurs tenant des plats d'or.

— 21 v°. Lutte de Selm et de Minoutchehr ; tous les deux sont à cheval et armés de sabres, d'arcs et de boucliers. Cavaliers sonnant de la trompette.

— 24 v°. Sam-i Nériman sur le sommet de la montagne où niche le Simourgh ; il parle à une jeune fille ; Dastan, fils de Sam, est monté sur un cheval.

— 29. Dastan, fils de Sam, monte à l'aide d'une corde chez la fille de Goul Endam ; cette princesse est à une fenêtre avec deux servantes.

— 48 v°. Roustem s'empare à l'aide d'un lasso de son fameux cheval Rakhsh.

— 50 v°. Roustem enlève Afrasiab de sa selle ; des cavaliers iraniens et touraniens sonnent de la trompette.

Fol. 55 v°. Combat de Rakhsh contre un lion, pendant le sommeil
de son maître Roustem. Deux personnages regardent
cette scène; dans le fond, un paysage montagneux, une
rivière avec une digue.

— 57 v². Roustem tue le div Arjeng et lui coupe la tête; plusieurs
divs regardent cette scène.

— 58 v°. Roustem tue le div blanc; cavaliers iraniens armés de
lances.

— 66. Keï-Kaous assis sur le trône volant, tire une flèche
contre le ciel.

— 77. Sohrab étendu à terre, blessé à mort par son père
Roustem; des cavaliers iraniens et touraniens tiennent
des lances terminées par des drapeaux.

— 84. Syavoush traverse un brasier devant Keï-Kaous; sa
belle-mère Soudabèh et une jeune femme regardent
cette scène.

— 102 v°. Syavoush est assassiné par ordre d'Afrasiab; soldats
touraniens armés de lances; arbre.

— 108. Roustem enlève le touranien Pilsem de son cheval et
le tue.

— 110 v°. Giv, Gouderz et Kai-Khosrau tiennent conseil sur
l'invasion du Turkestan.

— 143. Roustem tue un prince touranien d'une flèche dans la
poitrine.

— 158. Un div emporte un fragment de montagne sur lequel
Roustem s'est endormi et s'apprête à le jeter dans
la mer.

— 161. Bijen et un prince touranien; tous les deux sont à pied
et armés de sabres et de flèches; dans le fond, des
·cavaliers iraniens et touraniens armés de lances.

— 171. Roustem retire à l'aide d'une corde Bijen du puits où
les touraniens l'avaient jeté; cavaliers armés de
lances.

— 214. Combat corps à corps de Bijen et du touranien Houman;
cavaliers iraniens et touraniens armés de lances.

— 224 v°. Gouderz traverse un touranien d'une flèche dans la
poitrine; tous les deux sont à cheval; soldats armés de
lances.

— 249. Afrasyab retiré de l'eau dans laquelle il s'était jeté.

Fol. 357. Bahram Gour à la chasse à l'onagre; la joueuse de luth Azadèh est montée sur un cheval brun.

— 413 v°. Khosrav Anoushirvan et Bouzourdjmihir jouant aux échecs avec l'échiquier que leur avait envoyé le radja de l'Inde.

Supplément Persan 1309. — Divan de Hafiz; belle exécution persane du commencement du xviie siècle.

Fol. 1v°, 2, 2v°, 3. Pages de titres richement enluminées en or et en couleur[1].

Fol. 14. Campement persan, des gens font la cuisine, d'autres jouent aux échecs; tentes et chevaux.

— 23. Khosrav assis sur des coussins dans une salle de son palais; un homme agenouillé devant lui lui présente une coupe d'or; musiciens, harpistes et autres serviteurs.

— 47. Épisode de la rencontre de Shirin et de Ferhad dans le mont Bisoutoun; la princesse est accompagnée de quatre suivantes à cheval comme elle.

— 58 v°. Un prince revêtu d'une longue robe brodée s'entretient avec un vieillard dans un jardin; des serviteurs présentent des coupes aux assistants.

— 76 v°. Un souverain fait égorger un homme devant lui; il est accompagné de plusieurs officiers.

— 89 v°. Deux hommes dansent dans une salle au son de la musique; plusieurs personnages, parmi lesquels un prince et un soufi, les regardent.

— 105 v°. Un souverain assis sur des coussins tient une coupe à la main; devant lui se tiennent deux individus, dont l'un boit et l'autre tient un sac; musicienne et serviteur.

— 135. Gens dansant dans une salle au son de la flûte et des tambours de basque.

— 147. Cavalier jouant à la paume à cheval; musiciens.

— 152 v°. Souverain à cheval avec une suite; un personnage se tient devant lui et lui parle.

---

1. Toutes les pages de ce manuscrit ainsi que les plats de la reliure sont ornés de motifs de décoration.

Fol. 166 v°. Prince assis dans un jardin auprès d'un arbre, un homme lui présente un plat d'or; d'autres personnages mangent; domestiques.

— 171. Prince couché sur des coussins dans une salle de son palais, un homme lui présente une coupe en or; officiers.

Supplément Persan 1312. — Œuvres poétiques complètes de Kémal ed Din Ismaïl; xvii° siècle.—Au commencement et à la fin de cet exemplaire se trouvent quatre peintures à pleines pages finement exécutées, du type séfevi.

Fol. 1 v°. Prince assis dans un jardin au pied d'un arbre et prenant des fruits dans un plat que lui présente un serviteur; deux musiciens.

— 2. Un prince se promène dans un jardin planté d'arbres avec une jeune femme; un jeune homme est assis au pied d'un arbre et un domestique lui verse à boire.

— 355 v°. Princesse revêtue d'une robe de brocard tenant une fleur à la main. Jardin avec arbres.

— 356. Officier revêtu d'une robe de brocard et tenant un livre à la main.

Supplément Persan 1313.—Histoire des prophètes, par Ishak ibn Ibrahim ibn Mansour el Nishapouri; ce manuscrit qui provient de la bibliothèque des souverains Timourides de l'Hindoustan remonte au xvi° siècle. Très belle exécution.

Fol. 1 v°. 2, 2 v°. Pages de titre enluminées en or et en couleurs.

— 6 v°. Adam représenté sous forme d'un souverain assis sur un trône, la tête nimbée de la flamme prophétique; les anges se trouvent devant lui.

— 15. Caïn tue Abel en lui jetant une pierre sur la tête pendant son sommeil; jardin avec arbres et fleurs; rochers.

— 20 v°. Noé dans l'arche avec sa famille; il a la tête nimbée de la flamme prophétique, un homme se noie derrière l'arche.

— 26. Le prophète Salih[1] faisant sortir sa chamelle d'un rocher; plusieurs infidèles regardent cette scène.

---

1. Tous les prophètes ont la tête nimbée de la flamme prophétique.

Fol. 31 v°. Le prophète Abraham assis sur un trône, dans un jardin planté de fleurs; l'ange Gabriel se tient debout
devant lui.

— 40. Abraham s'apprête à sacrifier son fils Isaac; l'ange
Gabriel descend du ciel en lui apportant un mouflon.

— 51 v°. Zouleïkha assise sur un trône dans une grande salle
ornée de peintures murales et dont la porte ouvre sur
un jardin; le prophète Joseph entre tenant un plat d'or
à la main; plusieurs jeunes femmes assises autour du
trône montrent la plus grande surprise de sa beauté.

— 72 v°. Shoaïb (Jethro) et Moïse assis sur l'herbe au pied d'un
rocher, deux jeunes filles se tiennent devant eux; l'une
est la fille de Shoaïb qui devint la femme de Moïse.
Chèvres et mouflons dans les rochers.

— 79 v°. Moïse et Aaron; Moïse évoque un dragon pour dévorer
Pharaon (signé Aga Riza).

— 95 v°. Karoun et toute sa famille sont ensevelis sous la terre
avec tous leurs biens à la prière de Moïse; l'ange
Gabriel descend du ciel.

— 102. Navire voguant à pleines voiles sur la mer; un homme
à cheval sur l'arrière le dirige avec un aviron; Moïse et
Khidr s'entretiennent dans les rochers.

— 112. Bataille entre les Philistins et les Juifs; les deux partis
sont représentés par des cavaliers vêtus comme les
soldats de l'époque timouride, armés de sabres, d'arcs,
de flèches et de boucliers. Le prophète Siméon, le
visage voilé et la tête nimbée de la flamme prophétique, considère cette scène.

— 117 v°. Salomon à genoux devant son père David; tous les
deux ont la tête nimbée de la flamme prophétique; un
serviteur se tient derrière Salomon avec un plat à la
main; salle avec peintures murales.

— 122 v°. Salomon assis sur le trône dans un jardin planté de
fleurs; devant son trône se trouvent les animaux et les
démons soumis à ses ordres; derrière lui, on voit une fée
qui tient à la main une sorte de massue.

— 126 v°. Scène analogue; Asef agenouillé devant lui tient un
faucon sur un perchoir.

— 132 v°. Salomon et Belkis, la reine de Saba, assis sur un trône

daus un jardiu planté de fleurs ; Asef est assis devant
eux sur un siège d'or; plusieurs animaux, divs et
houris.

Fol. 143.   Saint Jean endormi au pied d'un rocher, sa mère chercho
à le réveiller.

— 117 v°.Alexandre le Grand assis sur un lapis au pied d'un
arbro daus un jardiu planté de fleurs et traversé
par un ruisseau; trois hommes se tiennent devant lui
dans une posture respectueuse. Un officier se tient
debout aux côtés d'Alexandre.

— 160 v°.Les « sept dormants » endormis dans leur caverne avec
leur chien.

— 174.   La vierge Marie assise au pied d'un palmier tient
Jésus-Christ sur ses genoux ; ils ont tous les deux la
tête nimbée de la flamme prophétique.

Supplément Persan 1340. — Traité des cérémonies du pélerinage
et description des lieux saints, en vers; cet exemplaire qui a appartenu à un musulman chinois est de la fin du xviie siècle ; exécution passable.

Fol.   5.   Plan du Haram de la Mecque avec la Kaaba, le menber
d'Ibrahim, etc.

—   6.   Plan de Safa, avec l'arbre d'Ali.

—   7v°. La montagne Boukobeis avec la Koubbèh qui fut élevée
par le khalife Omar.

—   8.   Les maulouds du Prophète et des membres de sa
famille.

—   9.   Les tombeaux des membres de la famille de Mahomet.

—   11.   .Le Djebel-i Nour.

—   12.   Le Djebel-i Tsoùr avec la caverne où se réfugièrent
Mahomet et Abou Bekr.

—   13.   La montagne d'Arafa et les édifices qui l'entourent.

—   14.   Le Muzdélifa, près de Mina.

—   15.   Plan du bazar de Mina.

—   16v°. Les cinq mosquées près de Mina.

—   16 bis v°. Le cimetière de Kii.

—   17v°. La mosquée Mesdjid i Kaba et les deux palmiers.

—   18v°.La Djébel-i Moferrèh et la mosquée Mesdjid zou'l
Khalifeh.

Fol. 19.   Plan de Médine.

—   20. . La montagne d'Ohod avec les tombeaux des compagnons
de Mahomet qui y furent tués.

Supplément Persan 1360. — Histoire du prophète Yousouf et
de Zouleïkha, par Firdousi, xvi° siècle ; bonne exécution.

Fol.   1 v°. 2° Pages de titre richement enluminées en or et en
couleurs.

—   5 v°. Mahomet, Ali, Fatima, Hasan, assis sur un tapis dans
l'intérieur d'un palais ; l'ange Gabriel s'incline devant
eux ; on voit la Borak à la porte ; Mahomet et Ali ont la
tête ceinte de la flamme prophétique.

—   16 v°. Jacob faisant paître un troupeau de moutons sur la
pente d'une colline ; son jeune frère se tient devant lui
avec un agneau noir dans les bras. Joseph a la tête
ceinte de la flamme prophétique.

—   23 v°. Femme couchée avec un petit enfant à la mamelle ;
servante.

—   55 v°. Joseph est jeté dans un puits, un ange le reçoit dans
ses bras. Deux hommes à l'orifice du puits.

—   64.   Jacob et un loup qui a les pattes de devant entravées,
dans une prairie couverte de fleurs.

—   84 v°. Le souverain de l'Égypte assis sur un trône dans un
jardin planté de fleurs. Joseph, la tête nimbée de la
flamme prophétique, est amené devant lui.

—   94 v°. Joseph armé d'un arc et descendu de son cheval, un
homme se prosterne à ses pieds, un autre homme tient
son cheval par la bride ; arbres avec fleurs.

—   120 v°. Zouleïkha est assise sur un trône dans une salle de son
palais ; Joseph entre tenant un plat d'or à la main ;
éblouies par sa beauté, les dames que Zouleïkha avait
invitées à venir prendre la collation avec elle, se
coupent les doigts en croyant peler leurs oranges.

—   137 v°. Le souverain de l'Égypte assis sur un trône dans un
jardin planté de fleurs ; à côté de lui se tient un officier
portant son arc et ses flèches ; les dames lui montrent
leurs doigts coupés.

—   146 v°. Un homme se prosterne devant un tableau ; Joseph et
un ange à la porte de la salle.

Fol. 137.   Joseph, un nègre, et plusieurs jeunes femmes dont deux
            regardent par une fenêtre.

—   200.   Joseph assis sur un tapis dans la salle d'un palais, à
            côté de lui un homme qui porte une massue; cinq
            autres personnages agenouillés.

Supplément Persan. 1361. — Recueil des œuvres poétiques de
l'émir Shahi, fils deDjémal ed Din Firouzkouhi; xvi° siècle. Exécution assez bonne[1].

Fol.   1 v°. 2. Composition tenant une double page et représentant
            un souverain couronné assis sur un trône; un homme
            assis devant lui, lui lit un livre qu'il tient à la main;
            plusieurs personnages entourent le trône, d'autres
            apportent des plats; dans le fond, on voit une maison
            avec un jardin.

—   40 v°. Souverain assis dans un jardin au bord d'un ruisseau;
            domestiques et musiciens.

—   41.   Sultan assis sur un trône sous un kiosque dans un
            jardin planté d'arbres; officiers, musiciens et gens
            faisant la cuisine.

Supplément Persan 1363. — Recueil d'anecdotes en vers, écrites
sous le règne de Nasir ed Din Shah Kadjar par Mirza Bédi
ez Zéman el Shirazi; ce manuscrit est daté de l'année 1277 H (1861
J. C.). Très bonne exécution; les peintures sont exécutées sous
l'influence européenne; elles offrent un spécimen intéressant des
modes courantes en Perse au commencement du règne du dernier
roi de Perse.

Fol.   1 v°. Tête de chapitre en or et en couleurs.

—   5 v°. Un jeune homme assis sur un tapis; une jeune femme
            lui apporte un kalioun.

—   6 v°. Un dévot et une jeune femme.

—   7 v°. Deux hommes dans une salle.

—   8 v°. Le roi Nasir ed Din Shah Kadjar en uniforme d'officier
            général assis dans un fauteuil; il est entouré de trois
            officiers généraux.

---

1. Les plats de la reliure de ce manuscrit sont en laque verte avec des dessins représentant des oiseaux fantastiques.

Fol. 9.   Un homme et deux jeunes femmes assis sur un tapis.

—   9 v°. Deux jeunes femmes se battant.

—   10 v°. Un grand personnage de la cour du shah Nasir ed Din;
un homme lui présente un placet.

—   11 v°. Groupe de derviches dans un jardin planté d'arbres,
au fond duquel on aperçoit une maison adossée à une
colline.

—   12.   Le roi Nasir ed Din Shah Kadjar en uniforme d'officier
général, entouré de plusieurs personnages de sa cour.

—   13.   Deux jeunes gens assis sur un tapis près d'une fenêtre.

—   14.   Jeune homme assis près d'une fenêtre et écrivant.

—   14 v°. Mahomet représenté la face voilée et la tête auréolée;
une houri lui baise la main; dans le fond on aperçoit
une église chrétienne près d'un bois.

—   15.   Ali et Fatima; Ali est représenté assis, la tête nimbée
et tenant le sabre Zoulfikar. Fatima est représentée
debout et tenant un bâton. Dans le fond, on aperçoit
des maisons construites au pied d'une colline.

—   15 v°. Mahomet, la face voilée, est assis sur un tapis, une
houri est agenouillée devant lui; dans le fond, on aperçoit maisons européennes au milieu d'arbres.

—   16.   Un haut personnage de la cour du roi Nasir ed Din
Shah, assis sous une colonnade; un jeune homme se
tient devant lui dans une attitude respectueuse.

—   16 v°. Derviches dans un jardin planté d'arbres.

—   17.   Trois personnages de la cour du roi.

—   20.   Trois mollahs occupés à discuter.

—   20 v°. Un mollah embrassant une jeune femme.

—   21.   Deux individus frappent un homme dans la rue à coups
de bâton.

—   22.   Un vieillard et une jeune femme assis sur des tapis.

—   31 v°. Deux riches persans assis sur un tapis et causant.

—   32.   Un derviche assis en face d'une jeune femme.

—   32 v°. Un riche persan assis sur un tapis près d'une colonnade;
un jeune homme se tient devant lui.

—   33 v°. Un homme égaré dans une plaine; dans le fond on voit
des constructions adossées à une montagne et évidemment copiées sur un dessin européen.

—   34 v°. Un religieux soufi et un autre personnage causent au bord d'un ruisseau ; dans le fond, on aperçoit deux maisons.

Fol. 35. Un religieux assis sur un tapis de prières, près d'une colonnade.

— 35. Un fakir et son frère assis sur un tapis près d'une colonnade.

— 39. Roses et narcisses.

Supplément Persan 1389. — Description en vers de la Mecque et de Médine et des cérémonies de pèlerinage par Mohyi Lari, manuscrit copié à la Mecque en 982 H (1574 J. C.). — Assez bonne exécution.

Fol. 1 vᵒ. Frontispice en or et en couleurs.
— 19 vᵒ. Plan du Harem de la Mecque avec la Kaaba au centre.
— 21. Le mont Abou Kobeis et la Dar el Kheirzan.
— 22. Le mauloud du Prophète.
— 23. Le souk el Leil avec son oratoire.
— 25. Le Mo'alla, avec ses mosquées et ses piscines.
— 25 vᵒ. La montagne de Shabika ; un cimetière se trouve au pied de cette montagne.
— 26 vᵒ. Le djébel-i Nour, ou montagne de lumière.
— 27. Le djébel-i Tsoûr.
— 28 vᵒ. La montagne d'Arafa avec les édifices qui l'environnent.
— 33. La mesdjid el Khéif avec les édifices qui l'entourent.
— 37 vᵒ. La djébel-i Mofarrah ; au pied de la montagne, on aperçoit le plan de la mesdjid zou-l-Khalifah avec les deux sources qui en sont voisines.
— 39. Plan de Médine.
— 42. La mosquée de Kil avec son cimetière.
— 42 vᵒ. La mosquée mesdjid-i Kaba avec ses deux palmiers et la source qui en est voisine.
— 43. Les quatre mosquées.
— 43 vᵒ. La montagne d'Ohod, et le cimetière des compagnons de Mahomet qui y trouvèrent la mort.

Supplément Persan. 1401. — Le « Soleil et Jupiter » mesnévi par Mohammed ibn Ahmed Tébrizi ; xviᵉ siècle. — Bonne exécution.

Fol. 1.   Rosace enluminée en or et en couleur.

—   1 vᵉ, 2 vᵒ. Pages de titre richement enluminées en or et en couleurs.

—   71 vᵒ. Un cavalier frappe un homme d'un coup de massue sur la tête, un archer vise le cavalier qui est poursuivi par un autre homme à cheval et qui tient un javelot à la main.

—   120 vᵒ. Un cavalier fend la tête d'un lion d'un coup de sabre; deux hommes, dont l'un est monté sur un âne, regardent cette scène.

—   136 vᵒ. Un prince et un souverain parlent, assis sur des coussins; cinq personnages derrière une barrière.

—   151 vᵒ. Deux cavaliers, dont l'un est couronné, jouent à la paume à cheval. Sept personnages regardent cette scène.

—   166 vᵒ. Un cavalier décoche une flèche à une antilope, qui est poursuivie par une once dressée à la chasse.

—   184.   Deux cavaliers revêtus d'armures de fer mongoles et montés sur des chevaux caparaçonnés; l'un d'eux fend la tête de l'autre d'un coup de sabre.

—   222.   Roi embrassant un jeune prince; des serviteurs tiennent leurs chevaux en laisse.

Supplément Persan 1404. — Histoire de Leïla et Medjnoun par Abd Allah Hatifi; xviiᵉ siècle; bonne exécution; les miniatures ont été légèrement endommagées.

Fol. 1 vᵒ. Titre enluminé en or et en couleurs.

—   42.   Cinq personnages, dont l'un est le père de Leïla, assis sur un tapis dans une salle et buvant; des musiciens jouent du tambourin, de la flûte et de la harpe.

—   46 vᵒ. Les mêmes personnages dans une tente, un homme tient un petit chien.

—   72.   Guerre entre les Arabes; Naufal monté sur un chameau, cavalier armés de sabres et d'arcs. Dans le fond, on aperçoit Medjnoun.

Supplément Persan 1412. — « Le roi et mendiant », par Bedr ed Din Hélali; manuscrit daté de 933 H (1526 J. C.); assez bonne exécution; les peintures ont été endommagées.

Fol. 2 v°. Frontispice en or et en couleurs.

— 12. Un maître d'école apprend l'écriture à quatre enfants dont l'un est un prince; une femme regarde par une fenêtre.

— 23 v°. Maison surmontée d'un pigeonnier; roi et prince; un enfant lâche les pigeons; jardin planté de fleurs.

— 37. Un souverain assis sur un tapis au pied d'un arbre, dans un jardin planté de fleurs. Un domestique lui présente des fruits sur un plat. Musiciens; un derviche regarde cette scène.

— 56. Lutte entre deux cavaliers armés de sabres, d'arcs et de flèches et vêtus comme des Mongols; gens blessés et tués. Soldats tenant des drapeaux et des étendards.

Supplément Persan 1416. — Le *Tohfèt el Ehrar* de Djami. Ce manuscrit a été copié en 905 H (1499 J.-C.), par Sultan Ali el Meshhédi et a appartenu à la bibliothèque des Grands Mongols de l'Inde; très belle exécution, les peintures, qui sont dues au pinceau d'un nommé Mahmoud, ont un peu souffert.

Fol. 1 v°. Un jeune homme et une jeune femme, au pied d'un arbre, dans un jardin planté de fleurs.

— 2°. Un jeune homme agenouillé saisit le pan de la robe brodée d'une princesse qui cherche à s'échapper. Jardin avec arbres et fleurs.

— 2 v°. 3. Rosaces richement enluminées en or et en bleu.

— 3 v°. 4. Pages de titre richement enluminées en or et en couleurs.

— 6, 8 v°, 9 v°, 10, 11, 12, 13, 14 v°, 16 v°, 17 v°, 18 v°, 19 v°, 21, 21 v°, 23, 24 v°, 25 v°, 26 v°, 28 v°, 30 v°, 31 v°, 32, 33 v°, 34, 35 v°, 36, 37 v°, 38 v°, 40, 40 v°, 42, 43, 44 v°, 45, 47, 47 v°, 49, 50, 51, 52, 53 v°, 54, 55 v°, 56 v°, 58, 58 v°, 60 v°, 61, 62 v° 63 v°, 64 v°, 65 v°, 66 v°, 67, 68, 69 v°, 70 v°, 71 v°, 72 v°, 74 v°, 75 v°, 77 v°, 78. Frontispices enluminés en camaïeu et en couleurs.

— 81 v°. Souverain assis sur un tapis au pied d'un arbre en fleurs, un domestique lui présente une coupe d'or; un musicien joue du tambour de basque et une musicienne joue de la cithare. Sur le tambour de basque on lit une inscription en caractères minuscules donnant le nom de l'artiste.

Fol. 82.　Scène analogue à celle du fol. 2 : un jeune prince agenouillé au pied d'un arbre, saisit le pan de la robe brodée d'une sultane; le cheval du prince est gardé par deux hommes dont l'un est vêtu comme un turc du Ferghana et l'autre comme un sarte de Boukhara.

Supplément Persan 1425. — Recueil de poésies, XVIe siècle; assez bonne exécution, les peintures ont un peu souffert.

Fol. 1 v°. 82 v°, 133 v°, 148 v°, 171 v°, 195 v°, 198 v°. Frontispices enluminés en or et en couleurs. 2, 31 v°, 74 v°.

— 1.　Quatre musiciens dont deux femmes assis dans un jardin près d'un ruisseau; des hommes dansent.

— 11 v°. Une jeune femme à genoux tend une coupe d'or à un jeune homme qui tient un oiseau sur le poing; jardin avec arbre.

— 12.　Jeune homme couché au pied d'un arbre sur un tapis et tenant une guitare; une jeune femme agenouillée derrière lui le tient par le cou.

— 19 v°. Jeune femme s'appuyant sur une branche d'arbre; un petit enfant lui tend les bras.

— 20 v°. Un jeune homme et une jeune femme dans un jardin; le jeune homme joue de la guitare; arbres en fleurs.

— 55 v°. 56. Un souverain assis, un jeune homme lui présente une coupe en or.

— 62 v°. Joseph tenant une aiguière d'or; deux jeunes femmes se coupent les doigts en croyant peler des oranges; jardin avec arbres.

— 61.　Deux jeunes gens et une femme dans un jardin; arbres.

— 72 v. Des hommes retirent un autre personnage d'un puits en le hissant avec une corde.

— 73 v°. Jeune homme près d'un arbre, tenant une bourse à la main; un homme à demi nu lui demande l'aumône.

— 86 v°, 87. Identique à 35 v°, 56.

— 94 v°. Jeune homme se prosternant devant un autre personnage; jardin avec arbres, balustrade.

Fol. 95. Deux jeunes femmes assisés sur un tapis ; l'une d'elles tient un miroir à la main.

— 112 v°. Un homme grimpé dans un arbre lit une lettre ; au pied de l'arbre se trouve une femme qui lui tend une coupe et un peu plus loin trois personnages qui le regardent.

— 113. Personnage richement vêtu, debout près d'un arbre ; un jeune homme agenouillé devant lui lui tend une fleur.

— 126 v°. Deux hommes jouant à une sorte de jeu de croquet ; jardin avec arbres.

— 127. Une jeune femme dans un jardin planté d'arbres ; derrière elle deux hommes dont l'un tient une aiguière et une tasse d'or.

— 143 v°. Homme étendu au pied d'un arbre ; un jeune homme richement vêtu le regarde avec étonnement.

— 144 v°. Un jeune homme tenant un plat de cuivre ; un homme appuyé sur un bâton le regarde ; souverain regardant cette scène.

— 156 v°. Un souverain transperce d'une flèche un homme étendu devant lui.

— 157. Homme à demi vêtu assis sur l'herbe ; un domestique lui apporte une cloche sur un plateau ; cheval.

— 172 v°. Un joueur de flûte et un individu tenant deux bouteilles en or, dans un jardin ; cinq personnages regardent cette scène.

— 173. Une jeune femme vêtue d'une robe rouge cueille des fleurs à un arbuste qui se trouve près d'une source ; un jeune homme lui présente une coupe d'or ; trois autres personnages regardent cette scène.

Supplément Persan 1428. — *Sifet el Ashikin* par Bedr ed Din Hélali ; manuscrit daté de 960 H, (1552 J. C.) ; très belle exécution.

Fol. 1 v°. Frontispice en or en couleurs.

— 20. Miniature à pleine page représentant un homme qui s'apprête à combattre un lion à coups de sabre. Trois autres personnages regardent cette scène ; un homme effrayé grimpe à un arbre.

— 30. Idem, représentant un souverain agenouillé près d'un jeune homme endormi sur un tapis, deux personnages tiennent des flambeaux; une jeune femme regarde cette scène avec étonnement.

Fol. 42. Souverain assis sur un tapis tenant une tasse d'or à la main; autres personnages agenouillés ou debout devant lui; musiciens.

— 50. Souverain à cheval dans un cimetière; officier général à cheval, arbres et fleurs.

Supplément Persan 1431. — Le *Boustan* de Saadi; manuscrit copié en 847 H. (1443 J. C.).

Fol. 2v°. Frontispice en or et en couleurs.

Les deux plats de la reliure de ce manuscrit qui est en laque à fond vert représentent d'un côté des renards et des cigognes au bord d'un ruisseau dans une plaine plantée d'arbres; le second une scène analogue moins les renards.

Supplément Persan 1443. — Histoire en vers des Mongols par Shems ed Din Kashi; manuscrit copié en 826 H (1422 J. C.). Exécution médiocre; quoique grossières, ces peintures sont fort exactes au point de vue du costume; elles ont dû être copiées sur un exemplaire analogue au S. P. 1113.

Fol. 10v°. Lutte de cavaliers turcs armés d'arcs, de flèches et de boucliers. Cette scène est censée représenter la lutte des partisans d'Oughouz contre les alliés de son père Kour-Khan.

— 27v°. Kabul-Khan avec son épouse; cinq autres Mongols dont deux sont agenouillés.

— 32v°. Djingiz Khan assis sur le trône; officiers armés de sabres; deux personnages musulmans coiffés de turbans.

— 52. Scène analogue, moins les musulmans.

— 76v°. Idem, avec les deux musulmans.

— 94. Djingiz-Khan à cheval, suivi de trois officiers mongols devant les murailles de la ville de Nishapour; deux musulmans se tiennent sur les murailles; Djingiz est armé d'un arc et d'un carquois; l'un des cavaliers mongols tient un étendard où l'on voit les armoiries actuelles des Kadjars, le soleil se levant derrière un lion.

Fol. 106. Djingiz Khan assis avec son épouse sur un trône ; quatre Mongols ; tente et chameaux.

— 131. Batou Khan assis sur le trône ; six personnages mongols.

— 142 v°. Kouyouk-Khan assis sur le trône ; sept Mongols.

— 163 v°. Arik-Boga se présente après sa révolte devant son frère Koubilai Kaan qui est assis sur le trône ; deux officiers mongols armés de sabres se tiennent de chaque côté du trône.

— 177 v°. Mankkou Kaan assis sur le trône donne audience à un marchand ; plusieurs officiers mongols armés de sabres.

— 198. Houlagou Khan assis sur le trône ; deux musulmans dont l'un est Hosam ed Din, officier du khalife, sont agenouillés devant lui ; officiers mongols armés de sabres ; un autre tient à la main une massue à tête de bœuf.

— 208 v°. Combat des troupes mongoles et des troupes égyptiennes de Mélik-Kamel ; cavaliers armés d'arcs, de flèches, de lances et de boucliers.

— 212. Houlagou Khan assis sur le trône dicte une lettre adressée au prince ayyoubite d'Alep, à un musulman qui est agenouillé devant lui ; officiers mongols armés de sabres.

— 222. Abaga Khan, fils d'Houlagou Khan assis sur le trône ; plusieurs Mongols sont agenouillés devant lui ; d'autres se tiennent derrière le trône ; l'un deux tient à la main une massue à tête de bœuf.

— 227 v°. Scène analogue.

— 231. Arghoun Khan et Sultan Ahmed assis sur un trône s'embrassent ; quatre Mongols sont agenouillés devant eux ; d'autres se tiennent derrière le trône.

— 234. Arghoun Khan assis sur le trône ; un Mongol agenouillé devant lui lui présente une tasse ; officiers mongols armés de sabres.

— 238 v°. Arghoun Khan, assis sur le trône, fait décapiter le grand vizir.

— 241 v°. Kaï-Khatou Khan assis sur le trône ; quatre Mongols assis devant lui ; des officiers armés de sabres se tiennent derrière le trône ; un Mongol tient un *sonkor* sur le poing.

Fol. 248 v°. Ghazan Khan assis sur le trône; deux Mongols assis devant lui; plusieurs officiers armés de sabres se tiennent derrière le trône.

— 253 v°. Le même sur le trône, entouré d'officiers armés de sabres; le vizir Sadr ed Din agenouillé devant lui se plaint de la conduite de l'émir Naurouz.

— 284 v°. Bataille entre les troupes de Ghazan et celle du sultan d'Égypte; cavaliers bardés de fer.

— 285. Ghazan assis sur le trône; analogue à 241 v°.

— 288 v°. Oldjaïtou Khan assis sur le trône avec sa femme; il tient un chien dans ses bras. Mongols hommes et femmes agenouillés devant lui; musiciens et officiers armés de sabres.

Supplément Persan 1449. — Histoire de Ferhad et Shirin, par Hatéfi; manuscrit du xv° siècle; miniatures d'une assez bonne exécution, mais dont quelques-unes ont été fortement endommagées.

Fol. 29. Khosrav aux genoux de Shirin; une autre femme.

— 41. Ferhad et Shirin agenouillés autour d'un bassin de lait; trois autres femmes.

— 50 v°. Shirin à cheval, accompagnée d'une suivante également à cheval, rencontre Ferhad dans le mont Bisoutoun.

— 54. Ferhad endormi dans le mont Bisoutoun, ses outils se trouvent à côté de lui; une femme appuyée sur un long bâton le regarde.

— 72. Khosrav et Shirin assis sur un tapis; musiciens et servantes.

Supplément Persan 1476. — Le *Mihir u Mushteri* de Assar; xvi° siècle. — Bonne exécution.

Fol. 1 v°. Frontispice en or et en couleurs.

— 13. Un vieillard et un prince accompagnés d'un serviteur, dans une caverne; deux domestiques tiennent leurs chevaux.

— 52 v°. Souverain assis sur un trône; devant lui un officier et le bourreau lui amènent deux captifs enchaînés; un officier tenant une masse d'armes à la main est debout derrière le trône.

Fol. 89. Souverain accompagné de plusieurs de ses officiers dans un navire.

— 122 v°. Quatre cavaliers jouant à la paume à cheval.

— 165 v°. Un souverain descendu de son trône regarde deux personnages qui sont étendus inanimés à ses pieds; quatre officiers.

Supplément Persan 1477. — Le Divan de Hafiz; xvi° siècle. — Belle exécution.

Fol. 1 v°. Frontispice en or et en couleurs.

— 40. Un marchand assis dans sa boutique tend une coupe à un personnage richement vêtu, qui est accompagné de trois autres personnages; devant la boutique, un derviche ivre.

— 75 v°. Un souverain assis sur un coussin dans un jardin planté de fleurs tient un manuscrit à la main; un esclave agenouillé devant lui, lui verse à boire dans une coupe d'or; musiciens et vieillards accompagnés de leurs mignons.

— 144. Souverain assis sur de riches tapis dans une salle de son palais, un serviteur lui présente un plat; un autre puise du vin dans de grandes jarres; un personnage assis au premier plan lit un livre.

Supplément Persan 1514. — Traité en vers du pèlerinage à la Mecque; manuscrit copié à Constantinople en 984 H (1576 J. C.). — Assez bonne exécution.

Fol. 9 v°. Plan de la grande mosquée de la Mecque.

— 19. Plan de Safa.

— 20. Le mont Abou-Kobeis.

— 20 v°. Les mauleds des prophètes.

— 22 v°. Le cimetière de Mina.

— 23. La montagne de la lumière.

— 23 v°. La montagne djébel-i Tsour.

— 26 v°. La montagne Arafa avec les 3 mihmal de Syrie, d'Égypte et du Yémen.

— 28. La mosquée de la Mozdalafah.

Fol. 29. La mosquée et les monuments de Mina.

— 34. La djébel-i Mofarrah avec la mosquée zi'l-Khalifeh.

— 36. Plan de la mosquée de Médine.

— 38 v°. Les tombeaux des tantes du Prophète, de ses filles, d'Abbas, du Sheikh Nafi, de l'imam Malik, etc.

— 39. La Mesdjid-i Kaba avec les deux palmiers.

— 39 v°. Les quatre mesdjid.

— 40. La montagne d'Ohod; au pied de cette montagne on aperçoit les tombeaux de l'émir Hamza et des compagnons de Mahomet qui furent tués dans la bataille qui s'y livra.

— 42. Plan de la mosquée de Jérusalem et de la Sakhra.

Supplément Persan 1515. — Extrait du Boustan de Saadi; xvi° siècle. — Très belle exécution; quelques-unes des peintures ont été endommagées.

Fol. 1 v°. Fontispice en or et en couleurs.

— 3. Plusieurs personnages prenant un bain dans une source; d'autres se tiennent sur le bord.

— 6. Trois cavaliers passent près d'une source; un jeune homme puise de l'eau dans la source avec une tasse d'or.

Supplément Persan 1519. — Le « Roi et le mendiant » de Mahmoud Arifi; xvi° siècle.

Fol. 1 v°. Frontispice en or et en couleurs.

— 4 v°. Mahomet monté sur la jument *Borak* monte au ciel entouré des houris et des anges.

— 9 v°. École; des enfants apprennent à lire le Koran sous la direction d'un vieillard.

— 19. Pigeonnier; sur la terrasse se trouvent deux personnages, dont l'un tient à la main une longue baguette sur laquelle les pigeons viennent se percher.

— 30. Un derviche arrête par la bride le cheval d'un souverain armé d'un arc et de ses flèches et qui tient un *sonkor* sur son poing.

— 36. Bataille entre des cavaliers armés de lances, de flèches, d'arcs, de sabres et de boucliers.

Supplément Persan 1528. — Le « Livre de la séparation » de Djémal ed Din Selman Savédji; xvi⁰ siècle; assez belle exécution; quelques-unes des peintures ont un peu souffert.

Fol. 1 v°. Frontispice en or et en couleurs.

— 12. Souverain et sa femme assis sur une estrade; un homme se tient agenouillé devant eux dans une posture respectueuse; quatre autres personnages, dont un nègre.

— 18 v°. Souverain et jeune homme assis sur des tapis; cette miniature n'est pas terminée.

— 23. Souverain assis sur des coussins dans l'intérieur d'un palais; un jeune homme lui tend un rouleau de papier. Deux personnages, un homme et une femme, regardent cette scène.

— 42 v°. Des gens se lamentent devant une tombe récemment élevée.

Supplément Persan 1554. — Traité d'hippiatrique par Abd Allah Khan Béhadour; xviii⁰ siècle; bonne exécution.

Fol. 1 v°. Frontispice en or et en couleurs.

— 7, 8 v°, 13, 14, 14 v°, 15 v°, 17, — 22 recto et verso, 25, 26, 27. Types des différentes races de chevaux.

Supplément Persan 1555. — *Teshrîh el béden*; traité d'anatomie par Mansour ibn Ahmed; xvii⁰ siècle.

Fol. 1 v°. Frontispice en or et en couleurs.

— 9 v°. Planche représentant l'ostéologie de l'homme.

— 13 v°. Planche représentant le système circulatoire.

— 15. Planche représentant le corps de l'homme avec le nom des différentes parties.

— 19, 21. Planche représentant le système digestif et respiratoire de l'homme.

— 29. Anatomie de la femme enceinte.

Supplément Persan 1559. — *Médjalis el ushhak* par Kémal ed Din Sultan Hosein ibn Sultan Mansour ibn Baikara ibn Omar Sheïkh ; xvii⁰ siècle ; très belle exécution ; quelques-unes d'entre elles sont d'une merveilleuse finesse.

Fol. 3 v°. 4 Pages enluminées en or et en couleurs.

— 10 v°. Adam étendu nu sur la terre; des anges à grandes ailes se prosternent devant lui; Iblis, représenté sous forme d'un homme assis sur un tapis, le regarde.

— 16 v°. Le prophète Yousouf (Joseph) assis sur un trône, en Egypte. Plusieurs personnages, parmi lesquels une vieille femme, se tiennent devant lui. Zuleïkha le regarde avec admiration du haut de la terrasse de son palais.

— 26. Le prophète Mahomet assis sur un tapis dans une grande salle ornée de peintures murales; un jeune homme et plusieurs sheikhs sont assis devant lui.

— 30 v°. L'imam Djaafer Sadik, la tête entourée de la flamme prophétique et la figure voilée, dans un jardin planté d'arbres que traverse un cours d'eau. Un homme est accroupi devant lui.

— 32 v°. Un jeune homme endormi dans un jardin au pied d'un arbre, au bord d'un cours d'eau; un sheikh le regarde.

— 38 v°. La Kaaba, entourée de Musulmans, hommes et femmes, dont quelques-uns se prosternent devant elle; sur le voile qui la couvre, on lit un verset arabe qui signifie : « Allah a placé la Kaaba comme la maison sainte pour les hommes » ; un *muezzin* fait l'appel à la prière du haut d'un minaret.

— 42 v°. Sheikhs et jeunes gens assis sur une terrasse qui prend vue sur un jardin.

— 53. Martyre à Bagdad de Mansour ibn Halladj, qui s'était rendu coupable de prétendre à la divinité; il est pendu à une sorte de potence munie de crocs en fer. Des hommes et des femmes regardent son supplice.

— 54 v°. Cadavre d'un sheikh décapité étendu sur un tapis dans des couvertures, près d'un flambeau allumé; un homme est debout sur le seuil de la porte de la chambre.

— 56. Plusieurs sheikhs assis sur le plancher d'une grande chambre avec un jeune homme qui est blessé à la joue.

— 64 v°. Sheikh monté sur un cheval à la porte d'un établissement de bains; un individu étend des vêtements sur une corde pour les faire sécher. Groupe de cinq docteurs.

— 67 v°. Sheikh chez un boucher; des moutons écorchés sont suspendus à des crocs.

Fol. 72.   Un jeune homme d'une très grande beauté assis sur le parquet d'une grande salle dont la fenêtre donne sur un jardin; un vieillard assis devant lui le regarde avec des yeux brûlants de convoitise.

—   74 v°. Sheikhs dansant dans une salle dont les fenêtres donnent sur un jardin, au son de tambourins.

—   75 v°. Le sheikh Auhadi, disciple de Auhad ed Din Kermani, entouré de ses disciples tient un livre à la main; un jeune homme tire de l'arc.

—   77 v°. Le sheikh Shihab el Din Makboul assis dans un jardin planté d'arbres avec un mignon, au bord d'un ruisseau.

—   79.   Le sheikh Saad ed Din Hamavi en visite chez le sheikh Mohammed ibn Mouvayyad ibn Aboul-Nasr ibn Mahmoud el Hamavi; grande salle avec peintures murales et fenêtres donnant sur un jardin; serviteurs et autres personnages.

—   81 v°. Le sheikh Rouzbéhan couché sur un tapis dans une grande salle dont les fenêtres donnent sur un jardin, un jeune homme lui frotte les pieds; l'atabek Saad ibn Zengi entre avec sa suite.

—   83.   Le sheikh Medjd ed Din Bagdadi assis sur une sorte de chaire en face d'un autre sheikh qui lui parle; des femmes et plusieurs personnages le regardent.

—   88.   Le sheikh Nedjm ed Din Kébri assassiné par les soldats de l'armée de Djingiz-Khan; un cavalier mongol tire de l'arc; plusieurs individus emportent des parties du corps du sheikh.

—   90 v°. Le sheikh de Sanaan s'adressant à une jeune femme chrétienne qui se tient au balcon d'une fenêtre. Plusieurs individus regardent cette scène.

—   97 v°. Jeune femme vêtue de blanc dans un jardin planté d'arbres; un sheikh vêtu d'une robe rouge paraît transporté de passion en la voyant.

—   99.   Boutique de pâtissier, un derviche vêtu misérablement demande l'aumône à la porte; deux jeunes gens richement vêtus le regardent en se moquant de lui.

—   103 v°. Un sheikh monté sur un âne suit un jeune homme qui marche dans un jardin planté de fleurs.

—   107 v°. Shems ed Din Tébrizi jouant aux échecs avec un chré-

tien; autres personnages parmi lesquels Véled, fils de
Djélal ed Din Roumi. Jardin planté d'arbres.

Fol. 111. Siège de la ville de Hamadan par les troupes de Djingiz
Khan; on voit deux soldats mongols qui attaquent la
porte de la ville à coups de hache, pendant que des
gens montés sur le parapet leur jettent des pierres; en
dehors de la ville, on voit le sheikh Nedjm ed Din Razi
avec un jeune homme.

— 113v°. Le sheikh Seif ed Din Bakharzi, monté sur un cheval,
marche derrière un jeune homme revêtu d'habits royaux;
jardin avec arbres et fleurs.

— 115v°. Jeune prince assis sur le plancher d'une grande salle
dont les fenêtres donnent sur un jardin; le sheikh Aziz
Néséfi se tient devant lui.

— 118. Le sheikh Salah ed Din levant les bras au ciel, pendant
qu'un jeune homme se prosterne à ses pieds. Autres
personnages. Boutique de batteur d'or.

— 119v°. Le sheikh Fakhr ed Din Iraki se promène dans un
jardin planté d'arbres et de fleurs avec quatre kalenders, dont l'un tient une sorte d'étendard, l'autre une
lance et le troisième un lampion au bout d'un bâton.

— 124v°. Le sheikh Saadi de Shiraz et le sheikh Homam ed Din
Tebrizi dans un bain à Tébriz; autres baigneurs.

— 125. Le sheikh Emir Seyyid Hoseini assis dans un jardin
planté d'arbres et de fleurs, un jeune homme fait de la
musique devant lui; une vieille femme tourne son rouet;
jeune femme avec des petits enfants

— 127v°. Le sheikh Mahmoud Shebisteri et le sheikh Ismail Sisi
assis sur le parquet d'une grande salle dont les fenêtres
donnent sur un jardin; un jeune homme accroupi devant
eux écrit une lettre.

— 131. Le sheikh Emir Khosrav Déhlevi devant le trône du
souverain de l'Inde, Shah Ala ed Din Firouz-Shah; plusieurs autres personnages; grande salle d'un palais
avec peintures murales.

— 132. Sultan Hosein Ikhlati assis sur le plancher d'une grande
salle dont les fenêtres donnent sur un jardin, trois
jeunes gens richement vêtus lui apportent des plats
d'or.

Fol. 134 vᵒ. Sheikh Ali Hamdani assis avec un autre sheikh et un jeune homme dans un jardin planté d'arbres et traversé par un cours d'eau ; un jeune homme leur apporte une carafe d'or.

— 136 vᵒ. Le khadjeh Beha ed Din Nakhshbend s'entretient avec deux autres personnages dans un jardin planté d'arbres et traversé par un cours d'eau ; un domestique se tient derrière eux.

— 138. Le sultan d'Égypte assis sur un trône d'or regarde lutter deux lutteurs du Khvarizm. Plusieurs personnages regardent cette scène.

— 142. Loutf Allah Nishapouri et un jeune homme dans un jardin planté d'arbres et de fleurs traversé par un cours d'eau.

— 144. Le sheikh Shems ed Din Mohammed assis avec un jeune homme sur un tapis dans une salle, le sultan Shah Shodja les regarde par une fenêtre.

— 146 vᵒ. Le sheikh Saad ed Din Taftazani assis sur un tapis dans une salle dont la porte donne sur un jardin ; un jeune homme assis devant lui tourne les feuillets d'un manuscrit.

— 149. Le sheikh Emir Shérif assis sur un tapis dans une salle par la fenêtre de laquelle on voit un jardin ; plusieurs autres personnages.

— 150 vᵒ. Sheikh se promenant dans un jardin planté d'arbres et de fleurs ; un ânier conduit son âne.

— 152. Mêmes personnages et même scène que S. P. 776, fol. 188.

— 156 vᵒ. Sheikh assis au pied d'un arbre et tenant à la main un manuscrit, il s'entretient avec trois autres personnages dans un jardin traversé par un cours d'eau.

— 158. Un jeune homme richement vêtu d'une robe brodée d'or frappe d'un coup de harpe sur la tête le khvadjeh Aboul Vefa ; plusieurs jeunes gens regardent cette scène.

— 163 vᵒ. Mêmes personnages et même paysage que S. P. 776, fol. 202.

— 167. Le sheikh Nésimi est égorgé près d'une potence ; sheikhs et autres jeunes gens.

Fol. 169 v. Le sheikh Hosein Khvarezmi assis sur le plancher d'une
salle ornée de peintures murales et dont les fenêtres
donnent sur un jardin ; trois jeunes gens se tiennent
devant lui, l'un d'eux tient un livre et un autre une plan-
chette à écrire.

— 171. Le sheikh Shéref ed Din Ali assis sur une terrasse
parle avec deux jeunes princes.

— 172 v°. Le sheikh Émir Seyyid Hakimi s'entretient avec le
khadjeh Ali et Maulana Sadik dans une grande salle
ornée de peintures murales, dont les fenêtres donnent
sur un jardin.

— 174. Un prince et un de ses officiers jouant au polo dans un
cimetière ; plusieurs personnages regardent cette scène.

— 177. Le sheikh Maulana Mohammed Tabadkani, disciple
du sheikh Zein ed Din Khani, causant avec un autre
sheikh dans une salle ornée de peintures murales ; deux
jeunes gens.

— 178 v°. Un jeune homme chez le sheikh Abd Allah, disciple
du sheikh Abou Saïd, qui tenait une boutique de librairie ; gens dans la rue devant la porte.

— 185. Abd er Rahman Djami assis avec un jeune prince
dans une grande salle voûtée ; autres personnages.

— 188. Le prophète Salomon assis sur un trône, la tête
nimbée de la flamme prophétique ; au pied de son trône
on voit les animaux et les divs qui étaient soumis à
son pouvoir et entre autres personnages, la reine de
Saba, Belkis.

— 197. Alexandre le Grand monté sur un cheval caparaçonné
combat à coup de flèche le div noir qui est armé d'une
massue. Cette miniature est traitée comme celles des
Livres des Rois. Alexandre et les soldats qui regardent
cette scène sont vêtus comme à l'époque timouride.

— 206. Shirin accompagnée d'une de ses servantes à cheval,
rencontre Ferhad dans les rochers du mont Bisoutoun
et lui tend une tasse d'or ; on voit sur l'un des rocs
une sculpture qui représente Shirin aux côtés du roi de
Perse Khosrav.

— 208 v°. Le père de Medjnoun assis sur un tapis dans une salle
ornée de peintures murales par la fenêtre de laquelle

on aperçoit un jardin ; deux enfants assis devant lui s'exercent à écrire sur des tablettes ; une jeune femme regarde cette scène par une fenêtre.

Fol. 221 v°.Khosrevshah et la fille du roi d'Ahvaz étendus au bord d'un ruisseau dans un jardin planté d'arbres; une femme s'approche d'eux et les regarde.

— 226 v°.Mêmes personnages et même scène que S. P. 776, fol. 279 v°.

— 230 v°.Idem, fol. 283 v°.

— 237 v°.Idem, fol. 293.

— 243 v°.Tombeau d'un prince sous la koubbeh d'une mosquée et recouvert d'un drap rouge : deux jeunes gens lisent le Koran devant le tombeau ; peintures murales.

— 245. Le sultan Seldjoukide Ma'oud, fils de Mohammed, fils de Melik-Shah, accompagné de plusieurs cavaliers ; un page tient son cheval par la tétière.

— 248 v°.Mêmes personnages et même scène que S. P. 776, fol. 305v°.

— 253. Le sultan Sindjar assis sur un trône dans la grande salle d'un palais ; un domestique lui présente un plat de fruits ; derviches et harpistes.

— 256 v°.Le sultan timouride Aboul Fath Ibrahim assis sur un trône ; devant lui se tient un personnage qui porte une couronne et d'autres individus.

— 260. Une jeune femme assise sur un tapis près de la porte d'un jardin ; un sheikh et un autre personnage se présentent devant elle; on voit, au premier plan, un enfant dans un bassin d'eau.

— 261 v°.Sultan Yakoub assis sur des tapis dans une salle ornée de peintures murales ; un domestique lui présente un plat; un sheikh et un autre personnage; au fond on aperçoit un individu qui puise du vin dans de grandes jarres.

— 265 v°.Mêmes personnages et même scène que S. P. 776, fol. 326.

— 268. Un homme à genoux devant un sheikh ; mouflon sur des rochers.

— 272. Un sheikh et un jeune homme assis dans une salle ornée de peintures murales avec deux autres individus.

Fol. 278. Même scène et même personnage que S. P. 776, fol. 341vᵒ.

— 286vᵒ. Scène identique à un ou deux personnages près à celle qui est représentée par celle de S. P. 776, fol. 352.

Supplément Persan 1567. — Histoire générale de Mirkhond, vol. Iᵉʳ; xviiᵉ siècle; exécution médiocre; plusieurs des peintures ont été fortement endommagées.

Fol. 11. Caïn tue Abel en lui jetant une grosse pierre sur la tête pendant son sommeil.

— 14vᵒ. Adam, Ève et Iblis dans le paradis; Adam a la tête entourée de la flamme prophétique.

— 25. Harout et Marout suspendus la tête en bas par ordre de l'ange Gabriel (Djibrail) dans une grotte de la montagne de Babel.

— 27vᵒ. Noé dans l'arche, la tête ceinte de la flamme prophétique, parle à un être qui sort des ondes. Deux autres personnages dans l'arche.

— 40. Nemrod fait jeter Abraham dans le feu; un ange vole dans le ciel au devant d'Abraham qui a la tête entourée de la flamme prophétique.

— 45vᵒ. Les habitants de Sodome se livrant dans leurs maisons à leurs crimes; l'ange Gabriel vole au-dessus de la ville.

— 50vᵒ. Abraham s'apprête à sacrifier son fils Isaac; l'ange Gabriel lui apporte un mouton.

— 51vᵒ. Abraham et son fils Isaac établissant la Kaaba à la Mecque; l'ange Gabriel vole dans le ciel.

— 63vᵒ. Le prophète Yousouf (Joseph), la tête nimbée de la flamme prophétique au fond d'un puits; l'un de ses frères discute avec des marchands pour le leur vendre.

— 70. Yousouf la tête nimbée de la flamme prophétique assis dans une salle; Zuleikha se tient devant lui.

— 72. Zuleikha et deux dames éyptiennes assises sous des dais; le prophète Yousouf entre, la tête nimbée de la flamme prophétique.

— 79vᵒ. Yousouf vêtu comme un souverain est assis sur un trône; ses frères se prosternent devant lui.

— 85vᵒ. Yakoub (Jacob) et Yousouf assis sur un tapis avec d'autres frères de Yousouf; Yousouf et Yakoub ont la tête nimbée de la flamme prophétique.

Fol. 87. Yousouf, la tête nimbée, et Zuleikha, assis sur un tapis sous un dais; deux femmes, suivantes de Zuleikha, se tiennent devant eux; l'une d'elles fait de la musique.

— 108 v°. Moïse, la tête nimbée et le visage voilé, descend du Sinaï; quatre israélites se prosternent devant lui; l'ange Gabriel vole dans les airs.

— 112. Scène analogue, moins l'ange Gabriel.

— 130. Le prophète David (Daoud), la tête nimbée, tue d'un coup de fronde Goliath qui est à cheval.

— 141. Lokman jouant aux échecs avec un autre personnage dans un jardin planté d'arbres et de fleurs et traversé par un cours d'eau.

— 156. Zacharie et Saint Jean, tous les deux nimbés de la flamme prophétique; trois autres personnages assis sur un tapis.

— 160 v°. Jésus, la tête nimbée et la figure voilée, regarde les corps de plusieurs de ses compagnons étendus morts au pied d'un arbre.

— 163. Peinture représentant la Cène.

— 165 v°. Jésus, la tête nimbée et la figure voilée, jette une pierre au démon; jardin avec arbres et fleurs; rochers.

— 168. Deux personnages enchaînés et enfermés dans un cachot.

— 172. Les disciples de Jésus endormis dans le jardin des Oliviers.

— 176. Sisa pendu à une potence.

— 178 v°. Homme pendu à une potence; Zou Novas monté à cheval lui décoche une flèche.

— 182. Saint Georges, le visage voilé, est assis dans un jardin planté d'arbres et de fleurs. Une femme se tient devant lui.

— 186. Gayomart fait enterrer son fils et établir le premier *alesh gah* ou temple du feu.

— 188 v°. Hosheng assis sur le trône; un personnage se tient devant lui.

— 192 v°. Le roi Tahmouras assis sur un tapis; un serviteur lui présente une coupe d'or; deux autres personnages.

— 193 v°. Le même à cheval, un de ses cavaliers jette un lasso sur un homme également monté à cheval et qui s'enfuit.

Fol. 201. Féridoun et un autre personnage assis sur le trône; deux officiers.

— 213 v°.Bataille entre les cavaliers iraniens commandés par leur souverain et les cavaliers turcs.

— 218 v°.Kei-Kaous assis sur un tapis, tenant une coupe d'or à la main ; trois serviteurs.

— 224 v°.Kai Khosrav à cheval; devant lui on aperçoit le cadavre décapité d'Afrasiab et un officier tenant un sabre à la main.

— 227. Goushtasp et le Kaisar de Roum assis sur des tapis dans un jardin ; deux serviteurs.

— 233. Roustem et Isfendiar, tous les deux sont assis sur des trônes dans un jardin ; cette peinture rappelle celles qui ornent les *Livres des Rois*.

— 237. Roustem tue Isfendiar d'un coup de flèche; tous les deux sont à cheval.

— 239 v°.Behmen assis sur un trône dans un jardin ; deux personnages se tiennent devant lui dans une posture respectueuse ; l'un d'eux lui tend une coupe d'or.

— 241. Mort de Roustem qui tombe dans la fosse où son cheval Rakhsh s'empale ; Roustem tue Shégad d'un coup de flèche.

— 248 v°.Darius est étendu mourant sur le sol ; Alexandre se tient devant lui; deux officiers.

— 251. Funérailles d'Alexandre, son cercueil, sur lequel on a placé son sabre et sa couronne, est porté par trois hommes.

— 278. Shapour, fils d'Ardéshir est assis sur un tapis à l'ombre d'un dais; un officier se tient derrière lui ; trois enfants.

— 289. Bahram Gour tue un éléphant dans l'Inde et lui tranche la tête, quatre personnages regardent cette scène.

Supplément Persan 1568. — Traité d'histoire naturelle et Roman d'Alexandre ; xviii° siècle. — Exécution passable.

Fol. 5. Homme assis sur un tapis, une femme lui apporte un plat de porcelaine.

— 6 v°. Femme assise sur un tapis; une autre femme se tient debout derrière elle et agite un chasse-mouches.

Fol. 7.   Homme assis avec une femme sur un tapis ; une servante tient une tasse de porcelaine à la main. Poissons
dans un bassin.

— 7 v°. Navire à deux mâts ; son avant se termine par une tête
de cheval peinte en rouge. — Deux femmes assises
sur un tapis ; une servante se tient derrière elles
tenant d'une main un chasse-mouches et de l'autre un
plat.

— 8.   Portrait d'un enfant près d'une porte de maison.

— 9, 9 v°, 10, 11, 12 v°, 13, 13 v°, 14, 14 v°, 15, 15 v°, 17, 17 v°,
19, 19 v°, 21, 21 v°, 22, 22 v°, 24, 24 v°, 25, 25 v°, 26,
26 v°, 27 v°, 28 v°, 29, 30, 31 v°, 32, 32 v°, 33, 33 v°, 34,
35 v°, 36, 36 v°, 37. Représentation de quadrupèdes.

— 35, 38, 38 v°, 39, 39 v°, 40, 40 v°, 41, 41 v°, 42, 42 v°, 44 v°,
45, 45 v°, 46, 47, 47 v°, 48, 48 v°, 49, 49 v°, 50, 50 v°, 51,
51 v°, 52, 52 v°, 53 v°, 54, 62. Représentation d'oiseaux.

— 20, 20 v°, 23, 23 v°, 59 v°, 60, 62, 63, 64 v°, 66, 66 v°, 67, 67 v°,
68 v°, 69, 69 v°, 70, 70 v°, 71, 71 v°, 72, 72 v°, 73, 73 v°,
74, 74 v°, 75, 75 v°, 76, 76 v°, 77, 77 v°, 78, 78 v°, 79,
79 v°, 80, 80 v°, 81, 81 v°, 82, 82 v°, 83, 83 v°, 84, 84 v°,
85, 85 v°, 86, 86 v°, 87, 87 v°, 88, 89, 89 v°, 90, 90 v°,
91 v°, 92, 92 v°, 93, 93 v°, 94, 94 v°, 95, 95 v°, 96, 96 v°,
97, 97 v°, 98, 98 v°, 99, 99 v°, 100, 100 v°, 101, 101 v°,
102, 102 v°, 103, 103 v°, 104, 104 v°, 105, 112 v°, 113.
Représentation de végétaux.

— 50, 55 v°. Représentation de poissons.

— 55, 56, 56 v°, 57, 57 v°, 58, 58 v°, 59, 59 v°, 60, 61, 61 v°, 91.
Représentation de reptiles et d'insectes.

— 105 v°, 106, 106 v°, 107, 107 v°, 108, 108 v°, 109, 109 v°, 110,
110 v°, 111, 111 v°, 112, 121. Représentation de roches
et de pierres.

— 146 v°. Alexandre le Grand, représenté avec deux cornes sur
la tête, assis sur un tapis ; une femme est assise devant
lui.

— 147. Le même couronné et assis sur un tapis tenant d'une
main le soleil et de l'autre la lune ; un personnage
coiffé d'un turban est assis devant lui.

— 148. Le même couronné et assis sur un tapis ; six personnages coiffés de turbans sont agenouillés devant lui.

Fol. 148 v°. Deux hommes agenouillés, l'un d'eux tient un drapeau blanc, l'autre un drapeau noir.

— **149.** Deux hommes armés de boucliers et de sabres, montés sur des éléphants; forteresse et maison.

— **150.** Deux femmes dont les oreilles tombent jusqu'à la ceinture.

— **150 v°.** Femme tirant de l'arc et tenant des javelots.

— **151.** Deux personnages coiffés de turbans.

— **151 v°.** Un musulman et un turc assis et se donnant la main.

Supplément Persan 1572. — Recueil de peintures persanes du XVI° et XVII° siècles. Belle exécution.

Fol. **1 v°.** Une jeune femme tend une tablette à un vieillard assis comme elle sous une sorte de coupole, des domestiques leur apportent des plats. Au premier plan on voit des femmes dont les unes sont occupées à lire et d'autres se battent.

Fol. **2.** Souverain assis sur un trône dans l'intérieur d'une grande salle ornée de peintures murales; devant lui se tient un personnage assis sur une sorte de banc. Autres officiers et domestiques; jardin avec arbres et fleurs.

— **3.** Officier uzbek.

— **4.** Un derviche bossu vêtu d'une robe bleue marche en s'appuyant sur une canne; il tient un arc de la main droite.

— **5.** Princesse de l'époque séfévie vêtue d'une robe d'or richement brodée avec des dessins d'animaux et de fleurs; elle compte sur ses doigts.

— **6.** Dessin au trait représentant une jeune femme à longs cheveux, tenant d'une main une bouteille d'or et de l'autre une coupe.

— **7.** Jeune femme uzbeke vêtue d'une robe violette brochée d'or et portant un turban d'étoffe brochée; elle tient à la main une bouteille et une coupe d'or.

— **8.** Dessin au trait (séfévi) signé Mohammedi représentant un berger qui garde un troupeau de moutons en jouant du chalumeau; des gens font la cuisine; un jeune prince s'entretient avec des derviches.

Fol. 9. Dessin au trait représentant un jeune page uzbek, assis et tenant une coupe à la main.

— 10. Dessin analogue; le page tient à la main une bouteille à demi pleine de vin.

— 11. Huit éléphants dans une plaine aux pieds de rochers.

— 12-14 Portrait de Chinois envoyés en ambassade en l'année 1112 de l'hégire.

— 15. Officier uzbek de haut rang, vêtu d'une robe de velours bleu richement brodée d'or et coiffé d'un turban également d'étoffe brochée.

— 16. Dessin au trait représentant un officier turkoman armé d'un sabre.

— 17. Jeune femme persane vêtue d'une robe violette et et d'une tunique verte, levant son voile.

— 18. Jeune femme turque tenant à la main une bouteille à long col et une tasse de porcelaine décorée.

— 19. Jeune indienne vêtue d'une robe de gaze transparente et assise sur un coussin.

— 20. Derviche bossu.

— 21. Dessin au trait représentant un derviche assis au pied d'un arbre; il est donné comme étant le sheikh de Sanaan.

— 22. Vieillard tombé près d'un arbrisseau et cherchant à se relever avec sa canne; daté de 1031 H.

— 23. Derviche manchot.

— 24. Derviche marchant en s'appuyant sur une canne.

— 25. Portrait d'un homme assis près d'un arbre, qui est donné comme étant celui de Galien (*Djalinous*).

— 26. Peinture indienne représentant un prince assis sur le trône, devant lui, un officier richement vêtu et un page; derrière le prince se trouve un officier qui l'évente.

— 27. Peinture indienne représentant la rencontre de Khosrav et de Shirin. La princesse à demi nue et assise près d'un cours d'eau est accompagnée de trois suivantes dont une la peigne. Ses vêtements sont posés au pied d'un arbre. Khosrav richement vêtu d'une robe d'or passe à cheval.

— 28. Portrait d'un homme vêtu d'une robe violette, qui

272   E. BLOCHET.

marche en s'appuyant sur une canne. Il tient à la main
une sorte de hache.

Fol. 29. Peinture indienne représentant un jeune homme qui
embrasse une jeune fille.

MANUSCRITS DU SUPPLÉMENT TURC

Supplément Turc 978. — Histoire du sheïkh de Sanaan de Nevai
et *Makhzen el Esrar* de Haïder Telbeh; xvi⁰ siècle; belle exécution.

Fol. 1 v°. 25 v°, Frontispice en or et en couleurs.

— 4. Le sheikh de Sanaan s'adresse à une jeune femme
chrétienne qui se trouve avec quelques suivantes à la
fenêtre d'un pavillon.

Fol. 14. La même jeune femme, assise sur une terrasse qui
donne sur un jardin planté d'arbres; un officier placé
derrière elle tient à la main une sorte de chaîne; un
domestique apporte un plat d'or; le sheïkh de Sanaan,
à genoux devant elle lui tend une coupe d'or.

— 22. La même jeune femme étendue à terre inanimée, le
sheïkh de Sanaan lui tient la tête sur les genoux; une
autre jeune femme se précipite vers elle; plusieurs
personnages regardent cette scène d'un air stupéfait.

— 33. Une boutique de boucher et une boulangerie contiguës;
un prince et un derviche et d'autres personnages
passent dans la rue.

— 41. Une boutique de tailleur et une boutique de vases de
porcelaine contiguës; une vieille femme discute avec
le tailleur. Plusieurs personnes dans la rue, parmi
lesquels un jeune chinois qui vend des fruits.

— 48. Homme étendu inanimé près d'une mosquée ou d'un
palais en ruine. Un roi assis devant lui et suivi de gens
de sa cour le regarde; un domestique porte le carquois
du roi et un autre tient son cheval par la bride.

Supplément Turc 993. — Recueil des œuvres poétiques du sultan
Abou'l Ghazi Sultan Hosein Baikara Behadour Khan; manuscrit
copié en 890 H (1485 J. C.) à Herat par le calligraphe Sultan Ali el
Meshhedi; peintures de Behzad. Très belle exécution.

Fol. 2. Rosace en or et en couleurs.
— 2vᵒ. Le sultan Abou'l Ghazi Sultan Hosein assis sur des tapis dans l'intérieur d'un pavillon qui se trouve dans un jardin planté d'arbres et de fleurs et surmonté d'une coupole bleue. Il est richement vêtu d'une robe bleue brochée d'or, un serviteur lui présente une tasse d'or. Deux savants sont assis devant lui sur des tapis.

— 3. Maison de la Transoxiane avec terrasse et balcon, deux officiers de l'armée du sultan et un homme de loi se promènent dans la rue; un individu fait griller de la viande sur un fourneau portatif. Plusieurs des femmes du sultan se tiennent aux fenêtres.

— 3vᵒ.4. Pages de titre richement enluminées en or et en couleurs.

— 4vᵒ et à toutes les pages, ornements en or et en couleurs.

— 36 vᵒ. Le même sultan assis sur un trône sous une sorte de dais, un serviteur agenouillé devant lui lui présente un plat de fruits. Trois musiciens; autres personnages debout autour du trône; deux princesses regardent le sultan par une fenêtre.

— 51 vᵒ. Le même sultan vêtu d'une robe bleue et d'une tunique verte brochées d'or entouré de plusieurs personnages de sa suite dans un jardin planté d'arbres et de fleurs traversé par un ruisseau. Un serviteur tient son cheval par la bride.

Supplément Turc 996. — « Dialogues des Oiseaux » par Mir Ali Shir Névai; copié à Bokhara en 960 H (1553 J. C.); très belle exécution.

Fol. 1 vᵒ. Frontispice en or et en couleurs.
— 20. Miniature à pleine page représentant la grande salle d'un palais (*ivan*) ornée de peintures murales et dont la toiture est soutenue par des colonnes de jade. Au fond brûle un grand feu devant lequel sont assis sur de riches tapis des gens vêtus à la mode de Boukhara; d'autres sont debout au premier plan. Une princesse écarte un rideau pour voir ce qui se passe dans la salle. On lit sur

le fronton de la salle que cette peinture a été exécutée en 964 de l'hégire pour Mohammed Yar Behadour Khan. Il est probable que le personnage de gauche assis sur des coussins est Mohammed Yar.

Fol. 25. Individu vêtu d'une robe rouge et coiffé d'un bonnet kirghise gardant des sangliers; derrière lui se trouvent plusieurs sheikhs.

— 26 vº. Princesse aux genoux d'un sheikh; autres personnages appartenant à la classe sacerdotale.

— 31 vº. Souverain assis sur un trône dans un jardin planté de fleurs; un domestique lui présente une coupe; autres serviteurs.

— 33. Un homme se noie dans un lac; deux hommes sur le bord du lac le regardent.

— 44 vº. Homme étendu mort, la tête fracassée, auprès d'une source; un individu le regarde avec étonnement; son cheval se trouve à quelques pas derrière lui; jardin planté d'arbres et de fleurs.

CLASSEMENT DES MANUSCRITS PAR ORDRE
CHRONOLOGIQUE

XIIIe Siècle.

Ancien fonds persan 376, 205.

XIVe Siècle.

Ancien Fonds Persan 171.
Supplément Persan 332, 913, 1113.

XVe Siècle.

Supplément Turc 190, 693, 993.
Ancien Fonds Persan 228, 362.
Supplément Persan 160, 206, 493, 494,
1 280, 1 416, 1 431, 1 443, 1 449.

XVIe Siècle.

Supplément Turc 242, 316, 317, 635, 762,
978, 996.
Ancien Fonds Persan 54, 129, 239, 240,
242, 243, 245, 257, 283, 351, 357, 359,
361, 377.
Supplément Persan 333, 334, 489, 490,
775, 776, 802, 921, 985, 1 149, 1 150,
1 171, 1 187, 1 313, 1 360, 1 361, 1 389,
1 401, 1 412, 1 425, 1 428, 1 476, 1 477,
1 514, 1515, 1 519, 1 529, 1 572.
Tibétain 146.
Arabe 6 071, 6 075-6 078.

XVIIe Siècle.

Ancien Fonds Turc 127.
Supplément Turc 145, 326, 524.
Ancien Fonds Persan 97, 98, 127, 129,
151, 237, 259.

Supplément Persan

Supplément Persan 151, 226, 330, 360,
388, 392, 491, 1 014, 1 015, 1 029, 1 078,
1 111, 1 112, 1 171, 1 236, 1 307, 1 309,
1 312, 1 310, 1 404, 1 555, 1 559, 1 567,
1 572.
Indien 75, 76.
Français 21 219, 21 220.
Sanscrit Devanagari 1, 32.
Tibétain 10, 13, 131.
Estampes : OD 32, OD 32A, OD 41 réserve,
OD 42 réserve, OD 43 réserve, OD 44
réserve.
Arabe 6 075-6 078.

XVIIIe Siècle.

Ancien Fonds Turc 140, 182.
Supplément Turc 126, 226.4
Supplément Persan 290, 312, 492, 499,
976, 1 027, 1 122, 1 122, 1 151, 1 180,
1 554, 1 568.
Indien 100, 220.
Sanscrit Devanagari 4, 7, 8, 19, 36,
247.
Estampes : OD 42 réserve, OD 43 réser
OD 45 réserve, OD 45A réserve.
Arabe 6 075-6 078.

XIXe Siècle.

Supplément Persan 920, 991, 992, 1 030,
1 114, 1 118, 1 160, 1 363.
Indien 98, 99, 108, 109, 113, 215.
Sanscrit Devanagari 9, 16.

CLASSEMENT DES MANUSCRITS PAR ÉCOLES

ÉCOLES PERSANES

I

École persane se rattachant aux écoles byzantines.
Ancien Fonds Persan 171.

II

École persane de l'époque des Mongols Djingizkhanides avec ses prolongements.
Ancien Fonds Persan 228, 362.
Supplément Persan 205, 206, 493, 494, 1113, 1236, 1280, 1443.
Estampes, OD 41 réserve, fol. 39, 47, 52.

III

École du Turkestan, comprenant la Transoxiane avec Samarkand et Boukhara, ainsi qu'Hérat, sous le règne des sultans Timourides, descendants de Tamerlan.
Ancien Fonds Turc 190, 316, 317, 762.
Ancien Fonds Persan 240, 257.
Supplément Persan 151, 985, 1150, 1187, 1416, 1477, 1550, 1572, 1215.
Estampes : OD 41 réserve, fol. 12, 15, 29, 53, 54.
Arabe 6074, fol. 13 r°; 6078, fol. 8 r°; 9.

IV

École persane intermédiaire entre l'école Mongole et l'école Séfévie.
Supplément Persan 490 (dans quelques unes des peintures), 1401.
Estampes : OD 41, fol. 30.

V

École persane intermédiaire entre l'école Timouride et l'école Séfévie.
Supplément Persan 776, 1309, 1361, 1401, 1528, 1572, fol. 1.

VI

École Séfévie.
Ancien Fonds Persan 59, 129, 212, 213, 215, 259, 283, 351, 357, 359, 364, 376, 377.
Supplément Persan 160, 226, 239, 332, 333, 360, 388, 392, 489, 490, 491, 517, 775, 802, 913, 921, 1014, 1015, 1029, 1111, 1112, 1149, 1171, 1312, 1313, 1360, 1412, 1425, 1428, 1449, 1476, 1515, 1519, 1567, 1572, pages 2, 10, 16, 18, 20-25, 28.
Estampes : OD 41 réserve, fol. 17, 23, 28, 31-33, 37, 38, 40, 46 v°, 48-51, 55.
Arabe 6074, 6075, fol. 4 v°-11 v°, 6076, fol. 1-5 v°, 6 v°-9 r°, 12 v°-16; 6077, fol. 1-3 r°; 7 r°, 10 r°; 6078, fol. 9 v°-13 v°, 18 v°.
— copie de dessins chinois : Arabe 6074, fol. 10, 6075, 3 r°.

VII

École intermédiaire entre l'école Séfévie et l'école des Zends et des Kadjars, sous le règne des Séfévis, et présentant déjà tous les caractères de l'école des Kadjars.
Supplément Persan 1307.

VIII

A

École persane des Zends et des Kadjars, formée d'un compromis entre l'école Séfévie et l'imitation des dessins européens.
Supplément Persan 992, 1114, 1118.

B

Imitation complète des procédés européens.
Supplément Persan 1160, 1363.

ÉCOLES DE L'HINDOUSTAN

A. Écoles musulmanes.

I

École indo-persane musulmane des Grands Mongols, descendants de Tamerlan.
Ancien fonds persan 97, 98.
Supplément Persan 769, 929, 976, 991, 1 030, 1 078, 1 151, 1 551, 1 568, 1 569, 1 572, fol. 19, 20, 26, 27, 29.
Indien 215, 220.
Français 24 219.
Sanscrit dévanagari 4, 7, 8, 9, 16.
Estampes : OD 32 ; OD 32 A, 41 (rés.), OD 42 (rés.), OD 43 (rés.), OD 44 (rés.), OD 45 (rés.), OD 45 A (rés.).
Arabe 6 075, fol. 1 - 4 ; 6 078, fol. 1-7 r°, 13 v°, 14 r° — 17 v°.

II

École indo-persane non musulmane des Grands Mongols.
Français 24 220.
Sanscrit dévanagari 1, 19, 36, 27.
Estampes : OD 32, 41 (rés.).

III

École indienne se rattachant directement à l'école mongole djingizkhanide de Perse.
Supplément Persan 192.

IV

Peintures indiennes copiées sur un exemplaire qui provenait d'une école persane intermédiaire entre les écoles mongole et séfévie.
Supplément persan 499, 1 027.

V

a. Peintures indiennes copiées sur des gravures italiennes.
Estampes OD. 42 (rés.), fol. 24 ; OD 44 (rés.), fol. 42.

b. Peintures copiées sur des images de piété éditées à Anvers au xvii° siècle pour les Jésuites missionnaires dans l'Inde.

Estampes : OD 44 (rés.), fol. 19 et 20.
Arabe 6 074, fol. 11 v° ; 6 078, fol. 7 r° ;

c. Peintures copiées sur des gravures espagnoles.
Estampes : OD. 42 (rés.), fol. 40 ; OD 44 (rés.) ; fol. 11.

B. Écoles non musulmanes.

VI

Écoles du nord de la péninsule.
Indien 75, 76, 101, 113.

VII

Écoles du sud de la péninsule.
Indien 98, 99, 100, 108, 109.

C. Écoles indéterminées.

Supplément Persan. 312 b ; 1 180 ; 1 572 fol. 11.

ÉCOLES TURQUES

I

Écoles indépendantes et sans influences étrangères.
Ancien fonds turc 145.
Estampes : OD 44 (rés.) ; fol. 31, 35, 36 41, 42-44.
Arabe 6 075, fol. 12 r°-15 ; 6 076, fol. 5 v°, 6 r°, 9 v°-12 r° ; 6 077, fol. 3 v°-7 r°, 8 v°-10 r°, 11 v°-16 ; 6 078, fol. 14 r°.

II

Écoles se rattachant aux écoles mongoles et de Perse sous les Djingiskhanides.
Supplément turc 326.
Écoles se rattachant à l'école du Turkestan.
Ancien fonds turc 182.
Supplément turc 635.

III

Écoles se rattachant à l'école Séfévie de Perse.
Ancien fonds turc 127.
Supplément persan 242, 521.

IV

Écoles où l'on constate l'influence des écoles allemandes.

Supplément turc 126, 226.

D

Manuscrits que l'on ne peut classer dans une école déterminée par suite de la médiocrité de leur exécution.

Ancien fonds persan 127, 151.

Supplément persan 330.

Manuscrits que l'on ne peut classer dans une école déterminée par suite des conventions des figures qui y sont représentées.

Ancien fonds persan 237.

Supplément Persan 331, 1310, 1389, 1514, 1555.

www.ingramcontent.com/pod-product-compliance
Lightning Source LLC
Chambersburg PA
CBHW070743270326
41927CB00010B/2075